Karine Strand Andresen

Tiddelibomstrikk

Zauberhafte Skandi-Mode für Babys & Kids stricken

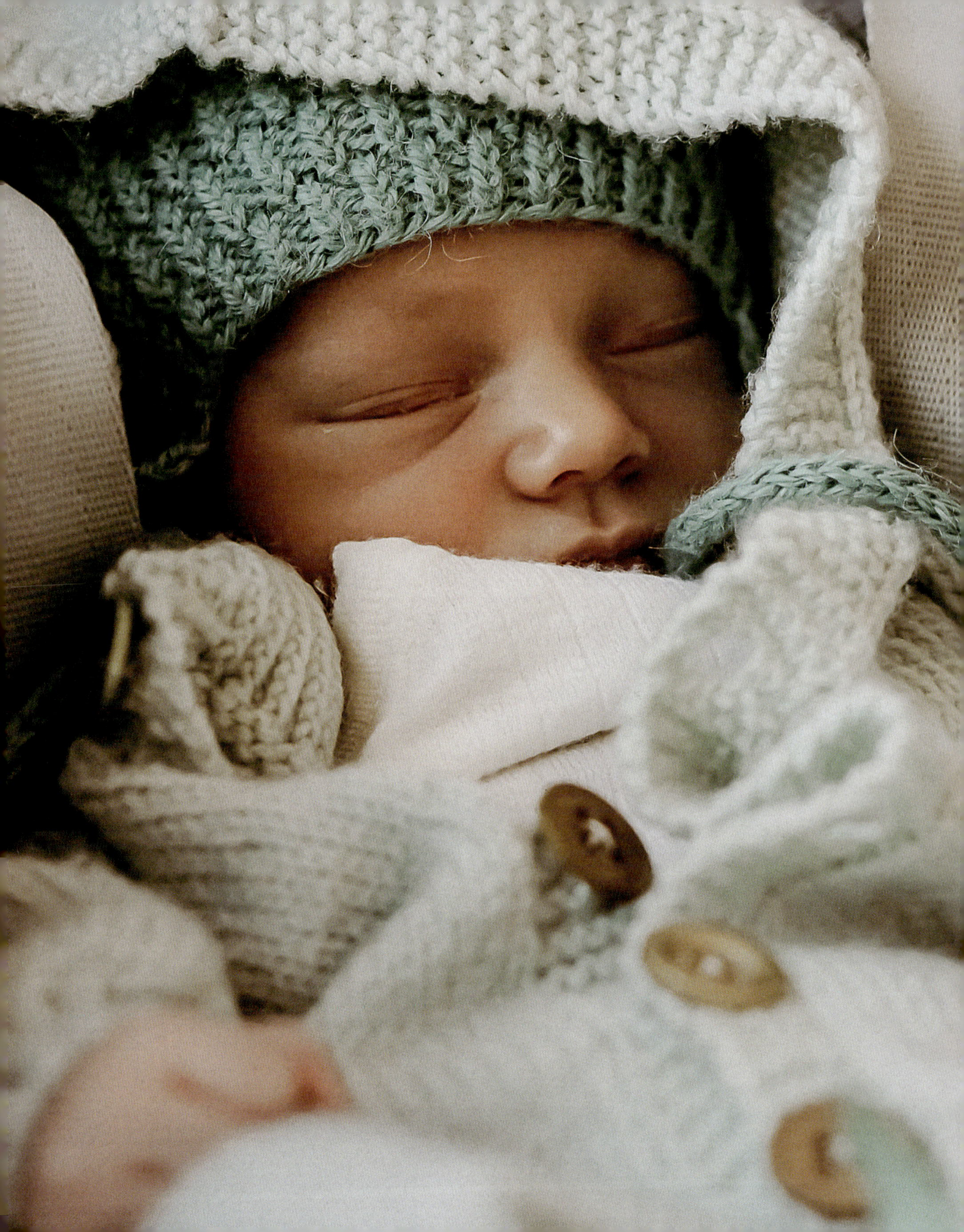

INHALT

VON **STRICKMAMA** ZU STRICKMAMA

Das Leben mit einem kleinen Kind, einem Job und dem Alltag kann zeitweise hektisch sein. Und dann gibt es nichts Besseres, als eine heiße Tasse Kaffee und weiches Strickzeug in den Händen. Einatmen, ausatmen und die Nadeln klappern lassen!

Sobald Du das Geniale beim Stricken entdeckst, das gute Gefühl, damit mehrere Dinge auf einmal zu erreichen, ist es entschieden. Dann hat der Strickbazillus dich erwischt. Das Stricken hilft einerseits beim Entspannen und andererseits stellst Du damit etwas Einzigartiges und Nützliches her. Darüber freust Du Dich selbst, aber auch Deine eigenen oder die Kinder anderer Leute sind davon begeistert. Das nenne ich eine win-win-Situation.

Ich bin davon überzeugt, dass man alles lernen kann, wozu man Lust hat. Man muss es nur GENUG wollen. Ich selbst hatte niemanden in der Nähe, der mir Stricken beibringen konnte, aber dank Google und der Internetsuche habe ich nach und nach stricken gelernt, Masche für Masche, Kleidungsstück für Kleidungsstück. Als Mutter von vier Kindern mit einem unaufhaltsamen Schaffensdrang sowie einem Gehirn, dem ein Aus-Knopf fehlt, fehlt mir die Fähigkeit, mich zu langweilen. Etwas herzustellen ist ein angeborenes Bedürfnis. Mitten in meinem Engagement an vielen Fronten habe ich dann aber den guten Rat bekommen, kleine Pausen im Alltag einzulegen. Strickpausen nenne ich die.

Mein allererster Garnkauf war in einer Wollfabrik auf Island. Dann vergingen mehrere Jahre, bevor ich mich eines Tages, als ich mit meinem ersten Kind schwanger war, in ein Wollgeschäft verirrte. Dort kaufte ich meine ersten Stricknadeln und eine ganz neue Welt eröffnete sich mir. Es dauerte einige Zeit, den »Strickcode« zu knacken, und als das Gefühl, es zu können, allmählich stärker wurde, war es aufregend, mein eigenes Design zu entwickeln. Ich habe einfach »nach Gefühl« gestrickt. Zu jener Zeit gab es nicht viele Gleichaltrige, die Spaß an dieser Verrücktheit hatten, und schräge Blicke und spitze Kommentare waren durchaus üblich. Ich war vom Bazillus erfasst und konnte nicht mehr aufhören.

Als 2011 unser drittes Kind geboren wurde, eine winzig kleine Tochter von nur etwas mehr als zwei Kilo, bekam das Stricken eine wichtige Bedeutung. Die Kleine wurde mit einer Wachstumsstörung geboren und hatte eine niedrige Körpertemperatur. Die Hebamme riet dringend zu Wolle direkt auf der Haut, aber es gab keine Strickanleitungen in dieser kleinen Größe. So wurde das Bedürfnis, eigene Wollkleidung herzustellen, immer größer. Bisher hatte ich immer aus dem Kopf gestrickt. Das Kleidungsstück entstand während des Strickens und ich hatte nie daran gedacht, Anleitungen aufzuschreiben.

Auf Instagram hatte ich Spaß daran, andere Stricker/innen zu teilen und mich von ihnen inspirieren zu lassen, und einige von Euch kennen mich vielleicht als **@tiddelibom.no**. Dank Instagram und einer tollen Kultur mit positiven und ermunternden Antworten kam ich mit vielen angenehmen und tüchtigen Strickern/innen in Kontakt, die sich untereinander inspirieren und zujubeln. Dank ihnen fasste ich schließlich den Entschluss, meine Anleitungen aufzuschreiben, sie im Internet zu verkaufen, richtig loszulegen und mein eigenes Strickbuch zu schreiben.

Ich liebe das Spiel mit Farben, Knöpfen und neuen Ideen, und ich hoffe, dass Du als Käufer/in dieses Buches es wagst, Deine eigenen Variationen meiner Designs zu erstellen. Nimm einfach eine Anleitung als Ausgangspunkt und entwickle daraus Dein eigenes Kleidungsstück. Genauso habe ich selbst angefangen. Wenn Du nicht weiterkommst und Du keine erfahrene Strickoma oder Strickmama in der Nähe hast, suche im Internet und finde dort Hilfe. Du wirst merken, dass die Anleitungen, die so schwierig aussahen, es gar nicht waren.

Ich hoffe, Dir gefällt dieses Buch und dass es zu vielen schönen Strickpausen führt.

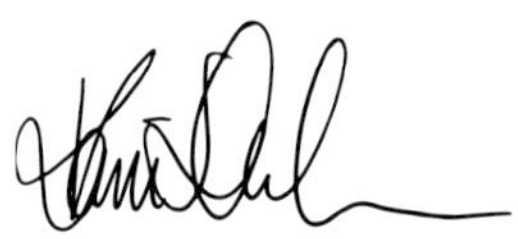

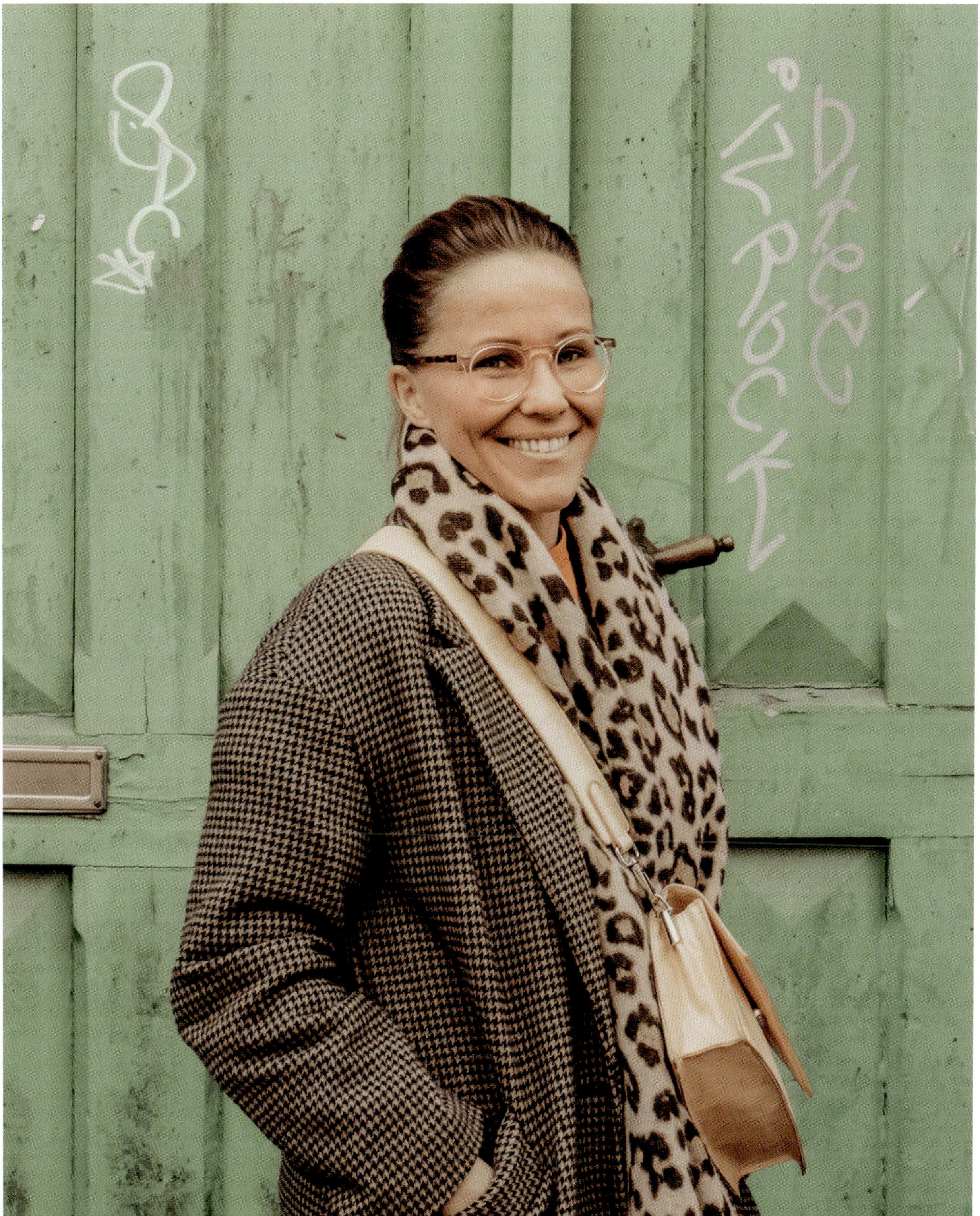

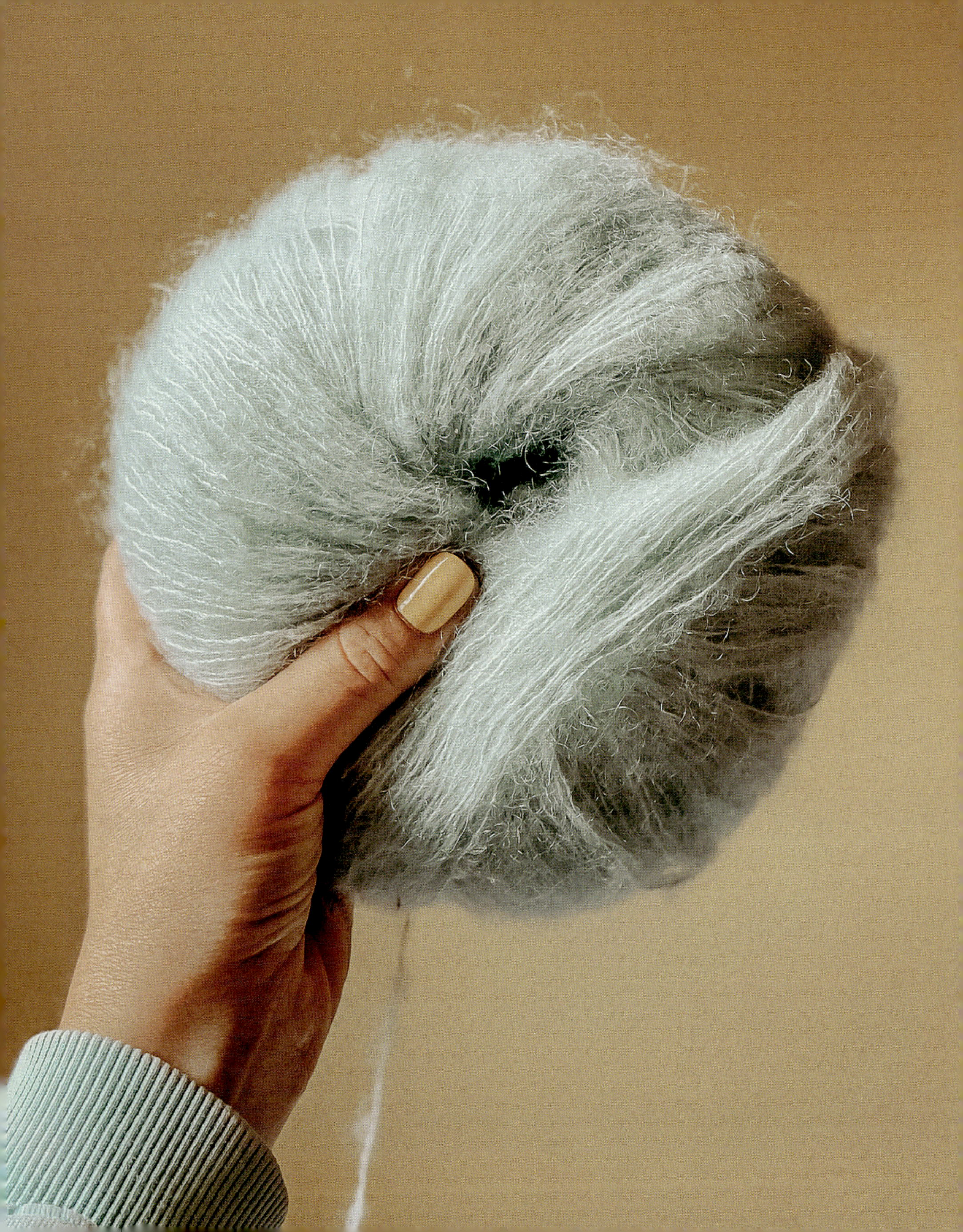

CLEVERE **STRICKTIPPS**

Bevor Du ein Strickprojekt beginnst, gibt es ein paar Tipps, die Du Dir merken solltest. In den Anleitungen wirst Du Abkürzungen finden. Hinten im Buch findest Du zudem eine kleine Strickschule mit Abbildungen.

MASCHENPROBE

Bevor Du mit einer Anleitung beginnst, ist es klug, eine Maschenprobe zu machen. Du strickst ein Probestück und zählst dann die Anzahl der Maschen, die Du auf 10 cm gestrickt hast. Wenn Du mehr Maschen als angegeben hast, zu einer dünneren Nadel wechseln. Hast Du weniger Maschen, zu einer dickeren Nadel wechseln.

ZUNEHMEN

Nach links zunehmen: Nimm den Faden zwischen 2 Maschen mit der rechten Nadel auf, indem Du die Nadel von hinten einstichst und ihn nach links verdrehst, so dass eine Schlaufe entsteht. Diese Schlaufe auf die linke Nadel geben und sie so stricken, als wenn es eine Masche wäre (also entweder rechts oder links je nach Anleitung).

Nach rechts zunehmen: Nimm den Faden zwischen 2 Maschen mit der rechten Nadel auf, indem Du die Nadel von vorne einstichst und ihn nach rechts verdrehst, so dass eine Schlaufe entsteht. Diese Schlaufe auf die linke Nadel geben und sie so stricken, als wenn es eine Masche wäre (also entweder rechts oder links je nach Anleitung).

VERSCHRÄNKTE MASCHEN

Wenn Du verschränkte Maschen strickst, stichst Du in den hinteren Faden statt in den vorderen Faden ein. Siehe dazu die Abbildungen auf Seite 159.

NOPPE

5 M in 1 M stricken, indem abwechselnd 1 M re in den vorderen und hinteren Maschenbogen gestrickt wird, die Arb wenden, 3 R glatt rechts hin und zurück über diese 5 M stricken, die Arb wenden, 5 M von der li N auf die re N heben (als wenn sie re gestrickt werden sollen), ohne sie zu stricken. Dann die 2. M der re N über die 1. M heben, dann die 3. M über die 1. M, die 4. M über die 1. M und die 5. M über die 1. M = 1 M auf der N.

TIEFERGESTOCHENE MASCHE

1 re M in die M der Vorreihe stricken – also in eine M der darunter liegenden Reihe.

BAND

3 M mit einer Nadel des Nspiels anschlagen und alle 3 M re abstricken. Beachte, dass alle R gleich gestrickt werden: * 3 M re, den Faden fest nach hinten ziehen und wieder vom Anfang stricken, ohne die Arb zu wenden*. Von * bis * wiederholen. Darauf achten, dass die erste M fest gestrickt wird.

ABKÜRZUNGEN

* - *		von * bis * wiederholen
Arb	=	Arbeit
FersenM	=	Fersenmasche(n)
g	=	Gramm
HilfsN	=	Zopfnadel/Hilfsnadel(n)
li	=	links
M	=	Masche(n)
mittM	=	mittlere Masche(n)
N	=	Nadel(n)
Nspiel	=	Nadelspiel
RandM	=	Randmasche(n)
R	=	Reihe(n)/Runde(n)
re	=	rechts
RundN	=	Rundstricknadel(n)

VON FRÜHGEBORENENGRÖSSEN **BIS ZUR PUPPENKLEIDUNG**

Die meisten Anleitungen in diesem Buch gibt es schon in der Frühchengröße, die der Größe 44 cm entspricht. Frühchengrößen und 0–1 Monate passen ausgezeichnet auch als Puppenkleidung für kleine und mittelgroße Puppen.

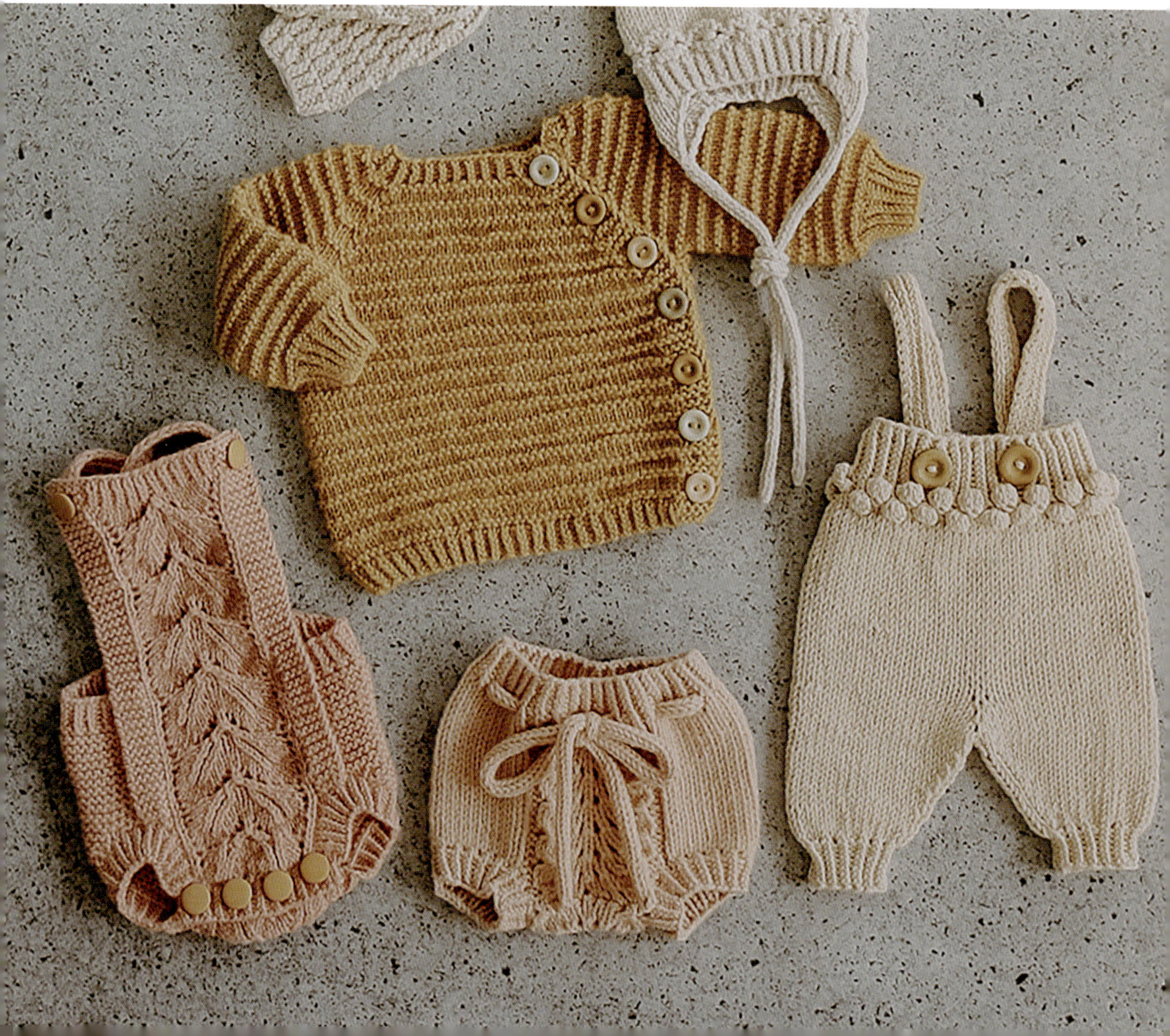

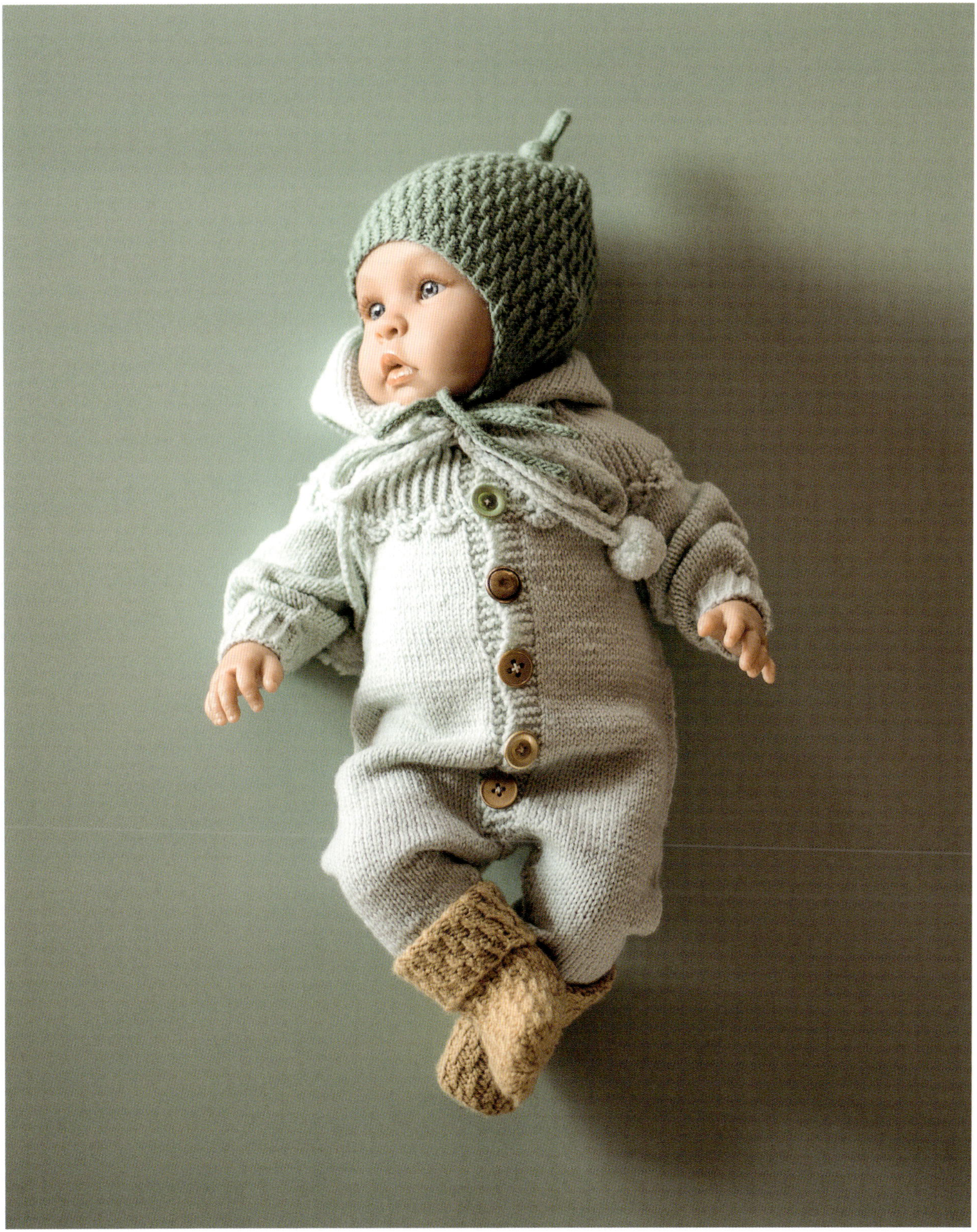

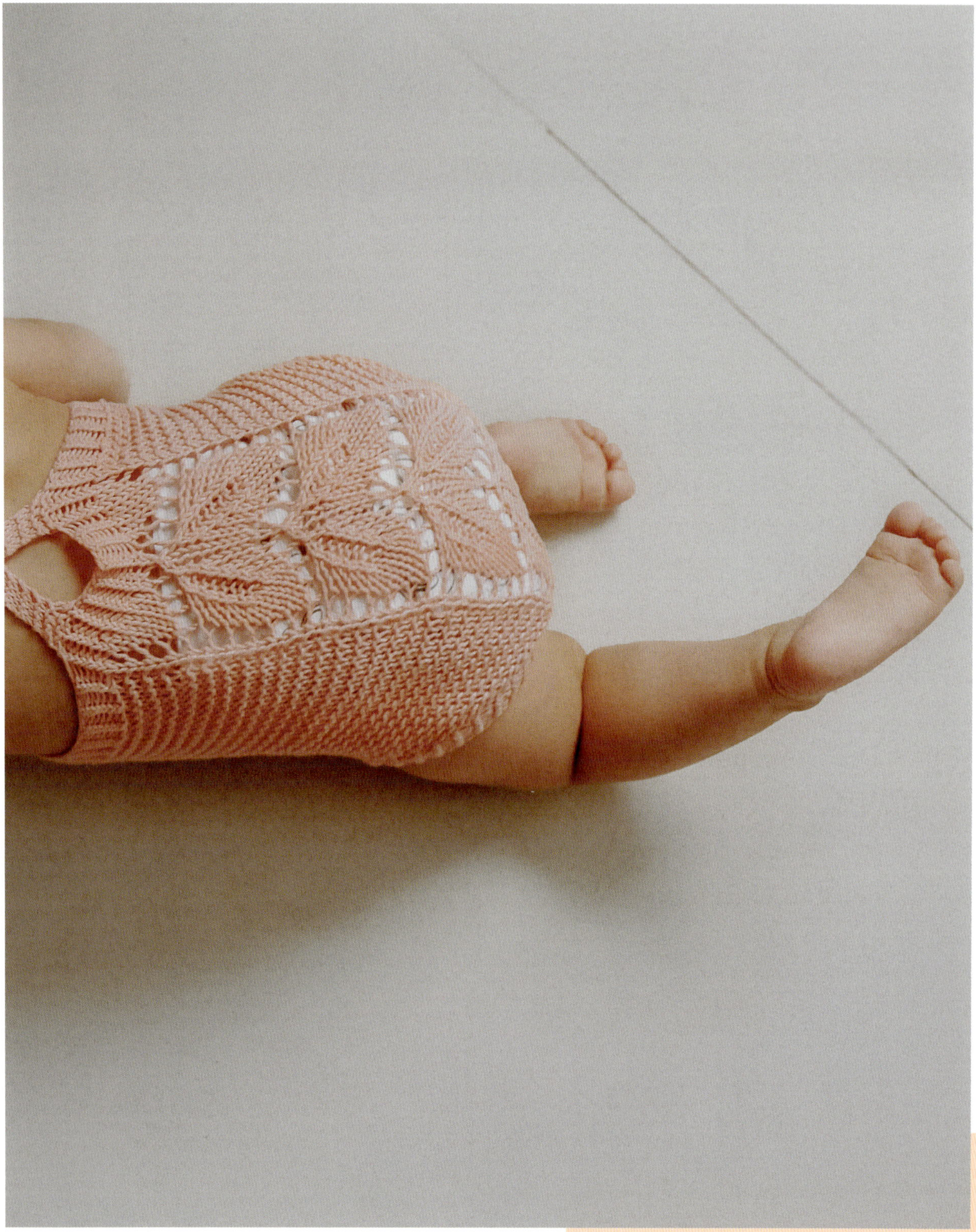

OLAVAS **SOMMERANZUG**

Einer der Sommerklassiker von Tiddelibom. Ein luftiger Sommeranzug für warme Tage, oder über dem Body und der Strumpfhose an kälteren Tagen. Er ist so schnell zu stricken, dass Du garantiert gleich mehr als einen machen willst.

GRÖSSEN
Frühchen – 0-1 – 3 – 6/9 Mon – 1 – 2/3 Jahre

KLEIDERGRÖSSE
Taillenumfang: ca. 34 – 37 – 41 – 48 – 52 – 55 cm
Länge: ca. 26 – 29 – 31 – 35 – 40 – 42 cm

MASCHENPROBE
22 M = 10 cm (glatt rechts mit N 3,5 mm)

NADELSTÄRKE
Nspiel 3 mm und 3,5 mm
30–40 cm lange RundN 3,5 mm

GARNMENGE
ca. 50 – 50 – 50/100 – 100 – 100 – 100 g

EMPFOHLENES GARN
Dale Garn Lerke (53 % Merinowolle, 47 % Ägyptische Baumwolle, Lauflänge 115 m/50 g), Dale Garn Merino 22 (100 % Merinowolle, Lauflänge 125 m/50 g)

HIER VERWENDET
Dale Garn Lerke, 8136 helles Koralle
Dale Garn Lerke, 8126 warmes Gelb

ZUSÄTZLICH
6-6-8-8-8-8 Knöpfe

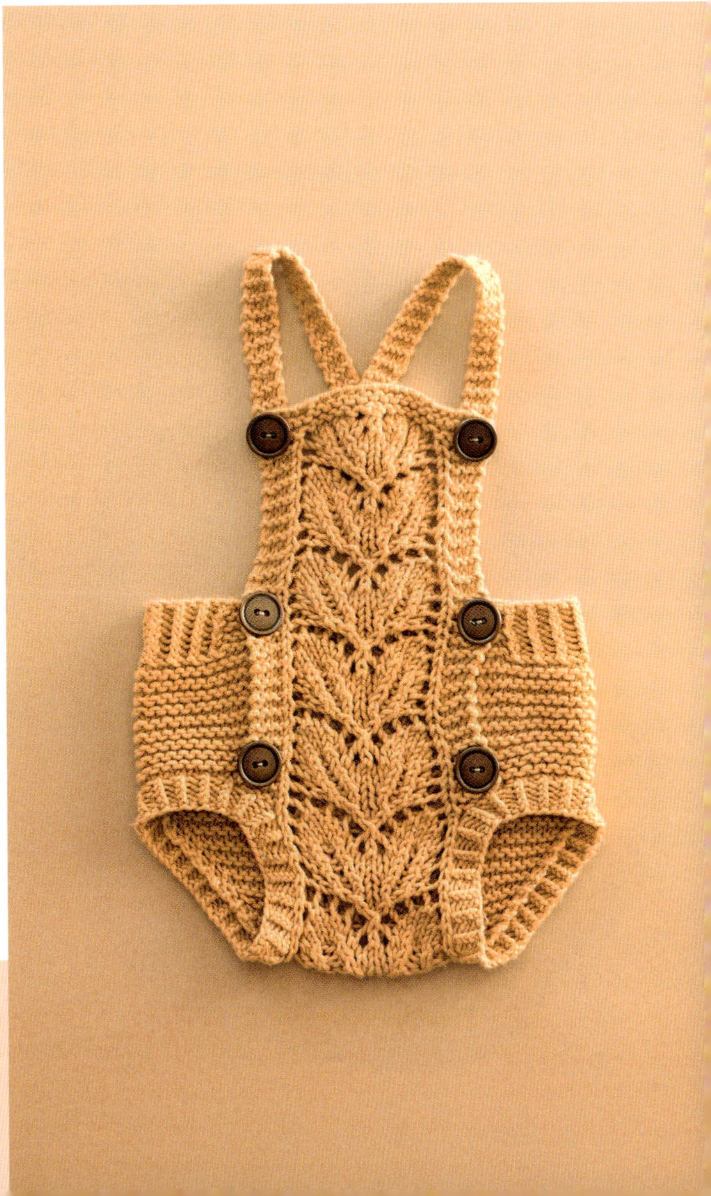

STRICKSCHRIFT A

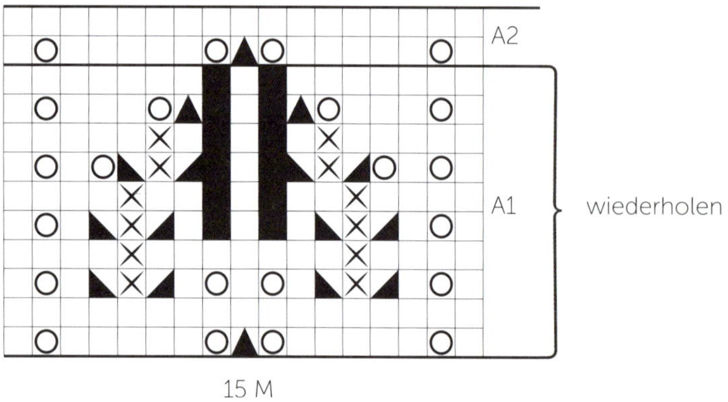

STRICKSCHRIFT B

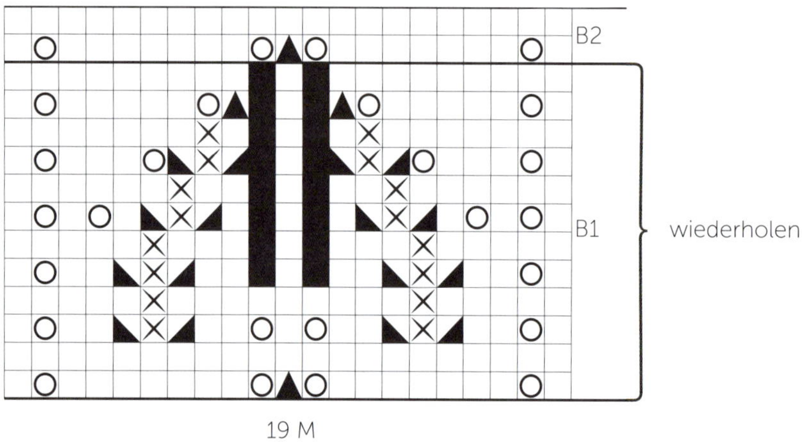

ZEICHENERKLÄRUNG

- re auf der rechten Seite, li auf der linken Seite
- li auf der rechten Seite, re auf der li Seite
- 2 M re zusammen
- 1 M wie zum re stricken abheben, 1 M re, die abgehobene M locker über die gestrickte M ziehen
- dies ist keine M, dieses Kästchen übergehen
- ein Umschlag zwischen 2 M, um eine neue M anzuschlagen
- 1 M wie zum re stricken abheben, 2 M re zusammenstricken, die abgehobene M locker über die gestrickte M ziehen = 1 M

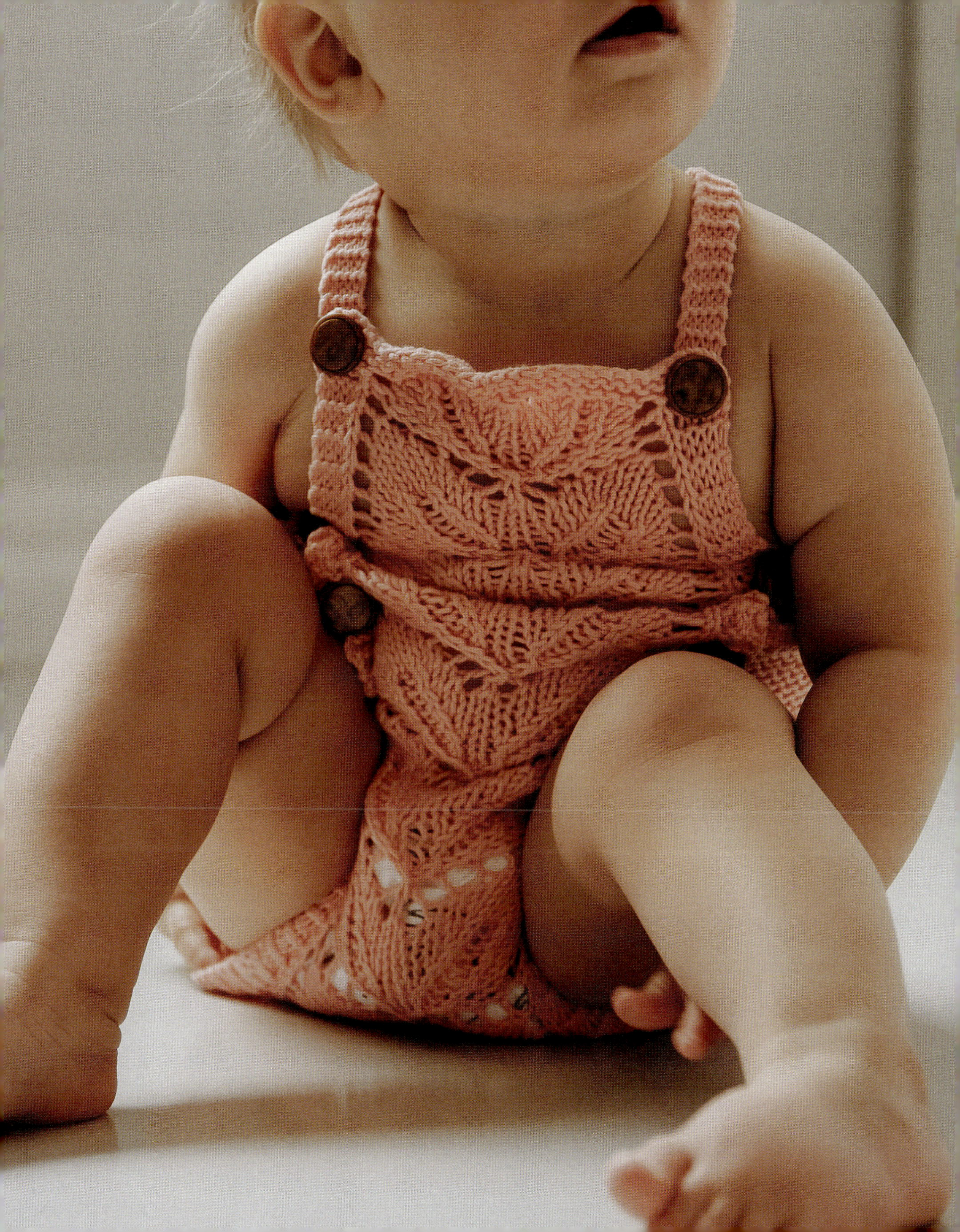

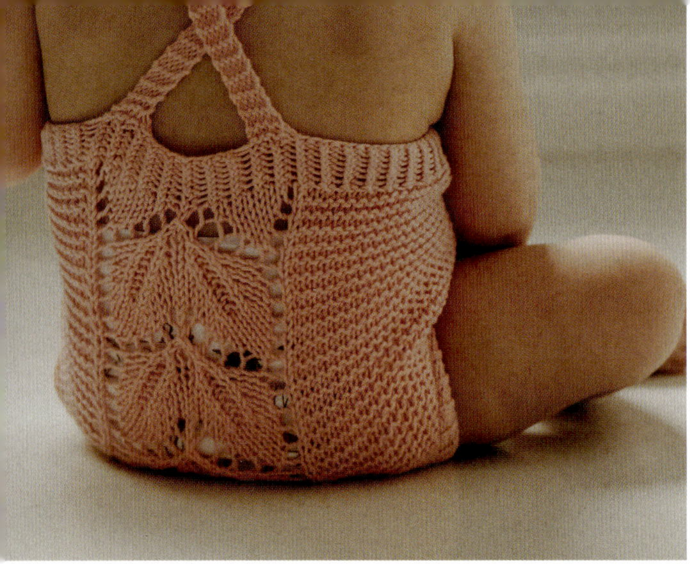

VOR DEM START

Der Sommeranzug wird in einem Stück in R hin und zurück gestrickt. Das Vorder- und Rückenteil werden am Schluss zusammengenäht.

TIPPS ZUM ZUNEHMEN

1 M zunehmen, indem der Faden zwischen 2 M aufgenommen und re verschränkt gestrickt wird, um ein Loch zu vermeiden.

KNOPFLEISTE

Die äußeren 4 M auf jeder Seite ergeben die Knopfleiste. Diese M werden als Krausrippe gestrickt (in Hin- und Rückreihen in jeder Reihe re).

VORDERTEIL

Mit der Nadel 3,5 mm 23 – 23 – 23 – 27 – 27 – 27 M anschlagen. Krausrippen stricken (re M in Hin- und Rückreihen). Drei Rippen stricken.

In der nächsten re R (Hinreihe) werden Knopflöcher gestrickt:
2 M re stricken, 1 Umschlag, 1 M locker abheben, 1 M re, die abgehobene M über die re M heben, nach Strickschrift A1 – A1 – A1 – B1 – B1 – B1 über die mittleren 15 – 15 – 15 – 19 – 19 – 19 M stricken, 2 M re zusammen, 1 Umschlag, 2 M re.

Weiter nach Strickschrift zwischen den Knopfleisten auf beiden Seiten stricken, bis das Vorderteil ca. 17 – 20 – 21 – 25 – 29 – 30 cm hoch ist.

Beachten: nur für die zwei oberen Knöpfe werden Knopflöcher gestrickt. Die anderen Knöpfe sind Dekoration und benötigen kein Knopfloch. Beachte die Erklärung zum Zusammennähen unten.

In der nächsten re R (Hinreihe): 3 M abketten, 1 M re (= RandM), den mittleren Teil nach Strickschrift stricken, 1 M re (= RandM), die letzten 3 M auf die li N schieben, ohne sie zu stricken, die äußere M über die 2. M heben, die 2. M über die 3. M heben, die 3. M über die re (RandM) heben.

Die RandM jeder Seite wird re auf der re Seite und re auf der li Seite gestrickt. Weiter nach Strickschrift zwischen den RandM auf beiden Seiten stricken, bis das Vorderteil ca. 21 – 24 – 25 – 29 – 33 – 35 cm vom Anschlag an hoch ist.

RÜCKENTEIL

Weiter in R stricken, während ***gleichzeitig*** 1 M innerhalb der RandM zugenommen wird, sowohl rechts als auch links.

1. R (Hinreihe): RandM stricken, 1 M zunehmen (Tipps zum Zunehmen lesen), den mittleren Teil nach Strickschrift stricken, 1 M zunehmen, RandM stricken.

2. R (Rückreihe): RandM stricken, 1 M zunehmen, 1 M re, den mittleren Teil nach Strickschrift stricken, 1 M zunehmen, RandM stricken.

Die 1. und 2. R 5 – 7 – 9 – 11 – 13 – 15 Mal wiederholen. Darauf achten, dass alle neuen M abgesehen von der Strickschrift als Krausrippe gestrickt werden (in Hin- und Rückreihen in jeder Reihe re).

Maschenzahl auf jeder Seite der Strickschrift:
13 – 17 – 21 – 25 – 29 – 33 M.

Die nächste R (Hinreihe): 6 – 8 – 6 – 8 – 6 – 8 M zu Beginn der R anschlagen, re M stricken bis zur Strickschrift, einen Maschenmarkierer auf die N hängen, den mittleren Teil nach Strickschrift stricken, einen Maschenmarkierer auf die N hängen, die letzten M der N re stricken, 6 – 8 – 6 – 8 – 6 – 8 M anschlagen.

Maschenzahl auf jeder Seite der Strickschrift:
19 – 25 – 27 – 33 – 35 – 41 M.

Weiter stricken, ohne an den Seiten zuzunehmen. Krausrippen über die M an den Seiten der Maschenmarkierer stricken, im mittleren Teil nach Strickschrift stricken. Weiterstricken, bis das Rückenteil ca. 13 – 15 – 16 – 19 – 22 – 23 cm hoch ist. Den angefangenen Rapport beenden.

Die nächste R (Hinreihe): re M bis zum Maschenmarkierer stricken, nach Strickschrift A2 – A2 – A2 – B2 – B2 – B2 über die mittleren M stricken, re über alle M bis zum Ende der N stricken.

Die nächste R (Rückreihe): re M bis zum Maschenmarkierer stricken, nach Strickschrift A2 – A2 – A2 – B2 – B2 – B2 über die mittleren M stricken, re über alle M bis zum Ende der N stricken.

BÜNDCHEN

1. R (Hinreihe): 1 M locker abheben, wie zum re stricken, * 1 M li, 1 M re verschränkt*, von * - * über alle M der R wiederholen.

2. R (Rückreihe): 1 M locker abheben, wie zum li stricken (mit dem Faden vor der Arb), * 1 M re, 1 M li verschränkt*, von * - * über alle M der N wiederholen.

Die 1. und 2. R wiederholen, bis das Bündchen ca. 3 cm hoch ist.

Die nächste R (Hinreihe): das Bündchen stricken, während ***gleichzeitig*** bis auf 8 M vor dem ersten Maschenmarkierer abgekettet wird, Bündchen über die nächsten 9 M (= 1. Träger) stricken, Bündchen stricken, während ***gleichzeitig*** 13 – 13 – 13 – 17 – 17 – 17 M abgekettet werden (= mittlerer Teil zwischen den hinteren Trägern), Bündchen über die nächsten 9 M stricken (= 2. Träger), Bündchen stricken, während ***gleichzeitig*** alle M auf der N abgekettet werden. Faden abschneiden und die Träger stricken.

TRÄGER

Zur N 3 mm wechseln und mit den Trägern von links beginnen.

1. R (Rückreihe): 1 M li, 1 M li verschränkt, * 1 M re, 1 M li verschränkt*, von * - * wiederholen, bis nur 1 M auf der N ist, 1 M li.

2. R (Hinreihe): 1 M locker abheben, wie zum re stricken, 1 M re verschränkt, * 1 M li, 1 M re verschränkt*, von * - * wiederholen, bis nur 1 M auf der N ist, 1 M re.

3. R (Rückreihe): 1 M locker abheben, wie zum li stricken (mit dem Faden vor der Arb), 1 M li verschränkt, * 1 M re, 1 M li verschränkt*, von * - * wiederholen, bis nur 1 M auf der N ist, 1 M li.

Die Arb wenden und die 2. und 3. R wiederholen, bis der Träger ca. 16 – 17 – 19 – 20 – 23 – 24 cm lang ist. Abketten und Faden vernähen. Einen zweiten Träger stricken. Alle Fäden vernähen und an jedem Ende des Trägers einen Knopf annähen.

ZUSAMMENNÄHEN VON VORDER- UND RÜCKENTEIL

Das Rückenteil so unter die Knopfleisten des Vorderteils legen, als wenn die Knöpfe benutzt würden. Die Teile von links zusammennähen.

BEINÖFFNUNG

38 – 42 – 46 – 56 – 62 – 66 M mit dem Nspiel 3 mm (oder 2,5 mm, wenn Du locker strickst) entlang der Beinöffnung aufnehmen.

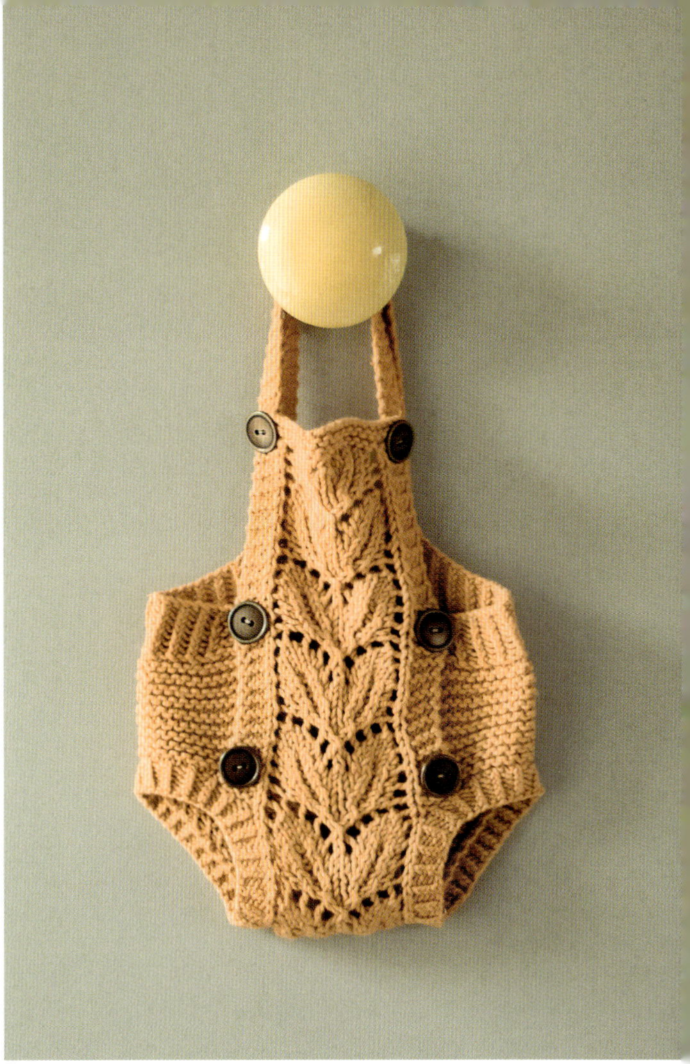

1. R: Bündchen stricken * 1 M re verschränkt, 1 M li, von * - * über alle M der N wiederholen.

2. R: Bündchen stricken * 1 M re verschränkt, 1 M li*, von * - * über alle M der N wiederholen.

3.–5. R: wie 2. R stricken.

6. R: Bündchen stricken, während ***gleichzeitig*** alle M auf der N straff abgekettet werden. Faden abschneiden und vernähen und die andere Beinöffnung genauso stricken.

FERTIGSTELLEN

Alle losen Fäden vernähen und je 2 – 2 – 3 – 3 – 3 – 3 Knöpfe gleichmäßig verteilt an den Knopfleisten vom Vorderteil annähen. Versuche, immer den gleichen Abstand zwischen den Knöpfen einzuhalten (zähle den mit, der am Träger angenäht ist und der oberste Knopf sein wird). Es sind insgesamt 6 – 6 – 8 – 8 – 8 – 8 Knöpfe.

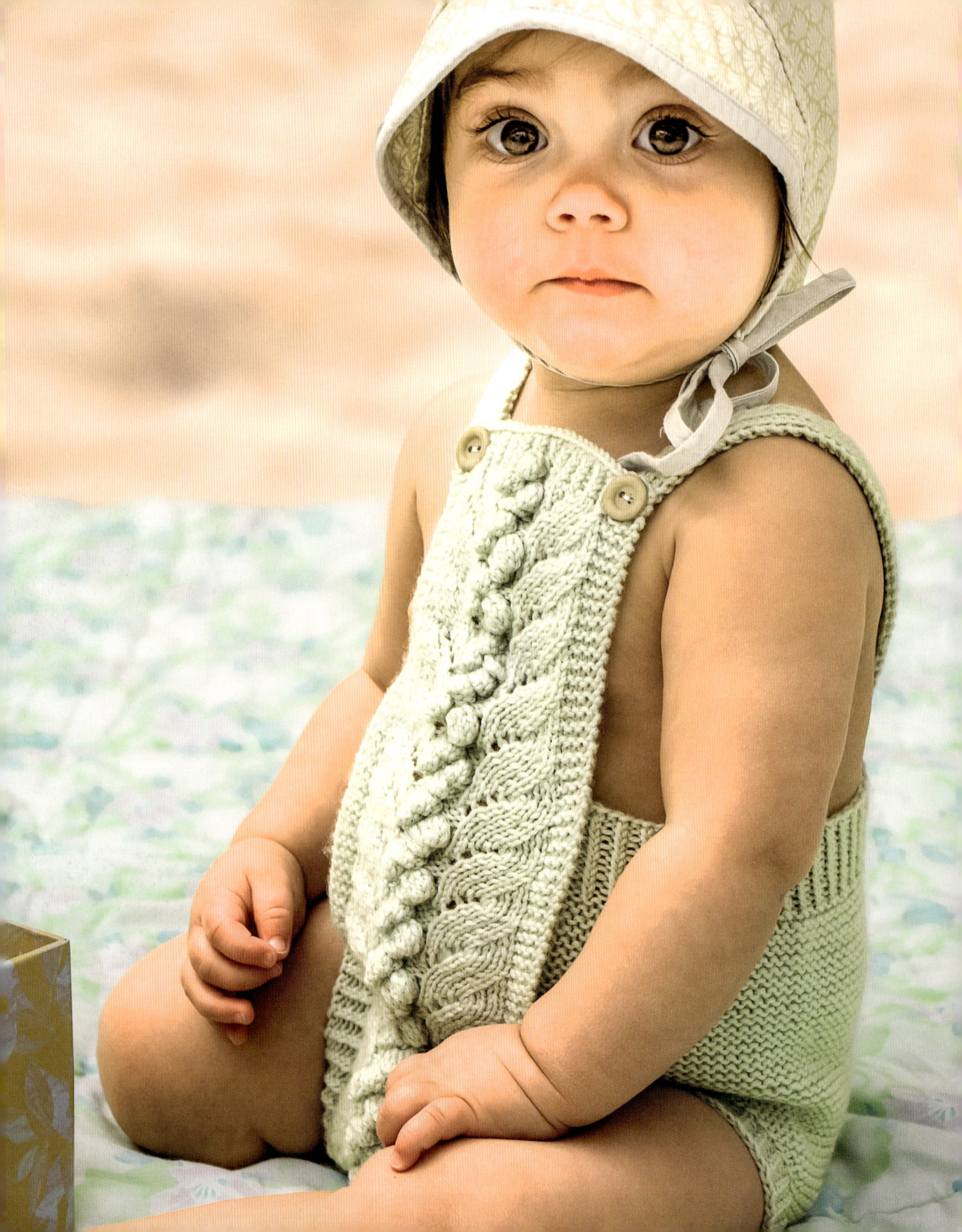

TIDDELIBOM **SOMMERANZUG**

Dies ist eine Weiterentwicklung der beliebten Anleitung für Olavas Sommeranzug. Dieses kleine Kleidungsstück eignet sich genauso gut für warme Tage wie über dem Body und der Strumpfhose an kühleren Tagen. Du kannst zwischen zwei verschiedenen Techniken im Mittelteil wählen, Minty Dots oder verschränkter Twist.

GRÖSSEN
Frühchen – 0-1 – 3 – 6 – 9/12 Mon – 1/2 Jahre

KLEIDERGRÖSSE
Taillenumfang: ca. 32 – 36 – 42 – 46 – 50 – 54 cm
Länge: ca. 26 – 29 – 32 – 34 – 37 – 40 cm

MASCHENPROBE
27 M = 10 cm (glatt rechts mit N 3 mm)

NADELSTÄRKE
Nspiel 2,5 mm und 3 mm
30–40 cm lange RundN 3 mm

GARNMENGE
ca. 50 – 50 – 50/100 – 100 – 100 – 100 g

EMPFOHLENES GARN
Dale Garn Lille Lerke (53 % Merinowolle, 47 % Ägyptische Baumwolle, Lauflänge 115 m/50 g),
Dale Garn Baby Ull (100 % Merinowolle, Lauflänge 165 m/50 g),
Dale Garn Pure Eco Wool (100 % Wolle, Lauflänge 160 m/50 g)

HIER VERWENDET
Minty Dots: Dale Garn Baby Ull, 8537 Minzgrün
Verschränkter Twist: Lille Lerke, 8166 Kitt

ZUSÄTZLICH
6 Knöpfe

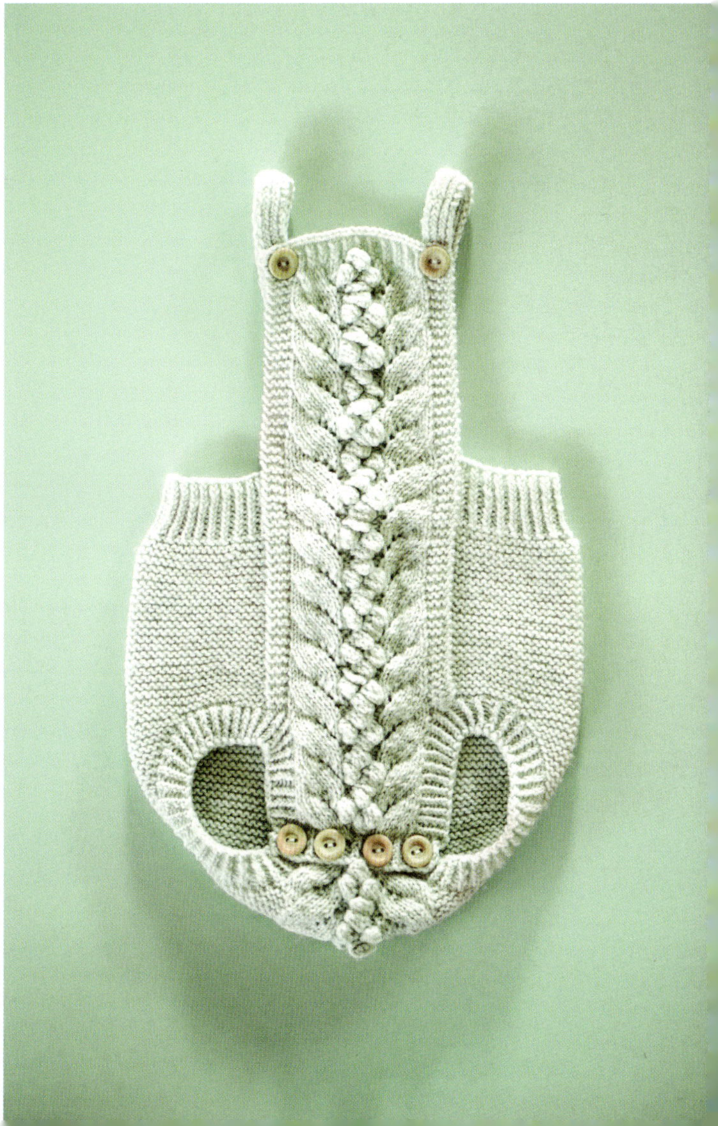

STRICKSCHRIFT A = MINTY DOTS

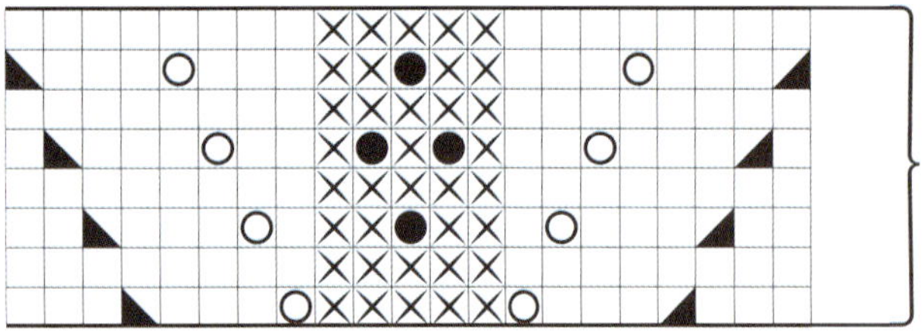

wiederholen

21 M

STRICKSCHRIFT B = VERSCHRÄNKTER TWIST

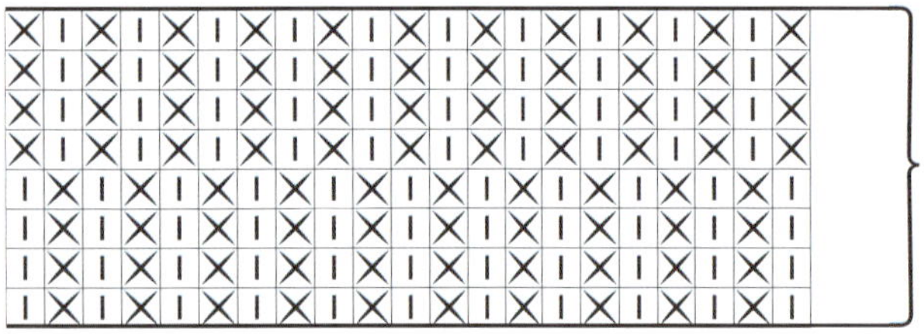

wiederholen

21 M

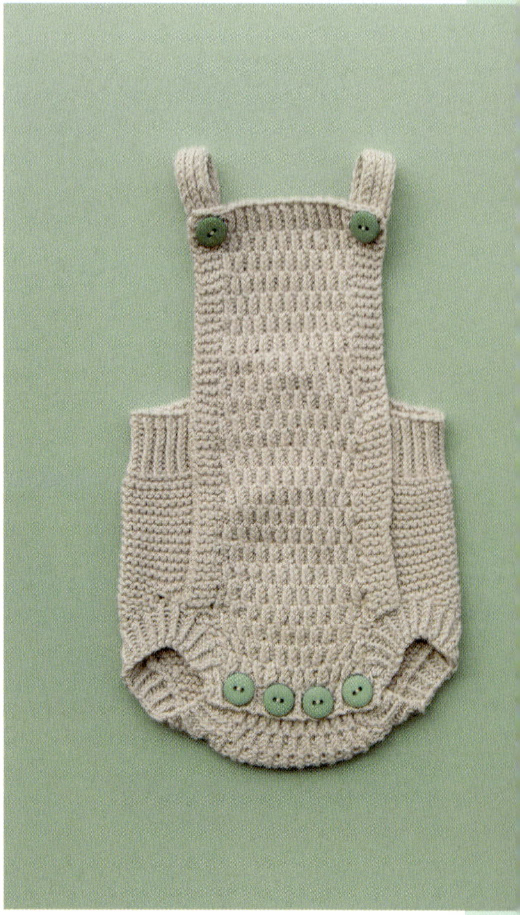

ZEICHENERKLÄRUNG

- re auf der rechten Seite, li auf der linken Seite
- li auf der rechten Seite, re auf der li Seite
- re verschränkt auf der re Seite, li verschränkt auf der li Seite
- 2 M re zusammen
- 1 M wie zum re stricken abheben, 1 M re, die abgehobene M locker über die re M = 1 M
-
- ein Umschlag zwischen 2 M, um eine neue M anzuschlagen
- Noppe: siehe Erklärung auf Seite 7

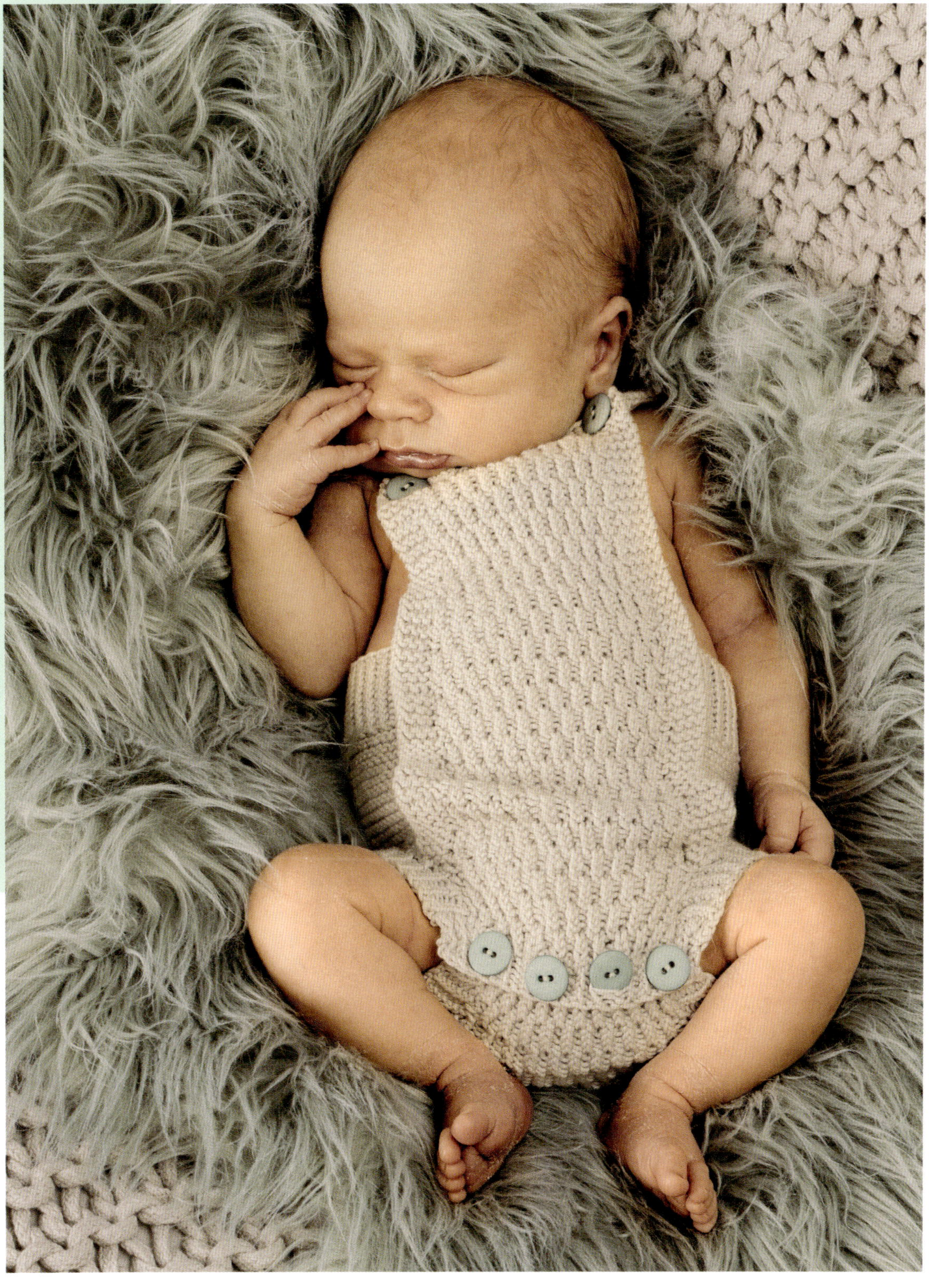

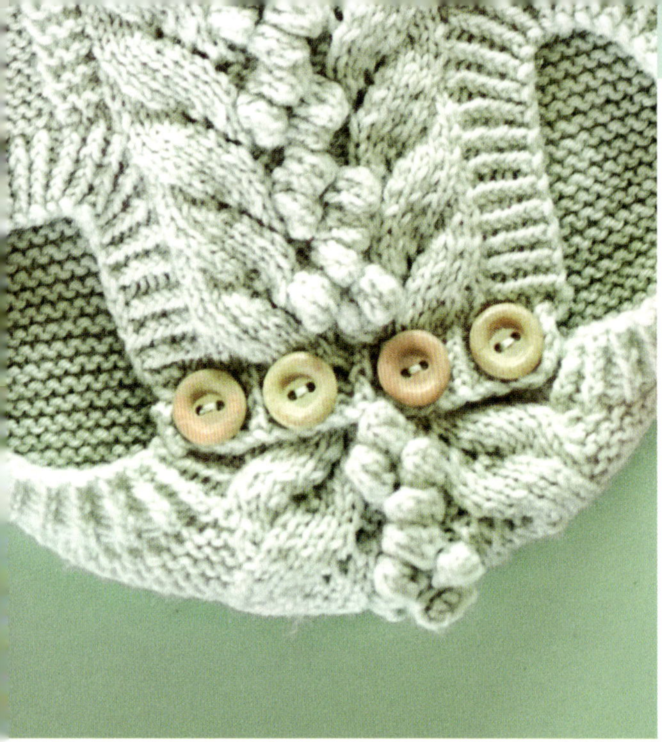

BEVOR ES LOSGEHT

Der Sommeranzug wird von unten nach oben in zwei Teilen gestrickt, Vorder- und Rückenteil. Diese werden zum Schluss zusammengenäht. Achte darauf, dass der Anzug in zwei verschiedenen Techniken für den Mittelteil gestrickt werden kann und entscheide Dich für eine davon:

1. Minty Dots = Strickschrift A

2. Verschränkter Twist = Strickschrift B

VORDERTEIL

Mit der Nadel 3 mm 23 M für alle Größen anschlagen. Das Vorderteil wird in R hin und zurück gestrickt, von unten nach oben. Nach Strickschrift A oder B stricken über die mittleren 21 M (= Mittelteil) und darauf achten, dass die Randmaschen an jeder Seite re in der Hin- und der Rückreihe gestrickt werden. Den Rapport der Strickschrift in der Höhe wiederholen, bis die Arb ca. 3 – 4 – 5 – 6 – 7 – 8 cm hoch ist. Faden abschneiden.

Nächste R (Hinreihe): 3 M anschlagen, 1 M re, nach Strickschrift stricken, bis nur noch 1 M auf der N ist, 1 M re, 3 M anschlagen.

Nächste R (Rückreihe): 4 M re (= Knopfleiste), nach Strickschrift stricken, bis noch 4 M auf der N sind, 4 M re (= Knopfleiste).

Die äußeren 4 M auf jeder Seite ergeben die Knopfleiste, die als Krausrippe gestrickt wird (in Hin- und Rückreihen in jeder Reihe re). Zwischen den Knopfleisten nach Strickschrift weiter stricken, bis das Vorderteil ca. 17 – 20 – 22 – 24 – 26 – 28 cm hoch ist. Den angefangenen Rapport beenden.

BÜNDCHEN MIT KNOPFLOCH

1. R (Hinreihe): 1 M re, 2 M re zusammen, 1 Umschlag (= Knopfloch), 1 M re, 1 M re verschränkt, * 1 M li, 1 M re verschränkt*, von * - * wiederholen bis noch 4 M auf der N sind, 1 M re, 1 Umschlag (= Knopfloch), 2 M re verschränkt zusammen, 1 M re.

2. R (Rückreihe): 4 M re, 1 M li verschränkt, * 1 M re, 1 M li verschränkt*, von * - * wiederholen bis noch 4 M auf der N sind, 4 M re.

3. R (Hinreihe): 4 M re, 1 M re verschränkt, * 1 M li, 1 M re verschränkt*, von * - * wiederholen bis noch 4 M auf der N sind, 4 M re.

4. R (Rückreihe): wie die 2. R stricken.

5. R (Hinreihe): alle M abketten, Faden abschneiden.

RÜCKENTEIL

23 M mit der N 3 mm für alle Größen anschlagen.

Das Rückenteil wird in R hin und zurück auf einer N gestrickt, während gleichzeitig 1 M innerhalb der RandM zugenommen wird, sowohl rechts als auch links.

1. R (Hinreihe): RandM stricken, nach derselben Strickschrift stricken, die für das Mittelteil vom Vorderteil benutzt wurde, RandM stricken.

2. R (Rückreihe): RandM stricken, Mittelteil nach Strickschrift stricken, RandM stricken.

3. R (Hinreihe): RandM stricken, 1 M zunehmen (siehe Tipps zum Zunehmen), Mittelteil nach Strickschrift stricken, 1 M zunehmen, RandM stricken.

4. R (Rückreihe): RandM stricken, 1 M zunehmen 1 M re, Mittelteil nach Strickschrift stricken, 1 M re, 1 M zunehmen, RandM stricken..

Die 3. und 4. R 7 – 9 – 11 – 13 – 15 – 17 Mal wiederholen. Alle neuen M neben der Strickschrift werden als Krausrippe gestrickt (in Hin- und Rückreihen in jeder Reihe re). Faden abschneiden.

Maschenanzahl auf jeder Seite der Strickschrift: 17 – 21 – 25 – 29 – 33 – 37 M.

Die nächste R (Hinreihe): 4 – 6 – 10 – 12 – 12 – 14 M zu Beginn der N anschlagen, re stricken bis zur Strickschrift, den mittleren Teil nach Strickschrift stricken, die letzten M der N re stricken, 4 – 6 – 10 – 12 – 12 – 14 M anschlagen.

Gesamte Maschenzahl: 63 – 75 – 91 – 103 – 111 – 123 M.

Weiter stricken, ohne an den Seiten zuzunehmen. Krausrippen über die M an den Seiten der Strickschrift stricken.

Weiterstricken, bis das Rückenteil ca. 17 – 19 – 21 – 22 – 25 – 28 cm hoch ist. Den angefangenen Rapport beenden.

BÜNDCHEN

1. R (Hinreihe): 1 M re verschränkt * 1 M li, 1 M re verschränkt*, von * - * über alle M der N wiederholen. Beachten: wenn Du nach Strickschrift B strickst, achte darauf, dass das Bündchen über dem letzten Rapport der Strickschrift versetzt wird: 1 M re verschränkt über einer li M und eine M li über einer M re verschränkt.

2. R (Rückreihe): 1 M li verschränkt, * 1 M re, 1 M li verschränkt*, von * - * über alle M der N wiederholen.

Die 1. und 2. R wiederholen, bis das Bündchen ca. 3 cm hoch ist.

Nächste R (Hinreihe): das Bündchen stricken, während gleichzeitig die ersten 17 – 23 – 31 – 37 – 41 – 47 M abgekettet werden, Bündchen über die nächsten 9 M (= 1. Träger) stricken, Bündchen stricken, während ***gleichzeitig*** 11 M abgekettet werden (= mittlerer Teil zwischen den Trägern hinten), Bündchen über die nächsten 9 M stricken (= 2. Träger), Bündchen stricken, während gleichzeitig die letzten 17 – 23 – 31 – 37 – 41 – 47 M abgekettet werden.

TRÄGER

Zur N 2,5 mm wechseln und mit den Trägern von links beginnen, über die 9 M für den ersten Träger.

1. R (Rückreihe): 1 M li, 1 M li verschränkt, * 1 M re, 1 M li verschränkt*, von * - * wiederholen, bis nur 1 M auf der N ist, 1 M li.

2. R (Hinreihe): 1 M locker abheben, wie zum li stricken, 1 M re verschränkt, * 1 M li, 1 M re verschränkt*, von * - * wiederholen, bis nur 1 M auf der N ist, 1 M re.

3. R (Rückreihe): 1 M locker abheben, wie zum li stricken (mit dem Faden vor der Arb), 1 M li verschränkt, * 1 M re, 1 M li verschränkt*, von * - * wiederholen, bis nur 1 M auf der N ist, 1 M li.

Die Arb wenden und die 2. und 3. R wiederholen, bis der Träger ca. 13 – 14 – 16 – 17 – 18 – 19 cm lang ist. Abketten und Faden vernähen. Den zweiten Träger stricken. Alle Fäden vernähen und an jedem Ende des Trägers einen Knopf annähen.

ZUSAMMENNÄHEN VON VORDER- UND RÜCKENTEIL

Das Rückenteil so unter die Knopfleisten im Schritt des Vorderteils legen, als wenn die Knöpfe benutzt würden. Die Teile von links zusammennähen.

BEINÖFFNUNG

39 – 43 – 49 – 55 – 65 – 77 M mit dem Nspiel 2,5 mm entlang des Randes von Vorder- und Rückenteil aufnehmen.

1. R (Rückreihe): Bündchen stricken * 1 M re, 1 M li verschränkt*, von * - * über alle M der N wiederholen.

2. R (Hinreihe): Bündchen stricken * 1 M li, 1 M re verschränkt*, von * - * über alle M der N wiederholen.

Die 1. und 2. R 3 Mal wiederholen. In der nächsten R das Bündchen stricken, während ***gleichzeitig*** alle M auf der N straff abgekettet werden. Faden abschneiden und vernähen und die andere Beinöffnung genauso stricken.

KNOPFLEISTE IM SCHRITT DES VORDERTEILS

25 M mit der N 2,5 mm am unteren Rand des Vorderteils aufnehmen.

1. R (Rückreihe): 1 M li, 1 M re verschränkt, Bündchen *1 M li, 1 M re verschränkt*, von * - * wiederholen bis noch 1 M auf der N ist, 1 M li.

2. R (Hinreihe): 1 M re, 1 M li, 1 M re verschränkt, *1 Umschlag (= Knopfloch), 2 M re zusammen, 1 M li, 1 M re verschränkt, 1 M li, 1 M re verschränkt*, von * - * 2 Mal wiederholen, 1 Umschlag (= Knopfloch), 2 M re zusammen, 1 M li, 1 M re.

3. R (Rückreihe): wie die 1. R stricken.

4. R (Hinreihe): 1 M re, 1 M li, *1 M re verschränkt, 1 M li*, von * - * wiederholen bis noch 1 M auf der N ist, 1 M re.

5. R (Rückreihe): das Bündchen stricken, wäh-rend ***gleichzeitig*** alle M auf der N straff abgekettet werden.

KNOPFLEISTE IM SCHRITT DES RÜCKENTEIL

25 M mit einer N 2,5 mm am unteren Rand des Rückenteils aufnehmen.

1. R (Rückreihe): 1 M li, 1 M re, Bündchen *1 M li verschränkt, 1 M re*, von * - * wiederholen bis noch 1 M auf der N ist, 1 M li.

2. R (Hinreihe): 1 M re, 1 M li, Bündchen * 1 M re verschränkt, 1 M li*, von * - * wiederholen, bis noch 1 M auf der N ist, 1 M re.

3. und 4. R: wie 1. und 2. R stricken.

5. R (Rückreihe): das Bündchen stricken, während ***gleichzeitig*** alle M auf der N straff abgekettet werden.

FERTIGSTELLEN

Alle losen Fäden vernähen und 4 Knöpfe gleichmäßig verteilt an der Knopfleiste des Vorderteils annähen.

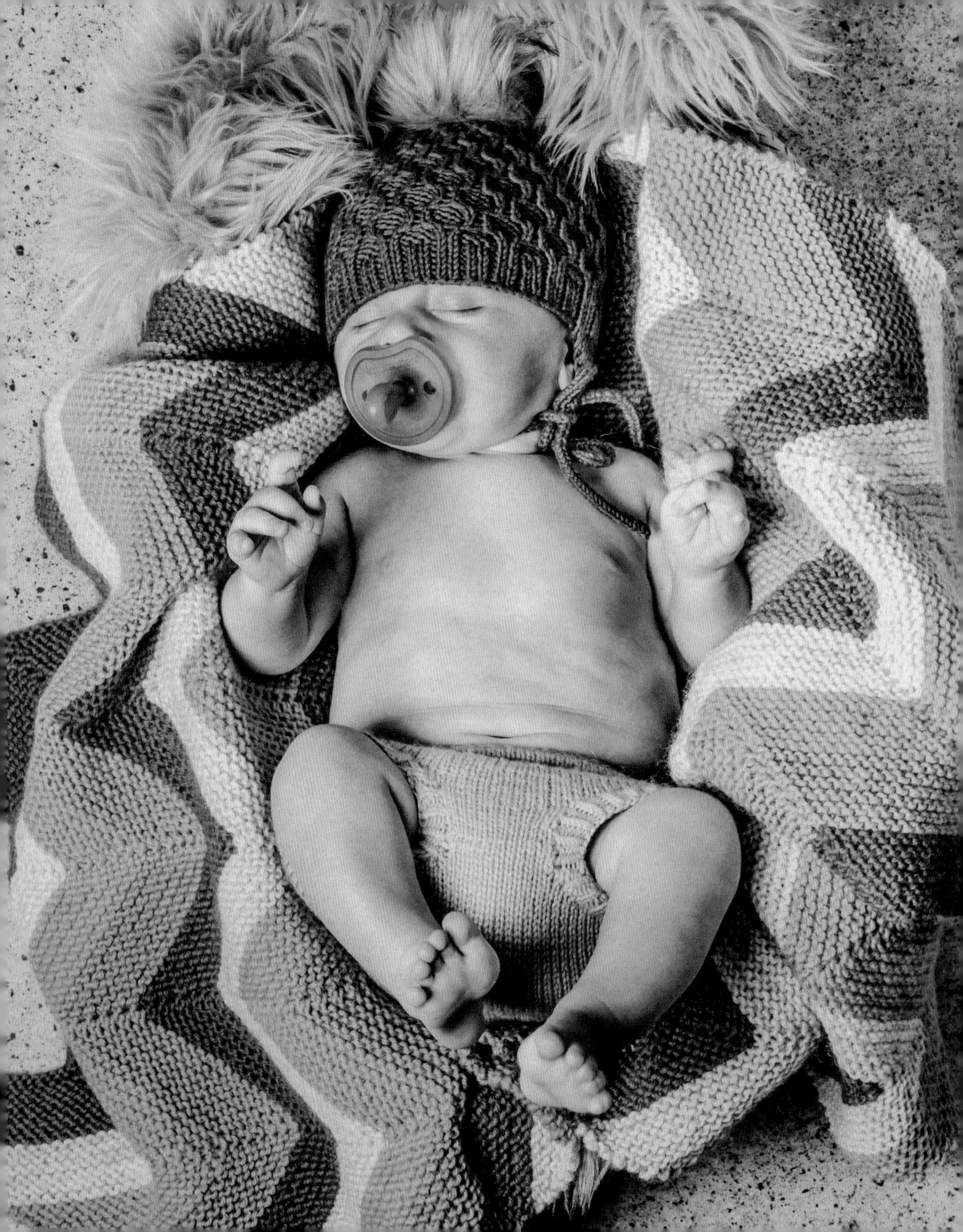

RETRO **ZICKZACKDECKE**

Eine in Krausrippen gestrickte Zickzack-Decke mit einem starken Ausdruck. Die Decke ist einfach zu stricken, denn die zickzackförmigen Spitzen entstehen nur durch Zu- und Abnehmen.

GRÖSSE
Einheitsgröße

MASSE
Breite: ca. 60 cm
Länge: ca. 90 cm

MASCHENPROBE
22 M = 10 cm (glatt rechts mit N 4,5 mm)
25 M = 10 cm (Zickzackmuster mit N 4,5 mm)

NADELSTÄRKE
80 cm RundN 4,5 mm

GARNMENGE
Farbe 1: 150 g
Farbe 2: 100 g
Farbe 3: 100 g
Farbe 4: 100 g

EMPFOHLENES GARN
Dale Garn Natural Lanolin Wool
(100 % Schurwolle, Lauflänge 100 m/50 g)

HIER VERWENDET
Farbe 1: 1426 dunkles Ocker
Farbe 2: 1413 Jadegrün
Farbe 3: 1414 Maisgelb
Farbe 4: 1421 Hellgrau meliert

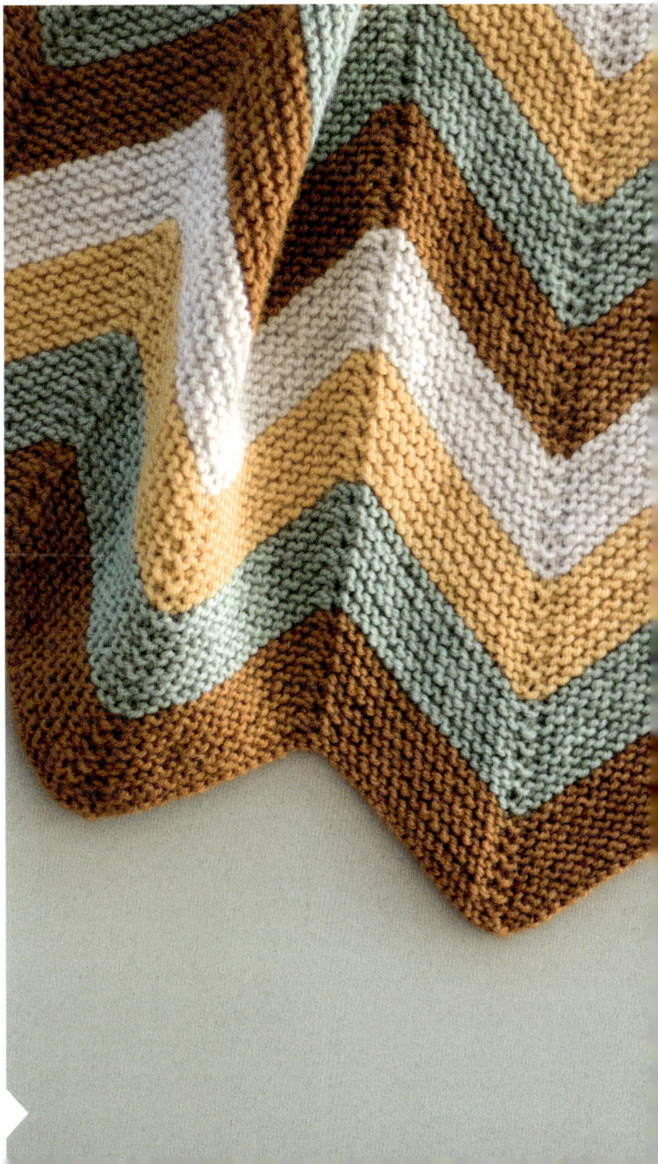

STRICKSCHRIFT

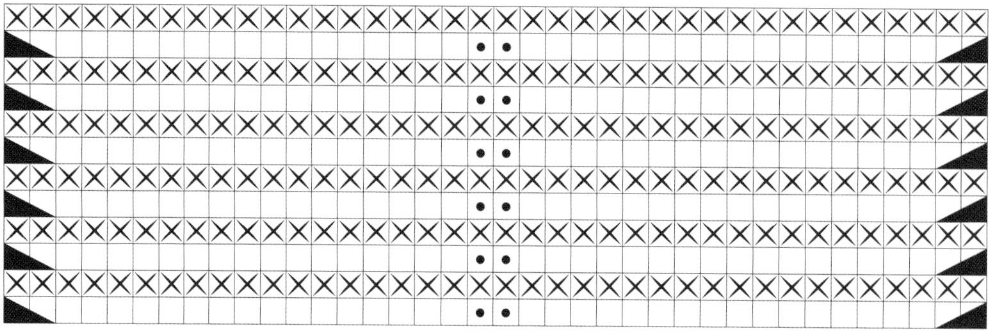

38 M

ZEICHENERKLÄRUNG

- re auf der rechten Seite, li auf der linken Seite
- li auf der rechten Seite, re auf der li Seite
- 1 M zunehmen, indem 1 M aus dem vorderen und 1 M aus dem hinteren Maschenbogen gestrickt wird
- 2 M re zusammen
- 2 M re verschränkt zusammen

VOR DEM START

Die Decke wird eine halbe Nadelstärke mehr als empfohlen gestrickt, damit sie luftiger und weicher wird und mehr wärmt.

START

152 M mit der 80 cm RundN 4,5 mm anschlagen. Die Decke wird in R hin und zurück in Krausrippen nach der Strickschrift gestrickt.

Farbe 1: die erste R re stricken, die Arb wenden und die nächste R re stricken (dies ersetzt die ersten zwei Reihen der Strickschrift). Beginne in der 3. Reihe der Strickschrift und wiederhole den Rapport = 38 M 4 Mal in der Breite. Wenn die Strickschrift (= 12 R) in der Höhe gestrickt ist, wird zur nächsten Farbe gewechselt.

Farbe 2: den Rapport 4 Mal in der Breite stricken. Wenn die Strickschrift in der Höhe gestrickt ist, wird zur nächsten Farbe gewechselt.

Farbe 3: stricken wie bei Farbe 2 angegeben.

Farbe 4: stricken wie bei Farbe 2 angegeben.

Anschließend die Farben in dieser Reihenfolge stricken: Farbe 1, Farbe 2, Farbe 3 und Farbe 4. Diese Reihenfolge 5 Mal wiederholen. Als Abschluss einen Rapport in Farbe 1 stricken und in der letzten Reihe der Strickschrift (auf der linken Seite) abketten. Faden abschneiden und alle Fäden vernähen.

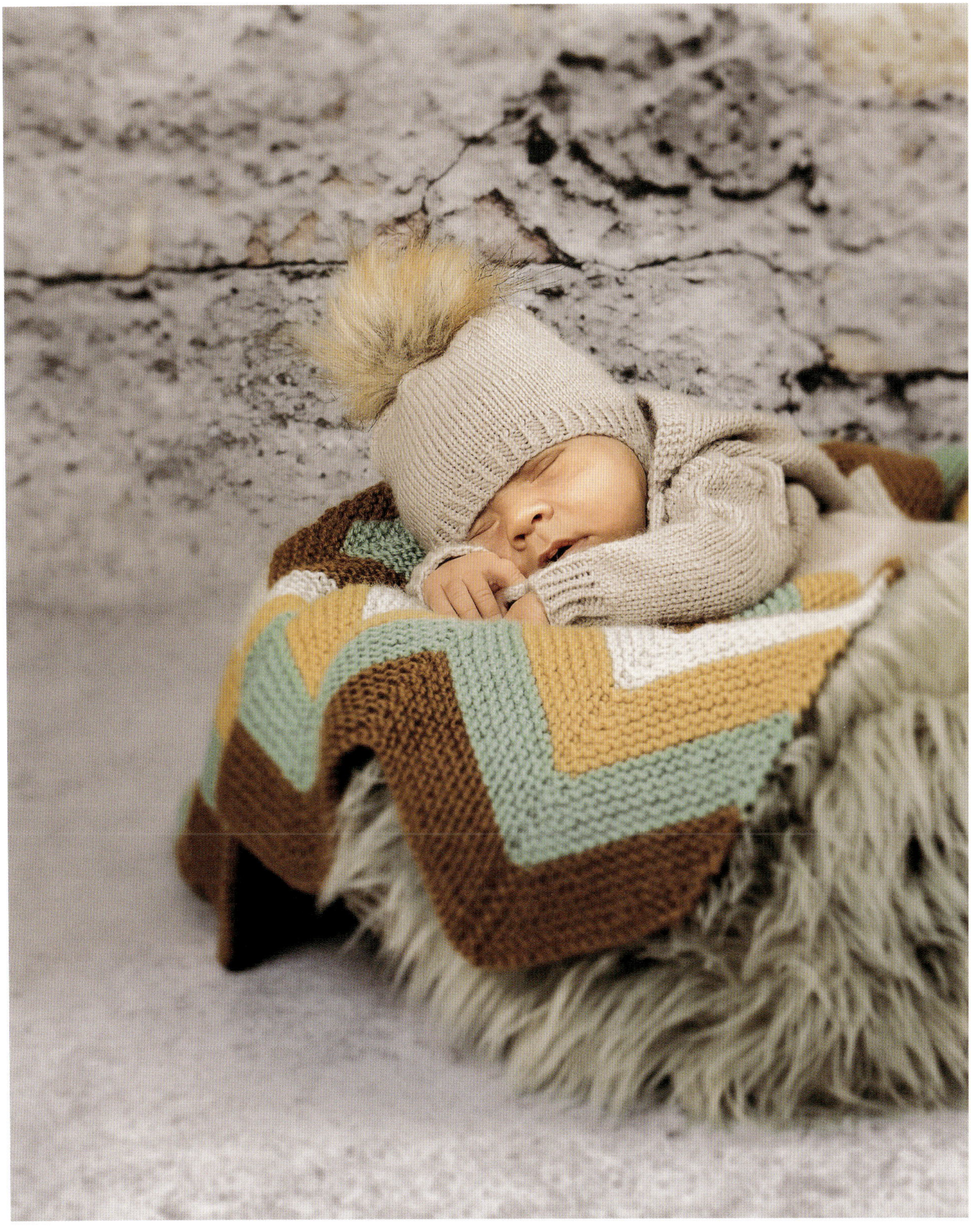

NOPPEN **BODY**

Ein großzügiger Body mit einer guten Passform und dekorativer Passe. Der Body wird im Patentmuster mit Rundenabnahmen von unten nach oben gestrickt, hat Knöpfe im Schritt für einfaches Windelwechseln und einen Knopf am Rücken..

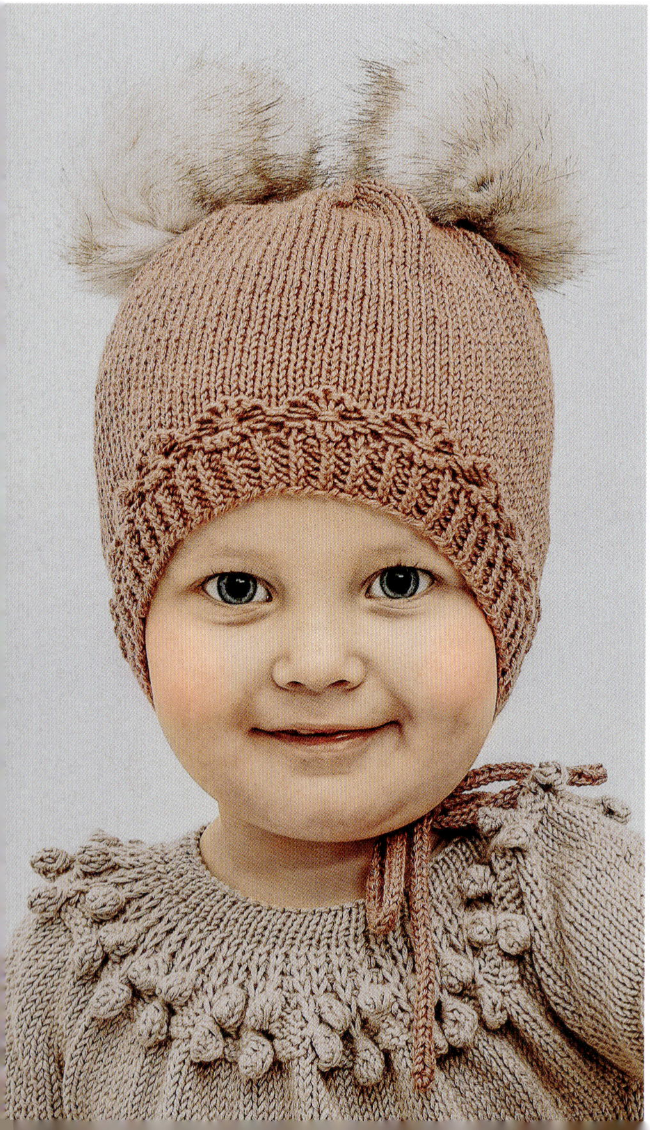

GRÖSSEN
Frühchen – 0-1 – 3 – 6/9 Mon – 1 – 2/3 Jahre

KLEIDERGRÖSSE
Taillenumfang: ca. 36 – 41 – 46 – 50 – 54 – 58 cm
Länge: ca. 27 – 30 – 33 – 36 – 39 – 42 cm

MASCHENPROBE
27 M = 10 cm (glatt rechts mit N 3 mm)

NADELSTÄRKE
Nspiel 2,5 mm und 3 mm
30–40 cm lange RundN 3 mm

GARNMENGE
ca. 100 – 100 – 100 – 150 – 150 – 200 g

EMPFOHLENES GARN
Dale Garn Lille Lerke (53 % Merinowolle, 47 % Ägyptische Baumwolle, Lauflänge 115 m/50 g), Dale Garn Baby Ull (100 % Merinowolle, Lauflänge 165 m/50 g), Dale Garn Soft Merino (100 % Extrafeine Merinowolle, Lauflänge 187 m/50 g)

HIER VERWENDET
Dale Garn, Lille Lerke, 2641 Camel

ZUSÄTZLICH
5 Knöpfe

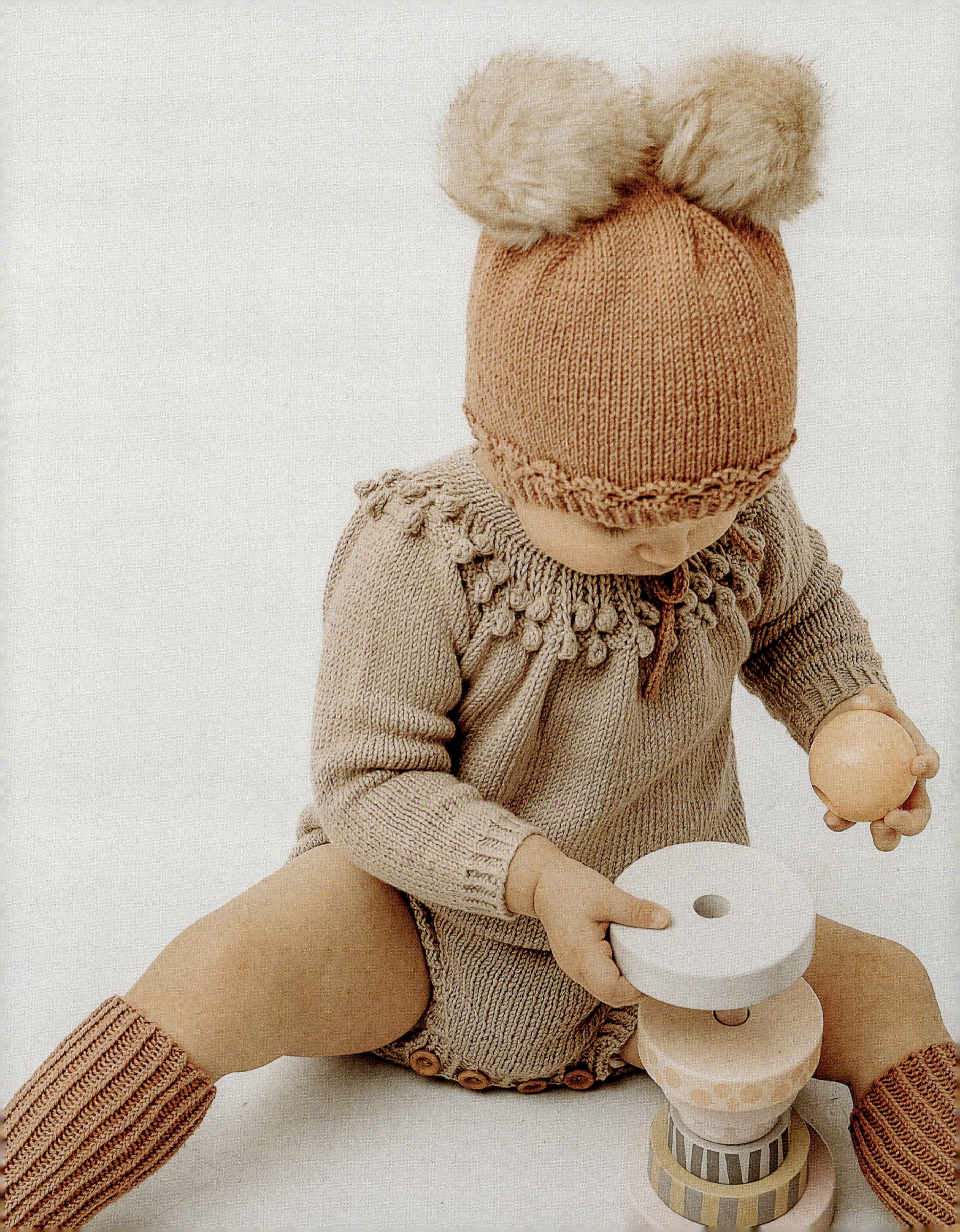

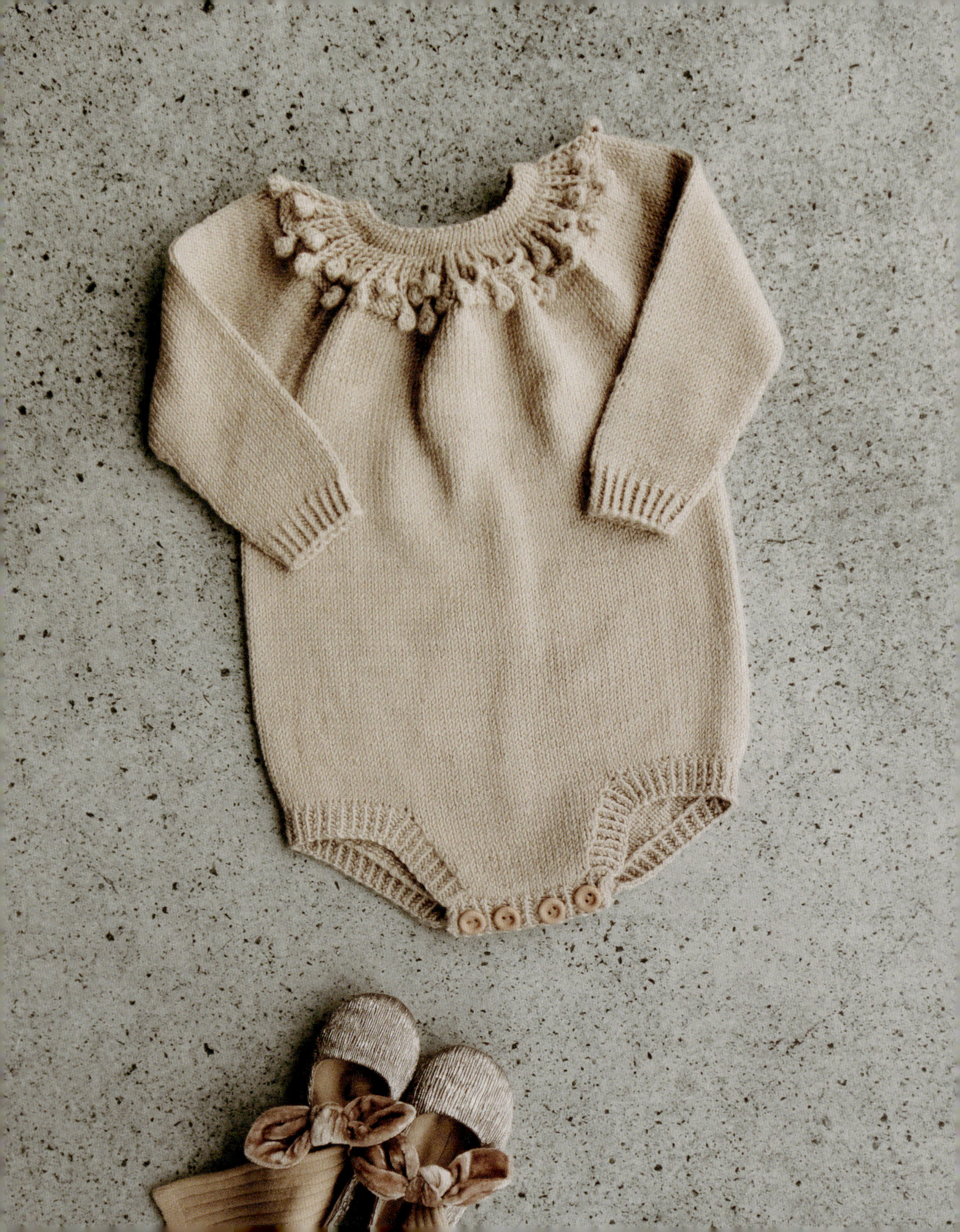

VORDERTEIL

Es wird von unten nach oben gestrickt mit Rundenabnahmen in der Passe. 15 – 15 – 15 – 19 – 19 – 19 M mit der Nadel 3 mm anschlagen. Die RandM an jeder Seite wird re auf der rechten und re auf der linken Seite gestrickt.

1. R (Hinreihe): alle M re stricken.

2. R (Rückreihe): alle M zwischen den RandM li stricken.

3. R (Hinreihe): RandM stricken, 1 M nach rechts zunehmen (siehe Tipps Seite 7), re stricken, bis noch 1 M auf der N ist, 1 M nach links zunehmen, RandM stricken.

4. R (Rückreihe): wie die 2. R stricken.

Die 1.–4. R 2 – 2 – 3 – 3 – 4 – 4 – Mal wiederholen.

Maschenanzahl gesamt: 21 – 21 – 23 – 27 – 29 – 29 M.

Die Arb zur Seite legen und das Rückenteil stricken.

RÜCKENTEIL

16 – 16 – 16 – 20 – 20 – 20 M mit der Nadel 3 mm anschlagen. 2 R glatt re stricken (beachten, dass die RandM an jeder Seite re auf der rechten und re auf der linken Seite gestrickt werden).

1. R (Hinreihe): RandM stricken, 1 M nach rechts zunehmen, re stricken, bis noch 1 M auf der N ist, 1 M nach links zunehmen, RandM.

2. R (Rückreihe): RandM stricken, 1 M nach links zunehmen, li stricken, bis noch 1 M auf der N ist, 1 M nach rechts zunehmen, RandM.

Die 1.–2. R 8 – 9 – 11 – 11 – 12 – 13 Mal wiederholen.

Maschenanzahl gesamt: 52 – 56 – 64 – 68 – 72 – 76 M.

RUMPF

Jetzt werden das Vorder- und das Rückenteil auf einer RundN zusammengestrickt und es wird in Runden weitergestrickt.

1. Rd: re M über das Rückenteil stricken, einen Maschenmarkierer auf die N hängen, 15 – 19 – 20 – 20 – 23 – 25 M anschlagen, re M über das Vorderteil stricken, 15 – 19 – 20 – 20 – 23 – 25 M anschlagen, einen Maschenmarkierer auf die N hängen (= Beginn der Rd).

Maschenanzahl gesamt: 103 – 115 – 127 – 135 – 147 – 155 M.

In Runden glatt re stricken, bis die Arb ca. 19 – 21 – 24 – 26 – 28 – 30 cm hoch ist, ab Anschlag Vorderteil gemessen. In der nächsten Rd werden 4 M an jeder Seite für das Armloch (2 M vor und nach jedem Maschenmarkierer) abgenommen = 8 abgenommene M pro R. Die Arbeit zur Seite legen und die Ärmel stricken.

Maschenanzahl gesamt: 95 – 107 – 119 – 127 – 139 – 147 M.

ÄRMEL

26 – 30 – 32 – 34 – 36 – 40 M mit dem Nspiel 2,5 mm anschlagen. Ein Bündchen in Runden stricken (lies dazu die Stricktipps für verschränkte M auf Seite 7). 8 Rd Bündchen *1 M re verschränkt, 1 M li* stricken, von * - * die gesamte Rd wiederholen. Einen Maschenmarkierer mittig unter dem Ärmel einhängen. Zum Nspiel 3 mm wechseln und in Rd glatt re stricken, während ***gleichzeitig*** in jeder 2. – 2. – 3. – 3. – 4. – 5. Rd folgendermaßen zugenommen wird: 1 M re, 1 M zunehmen, alle M re stricken, bis noch 1 M auf der N ist, 1 M zunehmen, 1 M re. Das Zunehmen wiederholen, bis 10 – 11 – 12 – 14 – 14 – 14 Mal zugenommen wurde. Glatt rechts rund weiterstricken, bis der Ärmel ca. 11 – 14 – 16 – 19 – 22 – 25 cm lang ist. In der nächsten Rd werden für das Armloch 2 M zu Beginn und 2 M am Ende der R abgenommen (auf jeder Seite der Maschenmarkierer).

Maschenanzahl gesamt: 42 – 46 – 52 – 58 – 60 – 64 M.

Ärmel zur Seite legen und den zweiten Ärmel genauso stricken.

PASSE

Jetzt werden der Rumpf und die Ärmel auf einer RundN zusammengestrickt. In die mittM des Rückenteils einen Maschenmarkierer einhängen (= Beginn der Rd).

Nächste Rd: Re M über die 24 – 26 – 30 – 32 – 34 – 36 M vom linken Rückenteil stricken, re M über den ersten Ärmel (gerne mit der Magic Loop Technik, siehe Seite 161), re M über das Vorderteil, re M über den zweiten Ärmel, re M über die 24 – 26 – 30 – 32 – 34 – 36 M vom rechten Rückenteil stricken.

Maschenanzahl gesamt: 179 – 199 – 223 – 243 – 259 – 275 M.

Glatt re in Rd stricken, bis die Arb ca. 22 – 25 – 27 – 31 – 36 – 38 cm hoch ist, ab Anschlag Vorderteil gemessen. 1 Rd glatt re stricken, während gleichmäßig verteilt 0 – 4 – 4 – 0 – 0 – 0 M abgenommen werden.

Maschenanzahl gesamt: 179 – 195 – 219 – 243 – 259 – 275 M.

** PASSENABNAHMEN

Ab jetzt auf der N hin und zurück stricken.

1. R (Hinreihe): 1 M abheben wie zum re stricken, 1 Noppe stricken (Erklärung dazu auf Seite 7), *7 M li, 1 Noppe*, von * - * wiederholen bis noch 1 M auf der N ist, 1 M re.

2. R (Rückreihe): 1 M abheben wie zum li stricken (mit dem Faden vor der Arb), 1 M li, *7 M re, 1 M li*, von * - * wiederholen bis noch 1 M auf der N ist, 1 M li.

3. R (Hinreihe): 1 M abheben wie zum re stricken, 1 M Halbpatent (lies die Erklärung zu Halbpatent auf Seite 7), * 7 M li, 1 M Halbpatent*, von * - * wiederholen bis noch 1 M auf der N ist, 1 M re.
4. R (Rückreihe): wie die 2. R stricken.
5. R (Hinreihe): 1 M abheben wie zum re stricken, 1 M Halbpatent, * 2 M li zusammen, 1 M li, 1 Noppe, 1 M li, 2 M li zusammen, 1 M Halbpatent*, von * - * wiederholen bis noch 1 M auf der N ist, 1 M re.
6. R (Rückreihe): 1 M abheben wie zum li stricken (mit dem Faden vor der Arb), 1 M li, *2 M re, 1 M li*, von * - * wiederholen bis noch 1 M auf der N ist, 1 M li.
7. R (Hinreihe): 1 M abheben wie zum re stricken, 1 M Halbpatent, * 2 M li, 1 M Halbpatent*, von * - * wiederholen bis noch 1 M auf der N ist, 1 M re.
8. R (Rückreihe): wie die 6. R stricken.
9. R (Hinreihe): 1 M abheben wie zum re stricken, 1 M Halbpatent, * 2 M li zusammen, 1 M Halbpatent*, von * - * wiederholen bis noch 1 M auf der N ist, 1 M re.
10. R (Rückreihe): 1 M abheben wie zum li stricken (mit dem Faden vor der Arb), 1 M li, *1 M re, 1 M li*, von * - * wiederholen bis noch 1 M auf der N ist, 1 M li.
11. R (Hinreihe): 1 M abheben wie zum re stricken, 1 M Halbpatent, * 1 M li, 1 M Halbpatent*, von * - * wiederholen bis noch 1 M auf der N ist, 1 M re.
12. R (Rückreihe): wie die 10. R stricken.
13. R (Hinreihe): 1 M abheben wie zum re stricken, 1 M re, 2 M re zusammen über alle M der N bis noch 1 M auf der N ist, 1 M re.
Maschenanzahl gesamt: 47 – 51 – 57 – 63 – 67 – 71 M.

HALS

1. R (Rückreihe): 1 M abheben wie zum li stricken (mit dem Faden vor der Arb), li M über die gesamte N stricken.
2. R (Hinreihe): 1 M abheben wie zum re stricken, re M über die gesamte N stricken, bis noch 3 M auf der N sind, 1 Umschlag (= Knopfloch), 2 M re zusammen, 1 M re.
3. R (Rückreihe): wie die 1. R stricken.
4. R (Hinreihe): 1 M abheben wie zum re stricken, re M über die gesamte N stricken.
5. R (Rückreihe): alle M re stricken.
6. R (Hinreihe): wie die 4. R stricken.
7. R (Rückreihe): wie die 1. R stricken.
8. R (Hinreihe): wie die 2. R stricken.
9. R (Rückreihe): alle M abketten.
Den Rand nach innen umschlagen und dann von links festnähen.

BEINÖFFNUNG

Ca. 37 – 43 – 49 – 57 – 67 – 75 M mit einer N 2,5 mm entlang vom Rand zwischen Vorder- und Rückenteil aufnehmen.
1. R (Rückreihe): Bündchen stricken * 1 M re verschränkt, 1 M li verschränkt*, von * - * über alle M der N wiederholen.
2. R (Hinreihe): Bündchen stricken * 1 M re verschränkt, 1 M li verschränkt*, von * - * über alle M der N wiederholen.
Die 1. und 2. R 3 Mal wiederholen. In der nächsten R das Bündchen stricken, während ***gleichzeitig*** alle M auf der N straff abgekettet werden. Faden abschneiden und vernähen. Die andere Beinöffnung genauso stricken.

KNOPFLEISTE IM SCHRITT DES VORDERTEILS

21 – 21 – 21 – 25 – 25 – 25 M mit N 2,5 mm am unteren Rand des Vorderteils aufnehmen.
1. R (Rückreihe): 2 M li, 1 M re, *1 M li verschränkt, 1 M re*, von * - * wiederholen bis noch 2 M auf der N sind, 2 M li.

GRÖSSE: FRÜHCHEN – 0-1 – 3 MON

2. R (Hinreihe): 1 M abheben wie zum re stricken, 1 M re, 1 M li, 2 M re zusammen, 1 Umschlag (= Knopfloch), *1 M re, 1 M li, 1 M re, 1 M li, 2 M re zusammen, 1 Umschlag (= Knopfloch)*, von * - * 1 Mal wiederholen, 1 M re, 1 M li, 2 M re.

GRÖSSE: 6/9 MON – 1–2/3 JAHRE

2. R (Hinreihe): 1 M abheben wie zum re stricken, 1 M re, 1 M li, 2 M re zusammen, 1 Umschlag (= Knopfloch), *1 M re, 1 M li, 1 M re, 1 M li, 1 M re, 1 M li, 2 M re zusammen, 1 Umschlag (= Knopfloch)*, von * - * 1 Mal wiederholen, 1 M re verschränkt, 1 M li, 2 M re.

ALLE GRÖSSEN

3. R (Rückreihe): wie die 1. R stricken.
4. R (Hinreihe): 1 M abheben wie zum re stricken, 1 M re, 1 M li, *1 M re verschränkt, 1 M li*, von * - * 1 Mal wiederholen bis noch 2 M auf der N sind, 2 M re.
5. R (Rückreihe): alle M abketten.
Den Rand am Rückenteil genauso stricken, aber ohne Knopflöcher .

FERTIGSTELLEN

Alle losen Fäden vernähen und 4 Knöpfe im Schritt vom Body und am Rückenteil am Hals annähen.

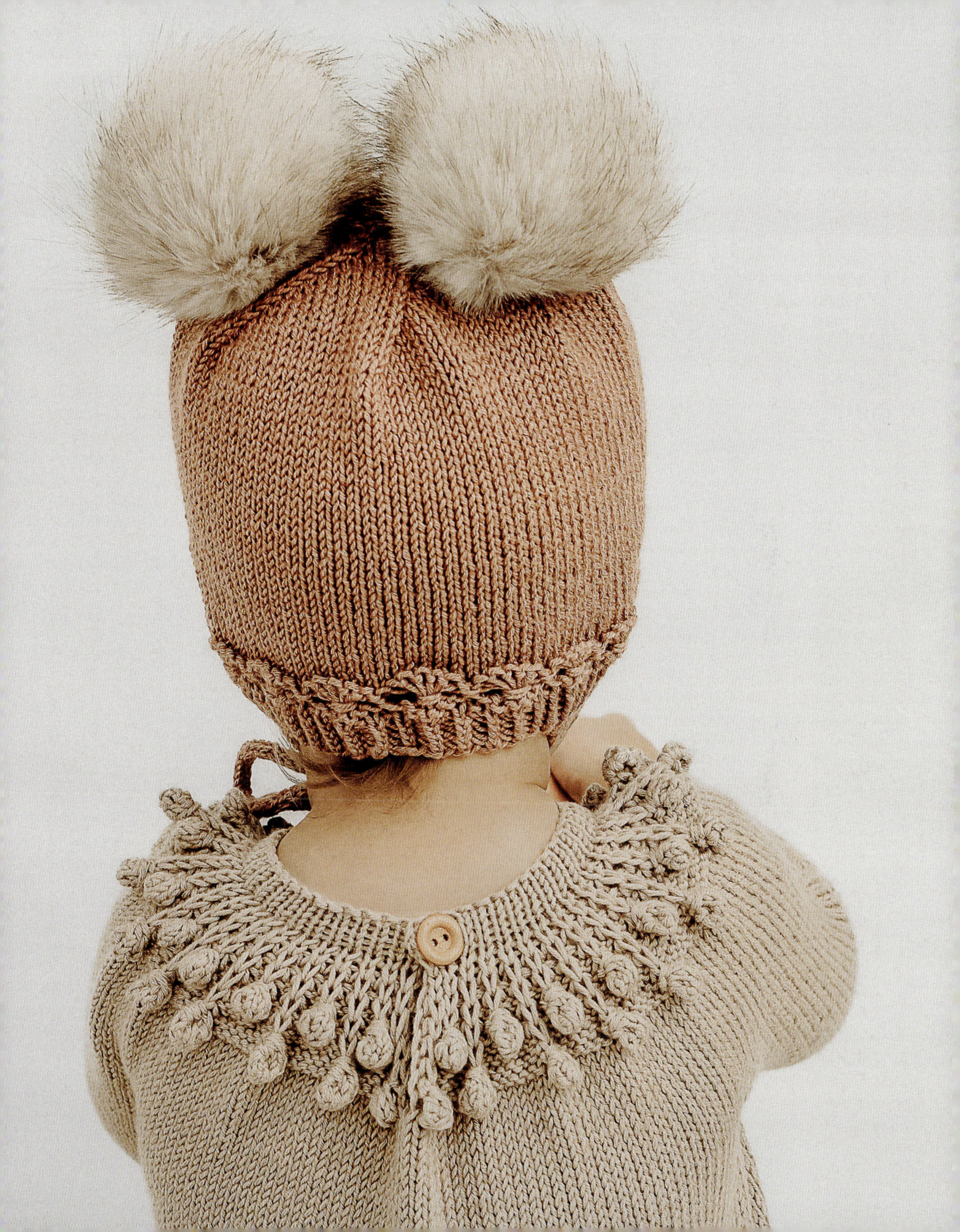

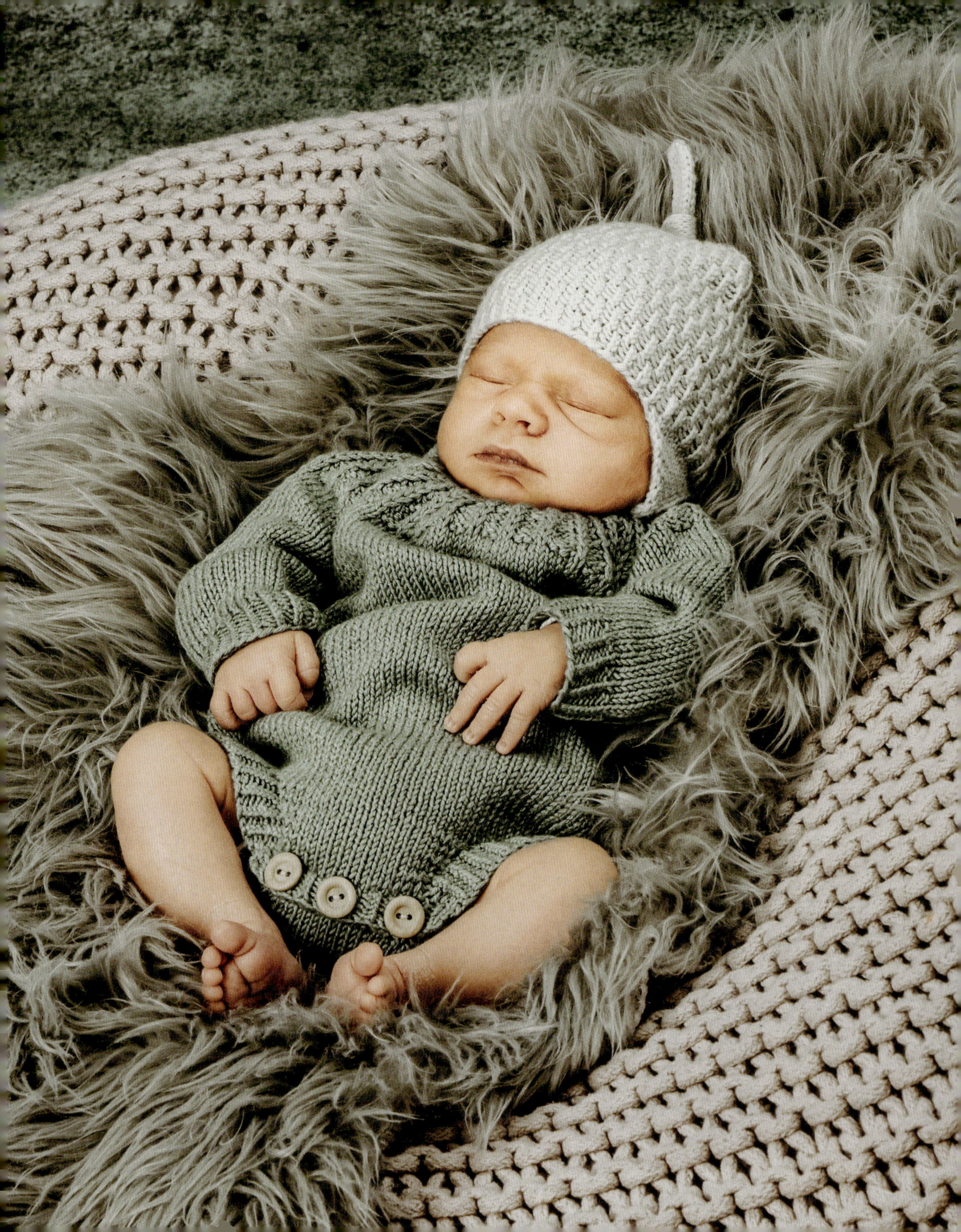

PATENTSTRICK **BODY**

Ein warmer und großzügiger Body mit einer guten Passform für Kleine. Der Body wird von unten nach oben gestrickt, hat Knöpfe im Schritt für einfaches Windelwechseln und patent gestrickte Rundenabnahmen mit einem Knopf am Rücken.

GRÖSSEN
Frühchen – 0-1 – 3 – 6/9 Mon – 1 – 2/3 Jahre

KLEIDERGRÖSSE
Oberweite: ca. 36 – 41 – 46 – 50 – 54 – 58 cm
Länge: ca. 27 – 30 – 33 – 36 – 39 – 42 cm

MASCHENPROBE
27 M = 10 cm (glatt rechts mit N 3 mm)

NADELSTÄRKE
Nspiel 2,5 mm und 3 mm
30–40 cm lange RundN 3 mm

GARNMENGE
ca. 100 – 100 – 100/150 – 150 – 150/200 – 200 g

EMPFOHLENES GARN
Dale Garn Lille Lerke (53 % Merinowolle, 47 % Baumwolle, Lauflänge 142 m/50 g),
Dale Garn Baby Ull (100 % Merinowolle, Lauflänge 165 m/50 g),
Dale Garn Soft Merino (100 % Extrafeine Merinowole, Lauflänge 187 m/50 g)

HIER VERWENDET
Dale Garn Lille Lerke, 8101 Jadegrün

ZUSÄTZLICH
4 Knöpfe

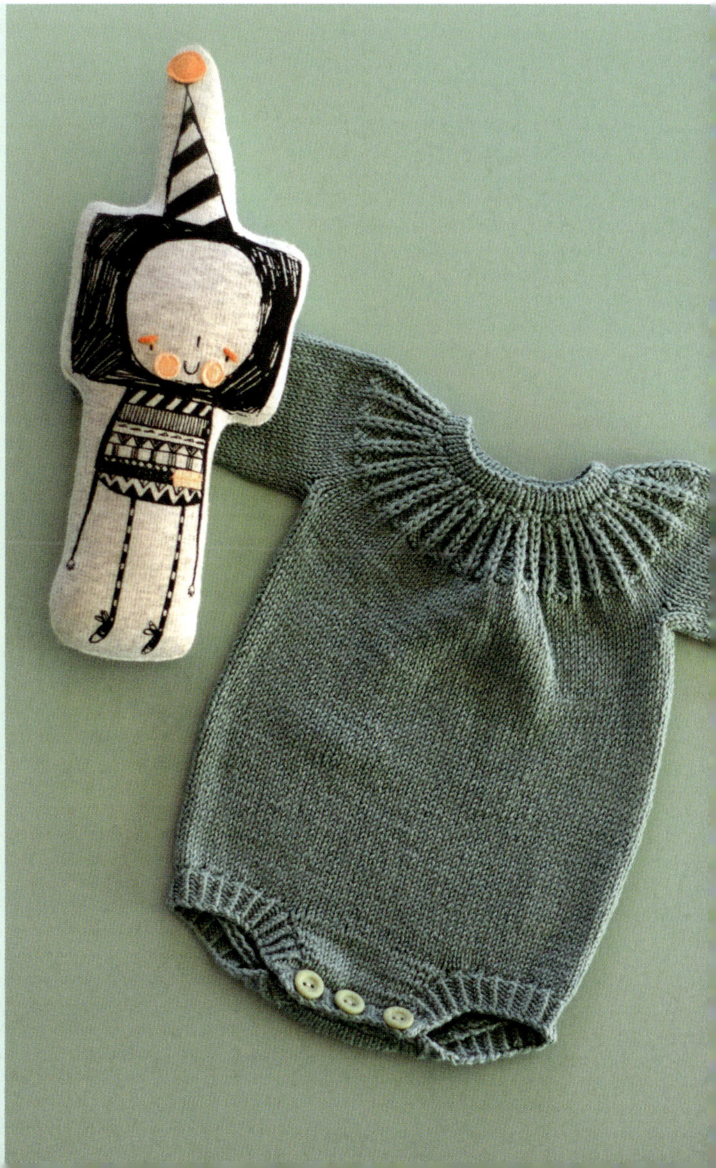

START

Der Body wird nach der Anleitung Noppenbody von unten nach oben gestrickt bis ** PASSENABNAHMEN. Dann nach dieser Anleitung weiterstricken.

PASSENABNAHMEN

In R hin und zurück stricken.

1. R (Hinreihe): 1 M abheben wie zum re stricken, alle M der N re stricken.

2. R (Rückreihe): 1 M abheben wie zum li stricken (mit dem Faden vor der Arb), 1 M li, *3 M re, 1 M li*, von * - * wiederholen bis noch 1 M auf der N ist, 1 M li.

3. R (Hinreihe): 1 M abheben wie zum re stricken, 1 M Tiefergestochene Masche (lies die Erklärung zu Halbpatent auf Seite 7), * 3 M li, 1 M Halbpatent*, von * - * wiederholen bis noch 1 M auf der N ist, 1 M re.

4. und 5. R (Rückreihe): wie die 2. und 3. R stricken.

6. R (Rückreihe): wie die 2. R stricken.

7. R (Hinreihe): 1 M abheben wie zum re stricken, 1 M Halbpatent, * 1 M li, 2 M re zusammen, 1 M Halbpatent*, von * - * wiederholen bis noch 1 M auf der N ist, 1 M re.

Maschenanzahl gesamt: 135 – 147 – 165 – 183 – 195 – 207 M.

8. R (Rückreihe): 1 M abheben wie zum li stricken (mit dem Faden vor der Arb), 1 M li, *2 M re, 1 M li*, von * - * wiederholen bis noch 1 M auf der N ist, 1 M li.

9. R (Hinreihe): 1 M abheben wie zum re stricken, 1 M Halbpatent, * 2 M li, 1 M Halbpatent*, von * - * wiederholen bis noch 1 M auf der N ist, 1 M re.

10. und 11. N: wie die 8. und 9. R stricken.

12. R (Rückreihe): wie die 8. R stricken.

13. R (Hinreihe): 1 M abheben wie zum re stricken, 1 M Halbpatent, * 2 M li zusammen, 1 M Halbpatent*, von * - * wiederholen bis noch 1 M auf der N ist, 1 M re.

Maschenanzahl gesamt: 91 – 99 – 111 – 123 – 131 – 139 M.

14. R (Rückreihe): 1 M abheben wie zum li stricken (mit dem Faden vor der Arb), 1 M li, *1 M re, 1 M li*, von * - * wiederholen bis noch 1 M auf der N ist, 1 M li.

15. R (Hinreihe): 1 M abheben wie zum re stricken, 1 M Halbpatent, * 1 M li, 1 M Halbpatent*, von * - * wiederholen bis noch 1 M auf der N ist, 1 M re.

16. und 17. N: wie die R 14. und 15. N stricken.

18. R (Rückreihe): wie die 8. R stricken.

19. R (Hinreihe): 1 M abheben wie zum re stricken, 1 M re, * 2 M re zusammen*, von * - * wiederholen bis noch 1 M auf der N ist, 1 M re.

Maschenanzahl gesamt: 47 – 51 – 57 – 63 – 67 – 71 M.

20. R (Rückreihe): 1 M abheben wie zum li stricken (mit dem Faden vor der Arb), alle M der N li stricken.

HALS

1. R (Rückreihe): 1 M abheben wie zum li stricken (mit dem Faden vor der Arb), li M über die gesamte N stricken.

2. R (Hinreihe): 1 M abheben wie zum re stricken, re M über die gesamte N stricken, bis noch 3 M auf der N sind, 1 Umschlag (= Knopfloch), 2 M re zusammen, 1 M re.

3. R (Rückreihe): wie die 1. R stricken.

4. R (Hinreihe): 1 M abheben wie zum re stricken, re M über die gesamte N stricken.

5. R (Rückreihe): alle M re stricken.

6. R (Hinreihe): wie die 4. R stricken.

7. R (Rückreihe): wie die 1. R stricken.

8. R (Hinreihe): wie die 2. R stricken.

9. R (Rückreihe): alle M abketten.

Den Rand nach innen umschlagen und von links festnähen.

BEINÖFFNUNG

Ca. 37 – 43 – 49 – 57 – 67 – 75 M (ungerade Maschenzahl) mit dem Nspiel N 2,5 mm entlang des Randes von Vorder- und Rückenteil aufnehmen.

1. R (Rückreihe): Bündchen stricken * 1 M re verschränkt, 1 M li verschränkt*, von * - * über alle M der N wiederholen.

2. R (Hinreihe): Bündchen stricken * 1 M re verschränkt, 1 M li verschränkt*, von * - * über alle M der N wiederholen.

Die 1. und 2. R 3 Mal wiederholen.

In der nächsten R das Bündchen stricken, während ***gleichzeitig*** alle M auf der N straff abgekettet werden. Faden abschneiden und vernähen. Die andere Beinöffnung genauso stricken.

KNOPFLEISTE IM SCHRITT DES VORDERTEILS

21 – 21 – 21 – 25 – 25 – 25 M mit dem Nspiel 2,5 mm am unteren Rand des Vorderteils aufnehmen.

1. R (Rückreihe): 2 M li, 1 M re, *1 M li verschränkt, 1 M re*, von * - * wiederholen bis noch 2 M auf der N sind, 2 M li.

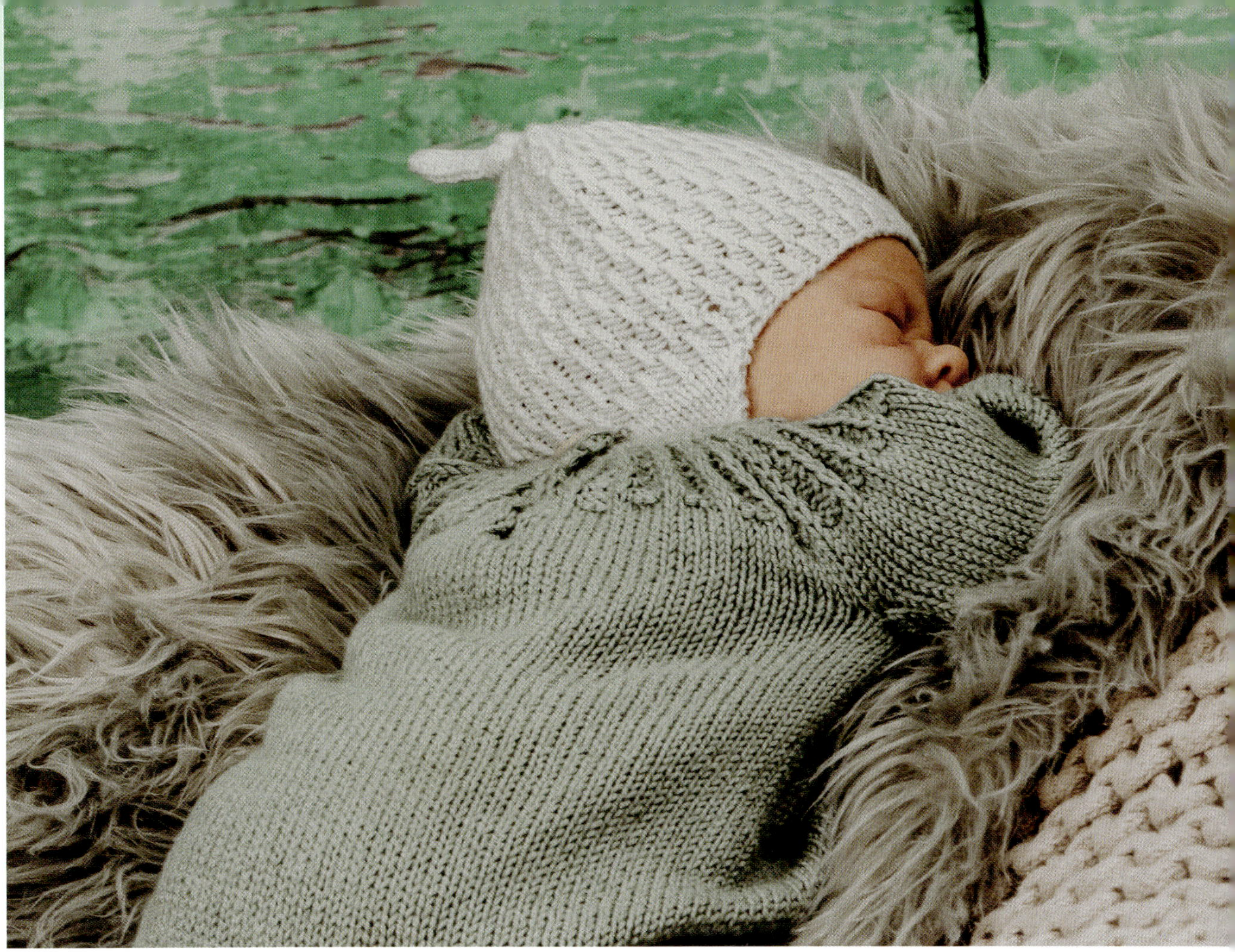

GRÖSSE: FRÜHCHEN – 0-1 – 3 MON

2. R (Hinreihe): 1 M abheben wie zum re stricken, 1 M re, 1 M li, 2 M re zusammen, 1 Umschlag (= Knopfloch), *1 M re, 1 M li, 1 M re, 1 M li, 2 M re zusammen, 1 Umschlag (= Knopfloch)*, von * - * 1 Mal wiederholen, 1 M re, 1 M li, 2 M re.

GRÖSSE: 6/9 MON – 1 – 2/3 JAHRE

2. R (Hinreihe): 1 M abheben wie zum re stricken, 1 M re, 1 M li, 2 M re zusammen, 1 Umschlag (= Knopfloch), *1 M re, 1 M li, 1 M re, 1 M li, 1 M re, 1 M li, 2 M re zusammen, 1 Umschlag (= Knopfloch)*, von * - * 1 Mal wiederholen, 1 M re verschränkt, 1 M li, 2 M re.

ALLE GRÖSSEN

3. R (Rückreihe): wie die 1. R stricken.

4. R (Hinreihe): 1 M abheben wie zum re stricken, 1 M re, 1 M li, *1 M re verschränkt, 1 M li*, von * - * 1 Mal wiederholen bis noch 2 M auf der N sind, 2 M re.

5. R (Rückreihe): alle M abketten.

Den Rand am Rückenteil genauso stricken, aber ohne Knopflöcher.

FERTIGSTELLEN

Alle losen Fäden vernähen und 3 Knöpfe im Schritt des Bodys und einen am Rückenteil am Hals annähen.

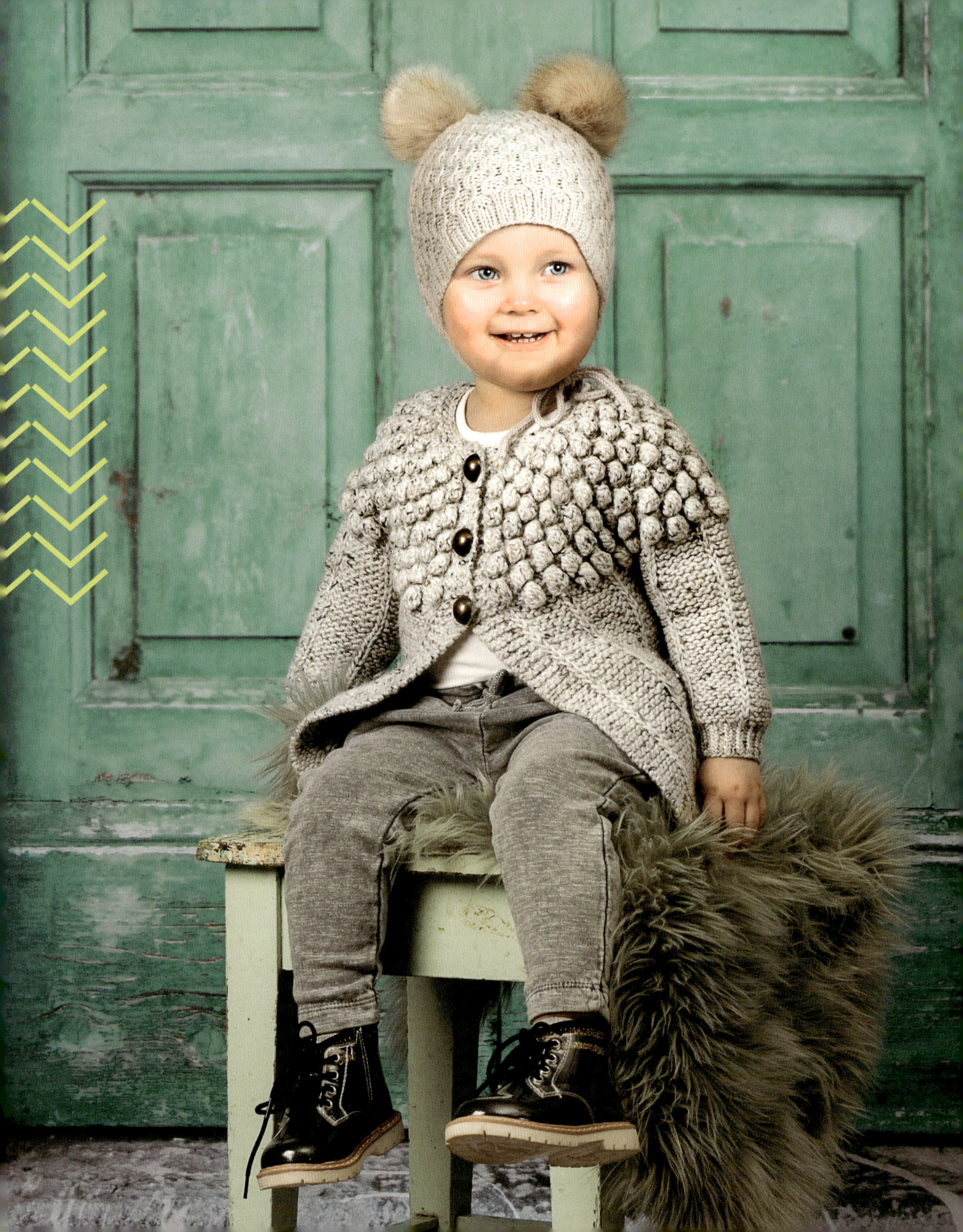

BOMMELLIEBE **JACKE**

Dies ist eine Jacke mit einer besonders wärmenden Passe. Perfekt geeignet als gute warme Jacke für kühles Wetter auf dem Weg zum Kindergarten oder statt einer Überjacke für Frühling und Sommer.

GRÖSSEN
9 – 12/18 Mon – 2/3 – 4/5 Jahre

TAILLENUMFANG
ca. 52 – 59 – 66 – 73 cm

MASCHENPROBE
17 M = 10 cm (glatt rechts mit N 5 mm)

NADELSTÄRKE
60–80 cm lange RundN 5 mm
Nspiel 5 mm
Nspiel 3,5 mm

GARNMENGE
ca. 250 – 300 – 400 – 450 g

EMPFOHLENES GARN
Du Store Alpakka, Alpakka Tweed
(50 % Alpakka Tweed, 30 % Merinowolle, 20 % Donegal, Lauflänge 80 m/50g)

HIER VERWENDET
Du Store Alpakka, Alpakka Tweed,
113 Natur

ZUSÄTZLICH
3 Knöpfe

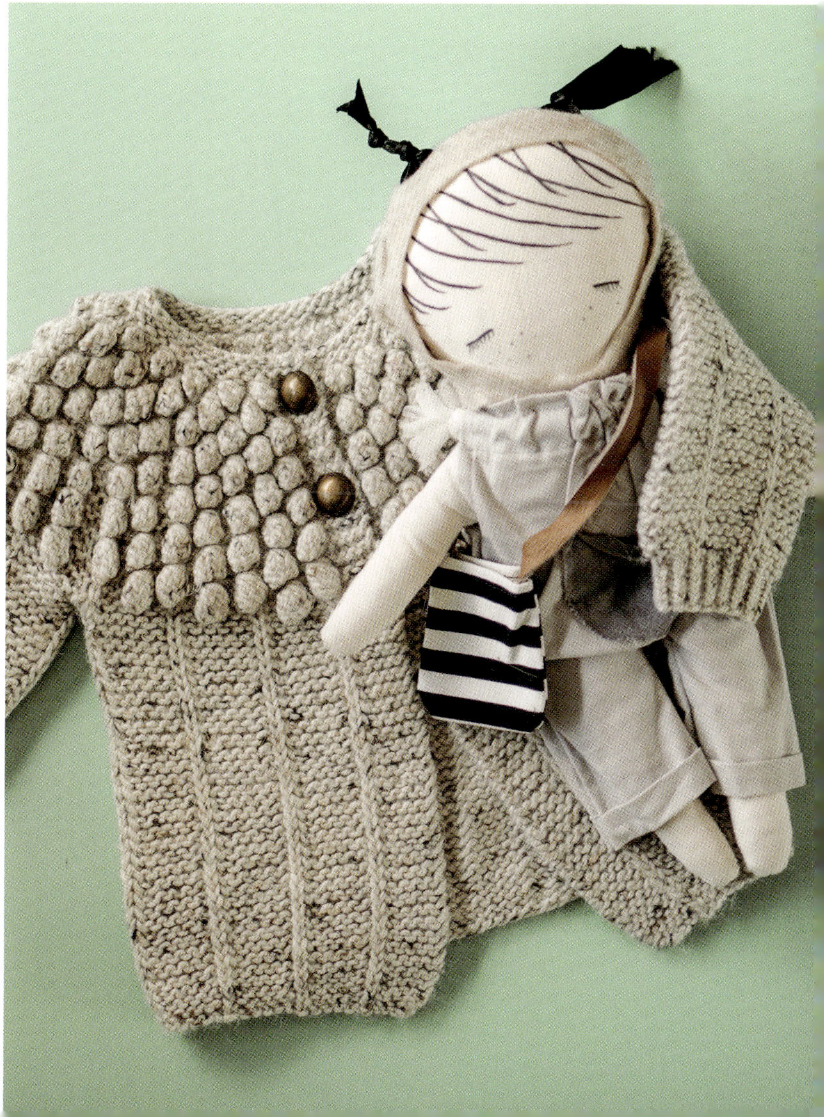

STRICKSCHRIFT A1

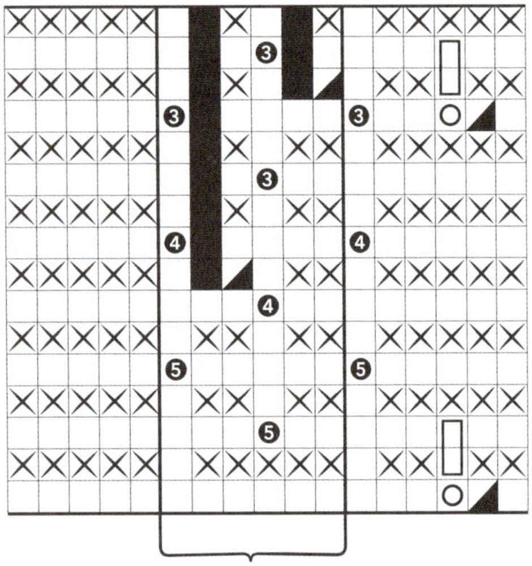

wiederholen

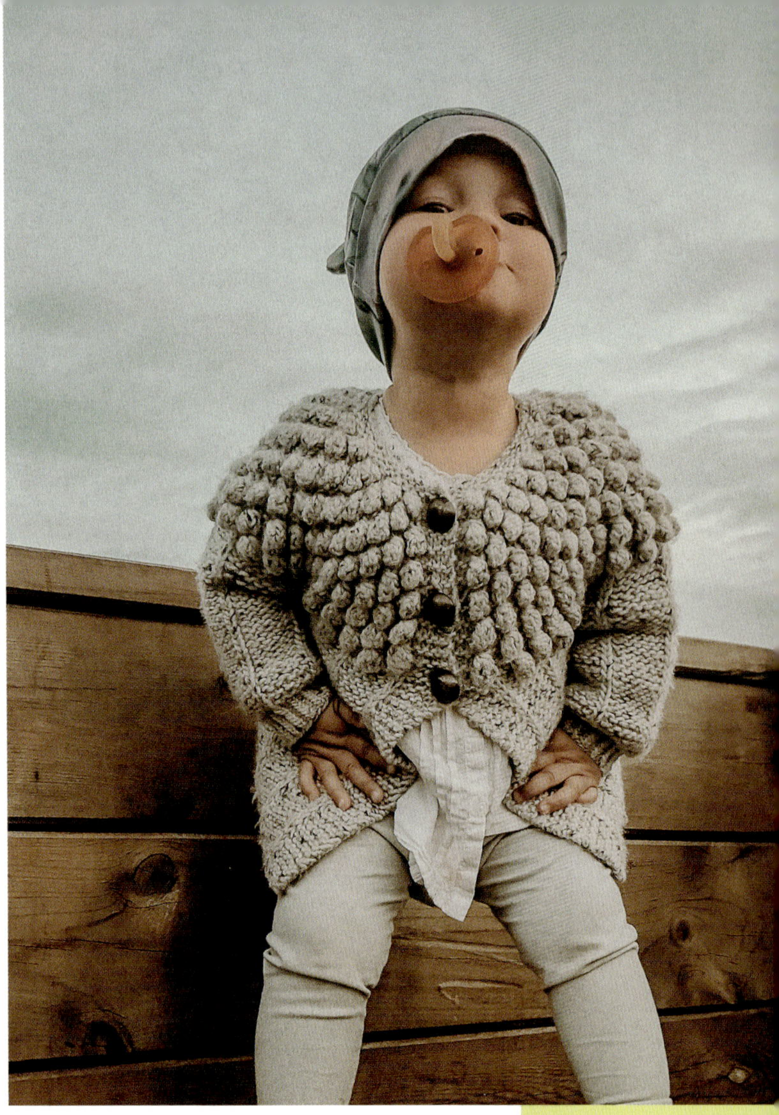

STRICKSCHRIFT A2

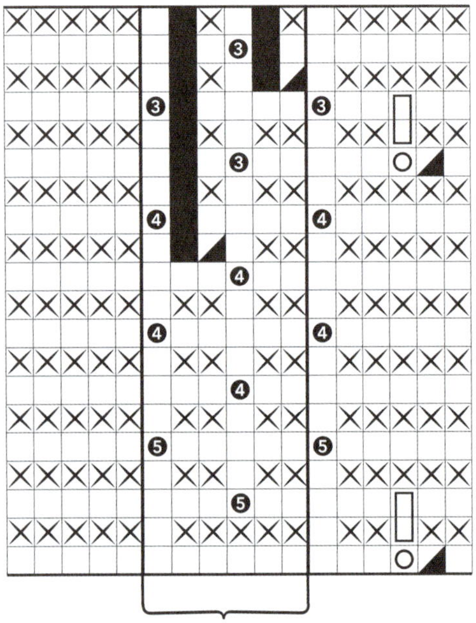

wiederholen

STRICKSCHRIFT B

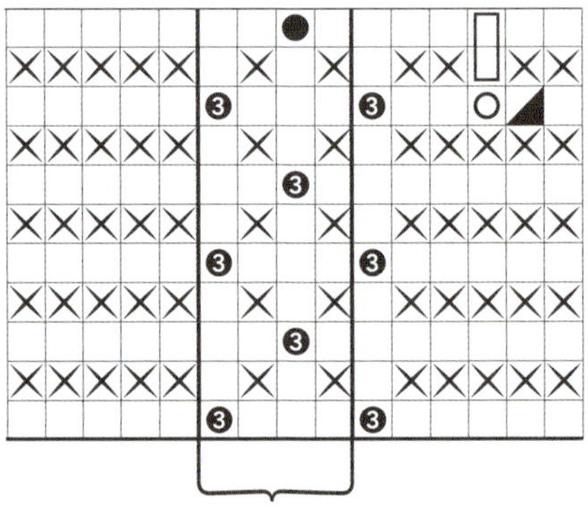

wiederholen

ZEICHENERKLÄRUNG

☐ re auf der rechten Seite, li auf der linken Seite

☒ li auf der rechten Seite, re auf der li Seite

1 Umschlag in der ersten Reihe der Strickschrift (Hinreihe), in der nächsten R (Rückreihe) 1 M re in dem Umschlag der 1. R stricken, um ein größeres Knopfloch zu erhalten

■ dies ist keine M, dieses Kästchen übergehen

◢ 2 M re zusammen

● siehe Erklärung für winzig kleine Noppe

❸ siehe Erklärung für kleine Noppe

❹ siehe Erklärung für mittlere Noppe

❺ siehe Erklärung für große Noppe

RUMPF

Die Jacke wird in R hin und zurück gestrickt, von unten nach oben. 89 – 101 – 113 – 125 M mit der RundN 5 mm anschlagen. Über alle M re stricken, die Arb wenden und 5 M re, *1 M li, 5 M re*, von * - * über alle M der N wiederholen.

1. R (Hinreihe): 5 M re, *1 M re in die M unter der nächsten M, 5 M re*, von * - * über alle M der N wiederholen.

2. R (Rückreihe): 5 M re, * 1 M li, 5 M re*, von * - * über alle M der N wiederholen.

Die 1. und 2. R wiederholen, bis die Arb ca. 19 – 21 – 25 – 29 cm hoch ist. Die Arb zur Seite legen und zwei Ärmel stricken.

ÄRMEL

30 – 36 – 42 – 42 M mit dem Nspiel 3,5 mm anschlagen. 8 R Bündchen stricken, *1 M li, 1 re verschränkt*, von * - * über alle M der N wiederholen.

1. R (Hinreihe): *5 M li, 1 M re in der M unter der nächsten M von * - * über alle M der N wiederholen.

2. R (Rückreihe): *5 M re, 1 M li*, von * - * über alle M der N wiederholen. wiederholen.

Die 1. und 2. R wiederholen, bis der Ärmel ca. 17 – 21 – 26 – 31 cm lang ist. Den Ärmel zur Seite legen und den zweiten Ärmel genauso stricken.

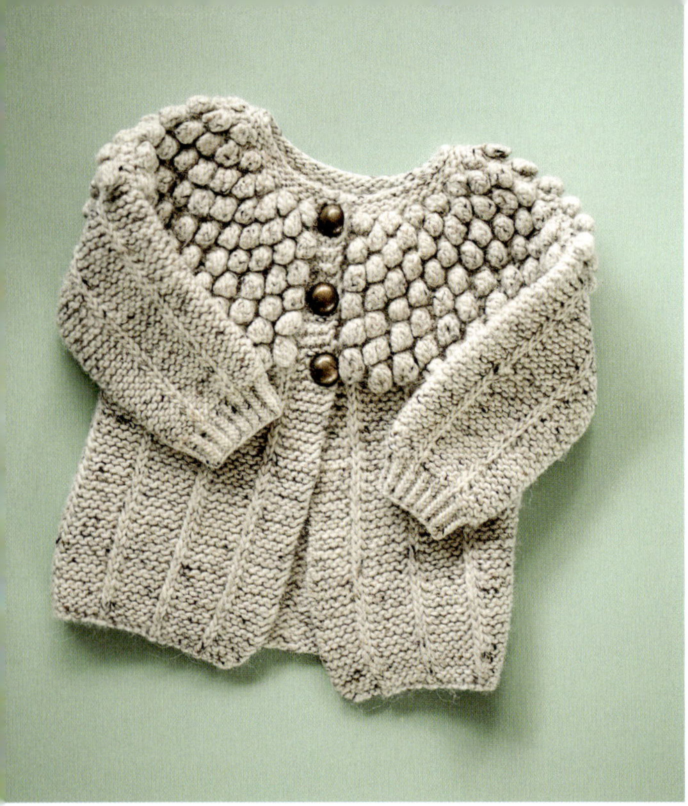

PASSE

Jetzt werden der Rumpf und die Ärmel auf einer N zusammengestrickt. Die Ärmel so platzieren, dass das Muster mit den 5 M li und 1 M re übereinstimmt. Wenn die letzte Masche des Rumpfes auf der Nadel z.B. eine re M ist, beginnst Du die Ärmel mit 5 M li.

1. R (Hinreihe): über die ersten 24 – 27 – 30 – 33 M (= linkes Vorderteil) re M stricken, über den ersten Ärmel re M stricken, re M über die nächsten 42 – 48 – 54 – 60 M (= Rückenteil) stricken, re M über den zweiten Ärmel stricken, re M über die letzten 23 – 26 – 29 – 32 M (= rechtes Vorderteil) stricken.

Maschenanzahl gesamt: 149 – 173 – 197 – 209 M.

2. R (Rückreihe): 5 M re, * 1 M li, 5 M re*, von * - * über alle M der N wiederholen.

Weiter nach Strickschrift A1 – A1 (A2 – A2) stricken. Danach für alle Größen nach Strickschrift B stricken.

Die nächste R links wie folgt stricken:

Zur RundN 3,5 mm wechseln und 5 M re, 2 M re zusammenstricken, bis noch 4 M auf der N sind, 4 M re.

Maschenanzahl gesamt: 79 – 91 – 103 – 109 M.

3 R re M hin und zurück stricken (Krausrippe). In der nächsten R links alle M straff abketten. Faden abschneiden und vernähen.

FERTIGSTELLEN

3 Knöpfe auf der rechten Knopfleiste annähen und alle Fäden vernähen. Die Fäden unter den Ärmeln müssen besonders gut vernäht werden, damit es keine Löcher gibt.

WINZIG KLEINE NOPPE

3 M in ein M stricken, indem zuerst eine aus dem vorderen Maschenbogen gestrickt wird, dann zwei aus dem hinteren Maschenbogen. 2 R glatt re über diese M stricken, die 2. M von der rechten N über die 1. M heben, dann die 3. M über die 1. M = 1 M auf der N.

KLEINE NOPPE

3 M in ein M stricken, indem zuerst eine aus dem vorderen Maschenbogen gestrickt wird, dann zwei aus dem hinteren Maschenbogen. 3 R glatt re über diese M stricken, die Arb wenden und 2 M von der linken N auf die rechte N heben, ohne sie zu stricken, die letzte M re stricken, die 2. M der rechten N über die 1. M heben, dann die 3. M über die 1. M = 1 M auf der N.

MITTLERE NOPPE

4 M in ein M stricken, indem zuerst eine aus dem vorderen Maschenbogen gestrickt wird, dann aus dem hinteren Maschenbogen, bis 4 M gestrickt sind. 3 R glatt re über diese M stricken, die Arb wenden und 3 M von der linken N auf die rechte N heben, ohne sie zu stricken, die letzte M re stricken, die 2. M der rechten N über die 1. M heben, dann die 3. M über die 1. M und die 4. M über die 1.M = 1 M auf der N.

GROSSE NOPPE

5 M in ein M stricken: 1 M re, 1 Umschlag, 1 M re, 1 Umschlag, 1 M re stricken. 3 R glatt re über diese M str, die Arb wenden und 4 M von der linken N auf die rechte N heben, ohne sie zu stricken, die letzte M re stricken, die 2. M der rechten N über die 1. M heben, dann die 3. M über die 1. M, die 4. M über die 1. M und die 5. M über die 1. M = 1 M auf der N.

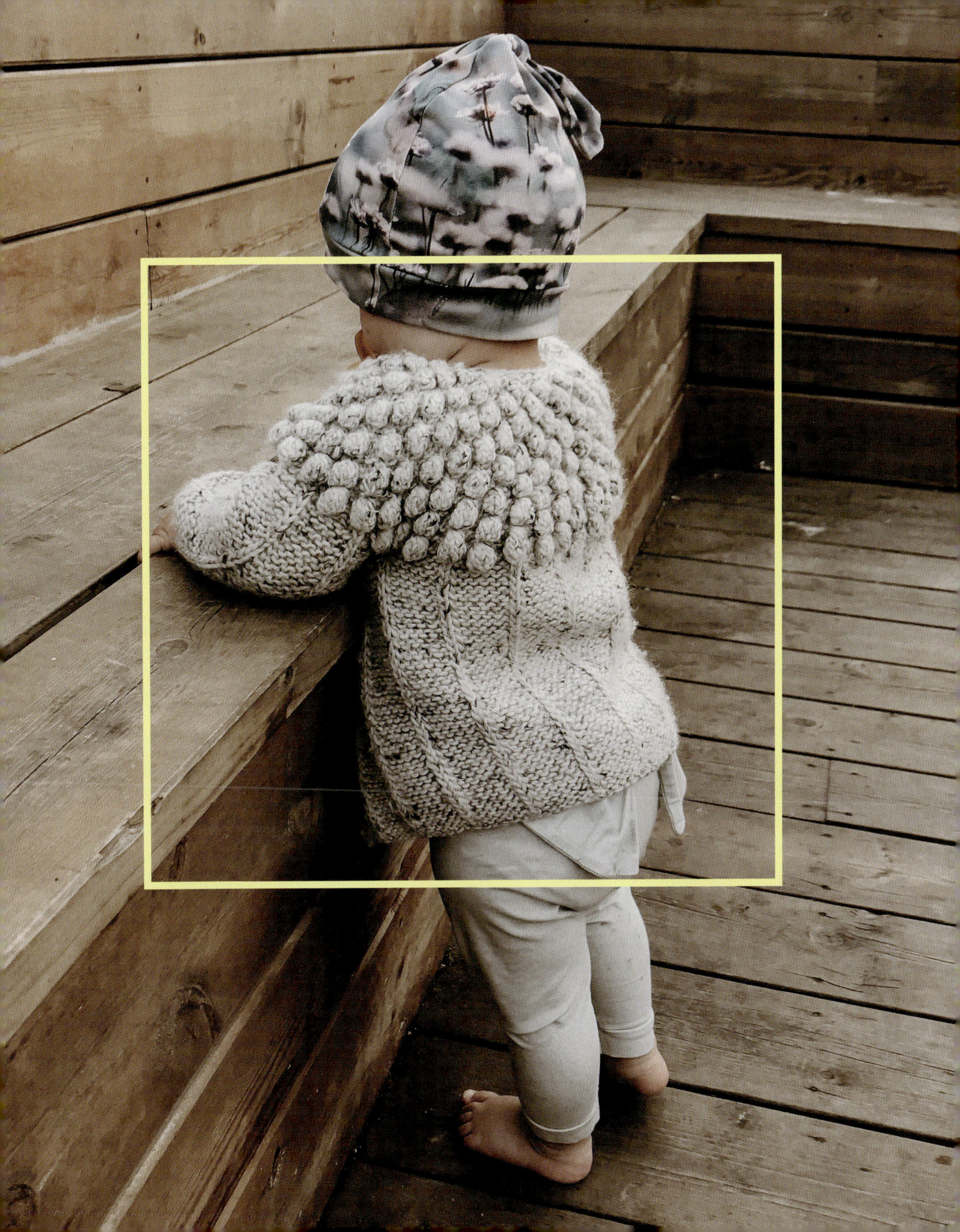

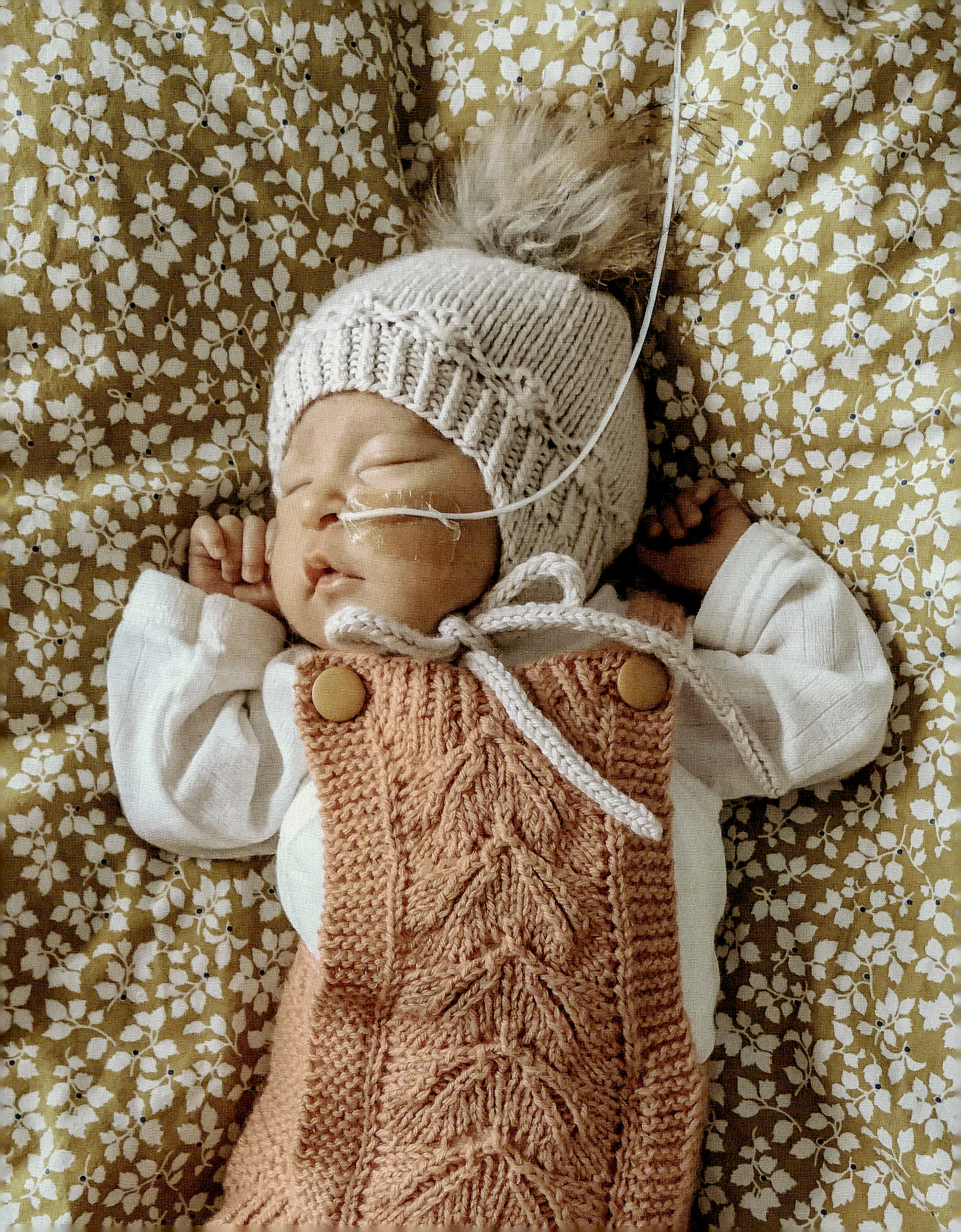

3IN1 **MÜTZE**

Eine fein gestrickte Mütze mit guter Passform und Bändern unter dem Kinn. Wähle zwischen drei verschiedenen Techniken aus – Blumen, Noppen oder einfach glatt rechts gestrickt. Als kleines Extra kann die Mütze mit einem oder zwei Bommeln verziert werden.

GRÖSSEN
Frühchen – 0-1 – 3/6 – 6/9 Mon – 1/2 – 3/4 Jahre

KLEIDERGRÖSSE
Umfang: ca. 29 – 31 – 35 – 38 – 40 – 42 cm
Höhe ohne Klappen: ca. 11 – 12 – 14 – 16 – 18 – 20 cm

MASCHENPROBE
27 M = 10 cm (glatt rechts mit N 3,5 mm)

NADELSTÄRKE
Nspiel 3 mm und 2,5 mm
30 – 40 cm lange RundN 3 mm
HilfsN 3 mm

GARNMENGE
ca. 50 – 50 – 50 – 100 – 100 – 100 g

EMPFOHLENES GARN
Dale Garn Lille Lerke (53 % Merinowolle, 47 % Baumwolle, Lauflänge 142 m/50 g),
Dale Garn Baby Ull (100 % Merinowolle, Lauflänge 165 m/50 g),
Dale Garn Soft Merino (100 % Extrafeine Merinowolle, Lauflänge 187 m/50 g)

HIER VERWENDET
Mütze glatt rechts: Dale Garn Baby Ull, 2621 Sand
Mütze mit Blumen: Dale Garn Lille Lerke, 3033 helles Karamell und Dale Garn Lerke, 2425 Kitt
Mütze mit Noppen: Dale Garn Soft Merino, 3019 Natur

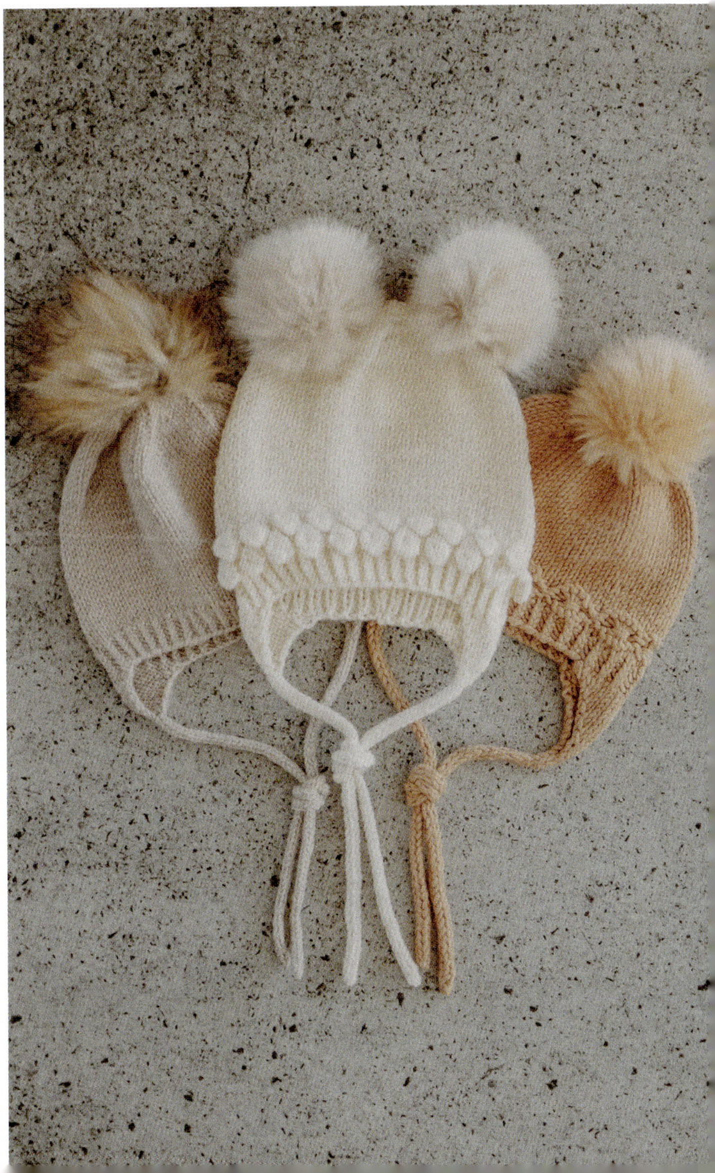

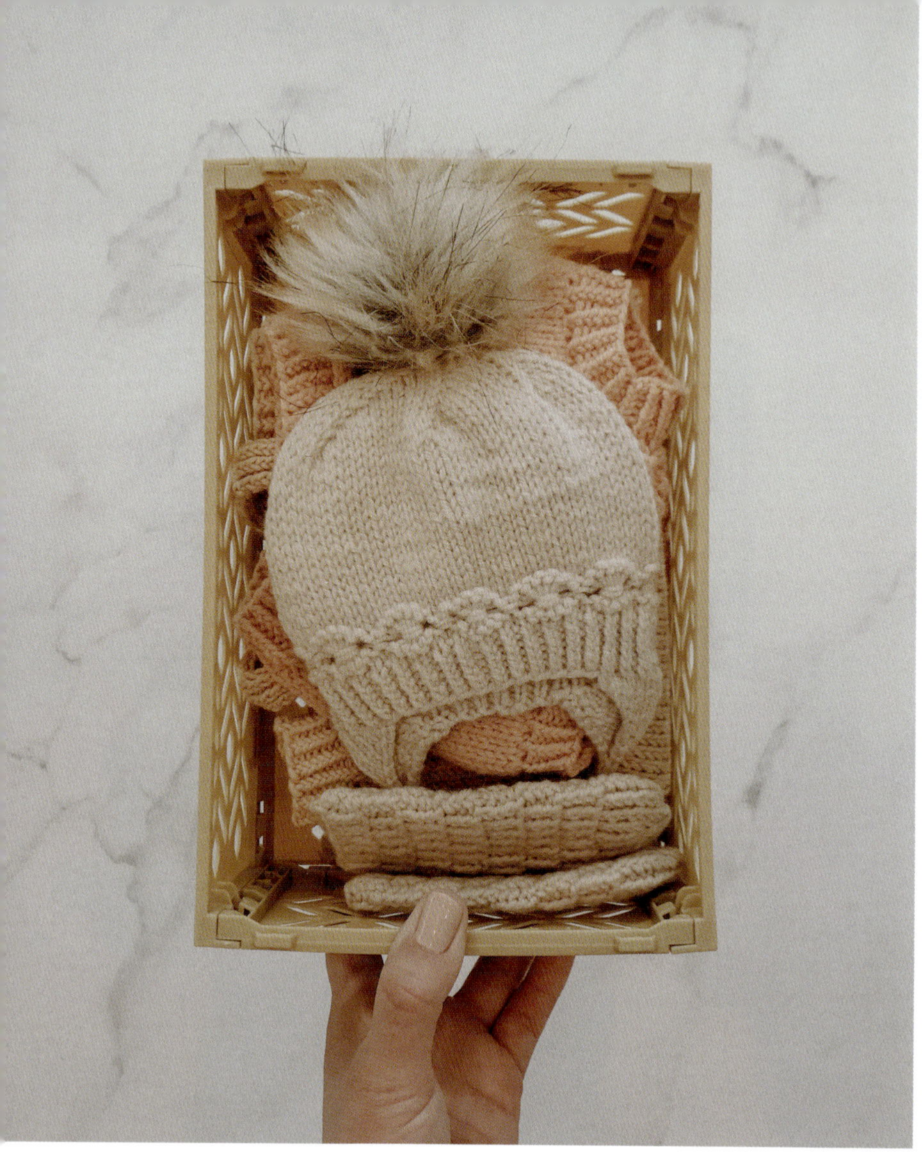

STRICKSCHRIFT A

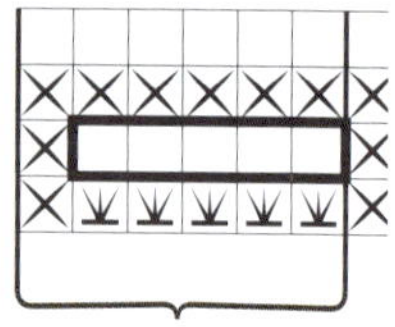

wiederholen

STRICKSCHRIFT B

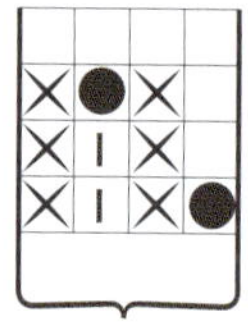

wiederholen

STRICKSCHRIFT C

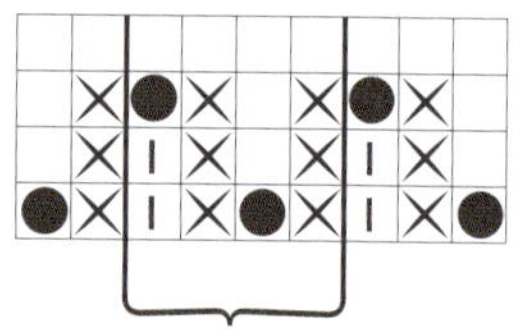

wiederholen

ZEICHENERKLÄRUNG

- re auf der rechten Seite, li auf der linken Seite
- li auf der rechten Seite, re auf der li Seite
- **Noppe:** siehe Erklärung auf Seite 7
- re verschränkt auf der re Seite, li verschränkt auf der li Seite (aus dem hinteren Maschenbogen stricken statt aus dem vorderen)
- in die nächste M einstechen, als ob sie gestrickt werden soll (li auf der rechten re auf der linken Seite), den Faden 3 Mal um die N wickeln und durch die M ziehen. Jetzt sind 3 Schlaufen pro M auf der N.
- die Schlaufen folgendermaßen auf eine dicke HilfsN legen: *2 Schlaufen von der N fallen lassen und die nächste Schlaufe, die eine sehr lange M ist, auf die HilfsN heben*, von * - * 4 Mal wiederholen, den Faden 2 Mal um die 5 langen M wickeln (auf der Rückseite der Arb beginnen), die 5 langen M von der HilfsN auf die re N geben, ohne sie zu stricken

↘ MÜTZE MIT OHRENKLAPPEN

Beginne mit dem Band und den Ohrenklappen, die hin und zurück auf einer N gestrickt werden. Wenn beide Klappen gestrickt sind, werden sie auf das Nspiel oder die kurze RundN (30 – 40 cm) übernommen. Die Mütze wird rund gestrickt..

BAND
3 M mit dem Nspiel 2,5 mm anschlagen und ein Band nach der Erklärung auf Seite 7 stricken. Wenn das Band 23 cm lang ist, 2 M folgendermaßen stricken: 1 M re, wenden und 1 M li stricken.

OHRENKLAPPE
1. R (Hinreihe): 1 M abheben wie zum re stricken, 1 M nach rechts zunehmen (siehe Tipps Seite 7), re stricken, bis noch 1 M auf der N ist, 1 M nach links zunehmen, 1 M re.
2. R (Rückreihe): 1 M abheben wie zum li stricken (mit dem Faden vor der N), li M über die gesamte N stricken.
Die 1. und 2. R wiederholen bis 15 M auf der N sind.
1 R re M stricken, Faden abschneiden, aber ca. 70 cm stehen lassen (dieses Stück wird dazu benutzt, neue Maschen zwischen den Klappen aufzunehmen, wenn auf der RundN gestrickt wird). Eine zweite Klappe stricken.
Ab jetzt wird die Mütze rund gestrickt auf einem Nspiel 3 mm oder einer kurzen RundN 3 mm.

MÜTZE
8 – 9 – 11 – 12 – 13 – 14 M mit dem Nspiel oder der RundN 3 mm anschlagen, re M über die erste Ohrenklappe stricken, den Faden der Klappe zusammen mit dem Strickfaden verwenden, um 30 – 36 – 44 – 46 – 52 – 54 M anzuschlagen (= vordere Mitte), re M über die zweite Klappe stricken, wieder mit den zwei Fäden 8 – 9 – 11 – 12 – 13 – 14 M anschlagen.
Maschenanzahl gesamt: 76 – 84 – 96 – 100 – 108 – 112 M: Weiterstricken bei ** VERSCHRÄNKTES BÜNDCHEN.

↘ MÜTZE OHNE OHRENKLAPPEN

76 – 84 – 96 – 100 – 108 – 112 M mit dem Nspiel oder der kurzen RundN 3 mm anschlagen. Die Mütze wird rund und von unten nach oben gestrickt mit Abnahmen oben. Weiterstricken bei ** VERSCHRÄNKTES BÜNDCHEN.

**** VERSCHRÄNKTES BÜNDCHEN**
Einen Maschenmarkierer in der Mitte hinten einhängen, der den Beginn der Rd markiert.
1.–6. Rd: Bündchen stricken *1 M re verschränkt, 1 M li*, von * - * über alle M der N wiederholen.

↘ MÜTZE GLATT RECHTS

1 Rd re stricken, während gleichzeitig 2 – 0 – 0 – 2 – 0 – 2 M ***gleichmäßig*** verteilt zugenommen werden. Weiterstricken bei ***ALLE VARIANTEN.

↘ MÜTZE MIT BLUMEN

1 Rd re stricken, während gleichzeitig 2 – 0 – 0 – 2 – 0 – 2 M ***gleichmäßig*** verteilt zugenommen werden. Die Blumen nach Strickschrift A über die nächsten 4 Rd stricken. Dann bei *** ALLE VARIANTEN weiterstricken.

↘ MÜTZE MIT NOPPEN

1 Rd re stricken, während gleichzeitig 2 – 0 – 0 – 2 – 0 – 2 M ***gleichmäßig*** verteilt zugenommen werden. Über die nächsten 4 Rd die Noppen nach Strickschrift B stricken. Dann bei *** ALLE VARIANTEN weiterstricken.

***** ALLE VARIANTEN**
Maschenanzahl gesamt: 78 – 84 – 96 – 102 – 108 – 114 M.
Glatt rechts in Rd weiterstricken, bis die Arb ca. 8 – 8,5 – 10 – 11,5 – 13 – 14,5 cm hoch ist ab der Anschlagskante in der Mitte hinten (Rundenbeginn).

ABNEHMEN
1. Rd: *11 – 12 – 14 – 15 – 16 – 17 M re, 2 M re zusammenstricken*, von * - * in der Rd wiederholen.
2. Rd: *10 – 11 – 13 – 14 – 15 – 16 M re, 2 M re zusammenstricken*, von * - * in der Rd wiederholen.
Die Abnahmen aus Rd 1 und 2 wiederholen, aber in jeder Rd 1 M weniger zwischen den Abnahmen stricken. Weiterstricken bis noch 18 M auf der N sind.
Nächste Rd: in der gesamten Rd 2 M re zusammenstricken.
Nun sind noch 9 M auf der N, den Faden abschneiden und durch alle Maschen ziehen. Den Faden fest anziehen und vernähen.

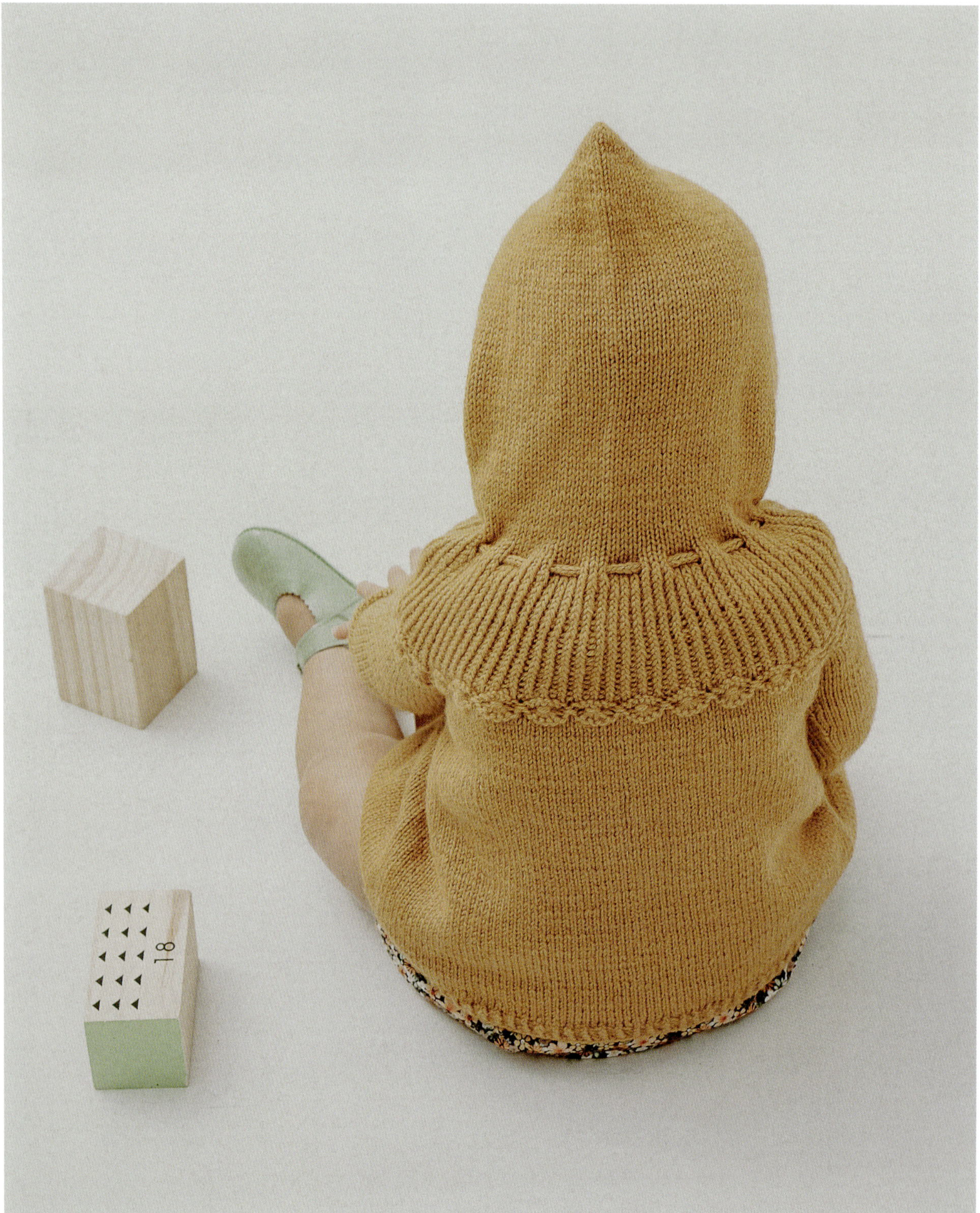
18

3IN1 **JACKE**

Diese Anleitung ist eine Weiterentwicklung vom Tiddelibomklassiker Blumenjacke, aber für ein dünneres Garn. Die Jacke hat eine gute Passform mit einem Band am Hals und sie kann mit oder ohne Kapuze gestrickt werden. Wähle aus drei verschiedenen Techniken eine für die Passe aus – Blumen, Noppen oder schlicht glatt rechts gestrickt.

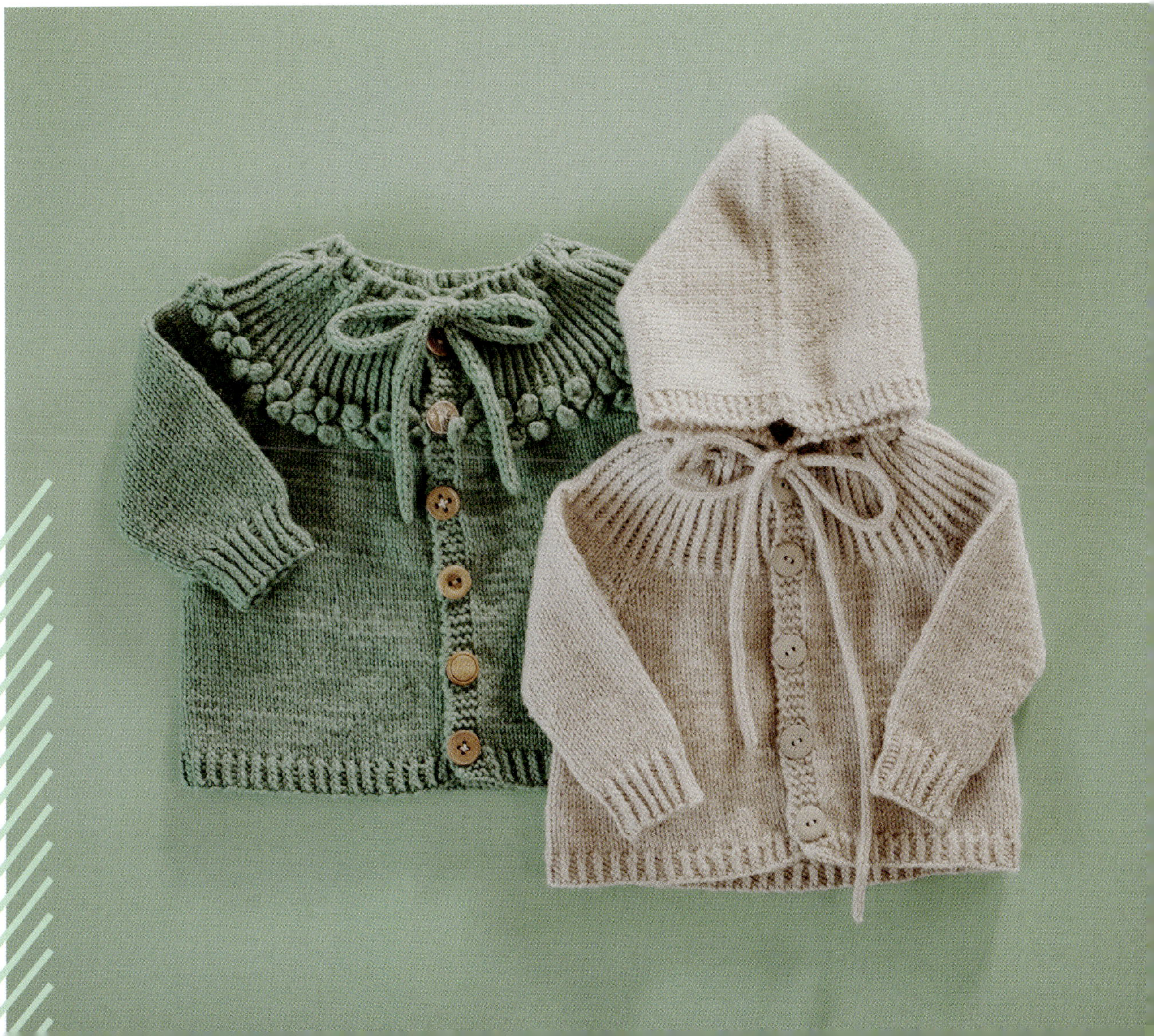

GRÖSSEN
Frühchen – 0-1 – 3 – 6 – 9 Mon – 1 – 2/3 – 4/5 Jahre

KLEIDERGRÖSSE
Oberweite: ca. 41 – 45 – 51 – 55 – 60 – 64 – 66 – 69 cm
Länge: ca. 19 – 19 – 23 – 27 – 31 – 34 – 38 – 42 cm

MASCHENPROBE
27 M = 10 cm (glatt rechts mit N 3 mm)

NADELSTÄRKE
RundN 3 mm
Nspiel 2,5 mm und 3 mm
HilfsN 3 mm

GARNMENGE
ca. 100 – 100 – 150 – 150 – 200 – 250 – 300 – 350 g

EMPFOHLENES GARN
Dale Garn Lille Lerke (53 % Merinowolle, 47 % Baumwolle, Lauflänge 142 m/50 g),
Dale Garn Baby Ull (100 % Merinowolle, Lauflänge 165 m/50 g),
Dale Garn Soft Merino (100 % Extrafeine Merinowolle, Lauflänge 187 m/50 g)

HIER VERWENDET
Jacke glatt rechts: Dale Garn Baby Ull, 2621 Sand
Kapuzenjacke mit Blumen: Dale Garn Soft Merino, 3008 Maisgelb und Dale Garn Soft Merino, 3010 Jadegrün
Jacke mit Noppen: Dale Garn Baby Ull, 8505 Jadegrün

ZUSÄTZLICH
4 – 4 – 5 – 6 – 7 – 8 – 9 – 10 Knöpfe

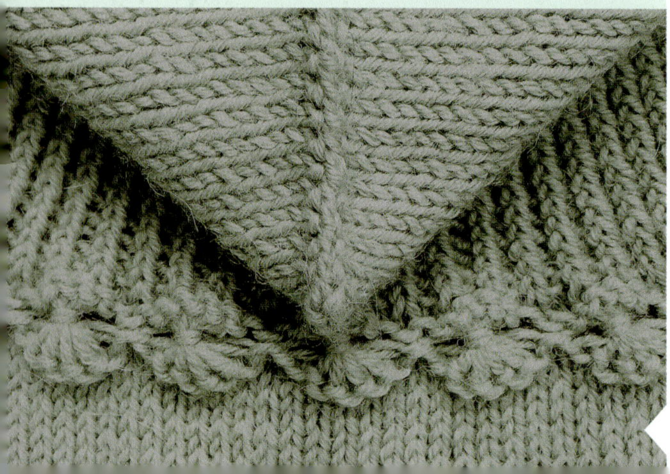

TIPPS ZUM ZUNEHMEN
1 M zunehmen, indem der Faden zwischen 2 M aufgenommen und re verschränkt gestrickt wird, um ein Loch zu vermeiden.

KNOPFLEISTE
Die äußeren 4 M auf jeder Seite ergeben die Knopfleiste. Diese M werden als Krausrippe gestrickt (in Hin- und Rückreihen in jeder Reihe re).

KNOPFLOCH
Die Knopflöcher werden in der Knopfleiste des Vorderteils in jeder 16. R auf der rechten Seite gestrickt. Das bedeutet, dass es 8 Krausrippen zwischen je zwei Knopflöchern gibt. Die Knopflöcher werden folgendermaßen über die 4 M der Knopfleiste gestrickt: 1 M re, 2 M re zusammen, 1 Umschlag, 1 M re stricken.

↘ JACKE MIT KAPUZE

Die Jacke wird hin und zurück gestrickt, von oben nach unten. Als erstes werden die Maschen für die Kapuze angeschlagen. Dafür 71 – 77 – 89 – 95 – 101 – 113 – 119 – 125 M mit der RundN 3 mm anschlagen.
1. R (Hinreihe): alle M re stricken.
2. R (Rückreihe): Knopfleiste stricken, li M stricken, bis noch 4 M auf der N sind, Knopfleiste stricken.
Die 1. und 2. R wiederholen, bis die Arb ca. 14 – 16 – 18 – 20 – 22 – 24 – 26 – 28 cm hoch ist. Weiterstricken bei ** PASSE.

↘ JACKE OHNE KAPUZE

Die Jacke wird hin und zurück gestrickt, von oben nach unten. 71 – 77 – 89 – 95 – 101 – 113 – 119 – 125 M mit der RundN 3 mm anschlagen.
1. R (Hinreihe): Knopfleiste stricken, 1 M re verschränkt, * 1 M li, 1 M re verschränkt*, von * - * wiederholen bis noch 4 M auf der N sind, Knopfleiste stricken.
2. R (Rückreihe): Knopfleiste stricken, 1 M li verschränkt, * 1 M re, 1 M li verschränkt*, von * - * wiederholen bis noch 4 M auf der N sind, Knopfleiste stricken.
3. und 4. R: wie die 1. und 2. R stricken.
Weiterstricken bei ** PASSE.

****PASSE**
Jetzt wird für die Passe zugenommen und gleichzeitig werden die Löcher für das Band gestrickt.
1. R (Hinreihe): Knopfleiste stricken, 1 M re, * 1 Umschlag, 1 M re*, von * - * wiederholen bis noch 4 M auf der N sind, Knopfleiste stricken.

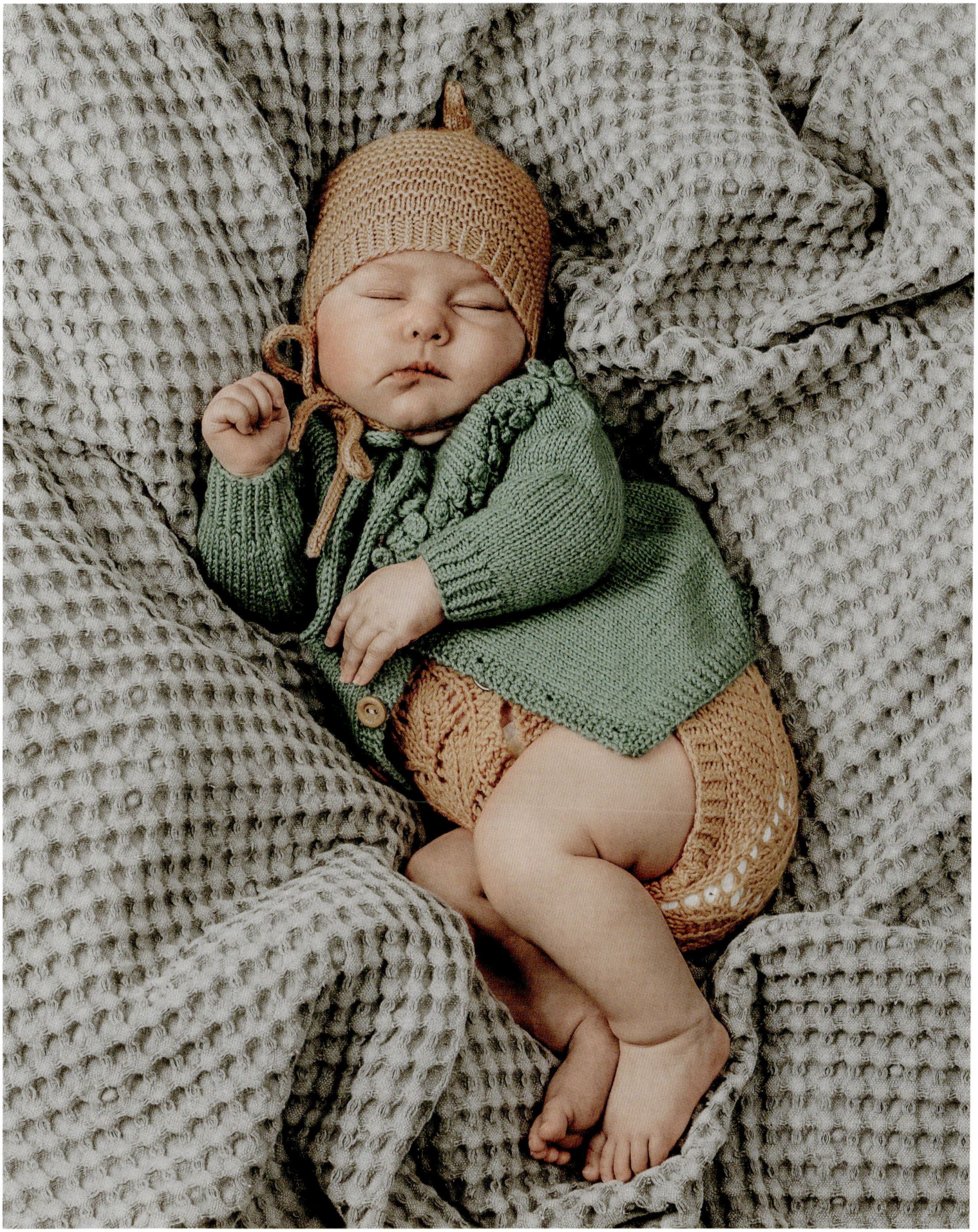

2. R (Rückreihe): Knopfleiste stricken, 1 M li verschränkt, 1 M re verschränkt, 1 M li verschränkt, 1 M re verschränkt, 1 M li verschränkt, * 1 M re (= Loch für das Band), 1 M li verschränkt, 1 M re verschränkt, 1 M li verschränkt, 1 M re verschränkt, 1 M li verschränkt*, von * - * wiederholen bis noch 4 M auf der N sind, Knopfleiste stricken.
Maschenanzahl gesamt: 133 – 145 – 169 – 181 – 193 – 217 – 229 – 241 M.
3. R (Hinreihe): Knopfleiste stricken, 1 M re verschränkt, *1 M li, 1 M re verschränkt*, von * - * wiederholen bis noch 4 M auf der N sind, Knopfleiste stricken.
4. R (Rückreihe): Knopfleiste stricken, 1 M li verschränkt, * 1 M re, 1 M li verschränkt*, von * - * wiederholen bis noch 4 M auf der N sind, Knopfleiste stricken.
5. R (Hinreihe): Knopfleiste stricken, 1 M re verschränkt, *1 M li, 1 M re verschränkt*, von * - * wiederholen bis noch 4 M auf der N sind, Knopfleiste stricken.
6. R (Rückreihe): wie die 4. N stricken.
Die 3. und 4. R 7 Mal wiederholen.
Nächste R (Hinreihe): wie die 5. R stricken.
Nächste R (Rückreihe): wie die 4. R stricken.

GRÖSSE: FRÜHCHEN – 0-1 – 3 – 6 – 9 MON
Weiterstricken bei *** ALLE GRÖSSEN.

GRÖSSE: 1 – 2/3 – 4/5 JAHRE
Die 3. und 4. R 7 Mal wiederholen
Nächste R (Hinreihe): wie die 5. R stricken.
Nächste R (Rückreihe): wie die 4. R stricken.
Weiterstricken bei *** ALLE GRÖSSEN.

***** ALLE GRÖSSEN**
Jetzt wählst Du das Muster aus, das im Anschluss an das verschränkte Bündchen über die Passe gestrickt wird.

↘ JACKE GLATT RECHTS

1. R (Hinreihe): Knopfleiste stricken, re M über alle M der N, während ***gleichzeitig*** 8 M gleichmäßig verteilt zugenommen werden (lies Tipps zum Zunehmen), Knopfleiste stricken.
2. R (Rückreihe): Knopfleiste stricken, li M über alle M der N, bis noch 4 M auf der N sind, Knopfleiste stricken.
Weiterstricken bei **** RAGLANZUNAHME.

↘ JACKE MIT BLUMEN

1. R (Hinreihe): Knopfleiste stricken, re M über alle M der N, während ***gleichzeitig*** 8 M gleichmäßig verteilt zugenommen werden (lies Tipps zum Zunehmen), Knopfleiste stricken.
2. R (Rückreihe): Knopfleiste stricken, 1. Reihe von Strickschrift A stricken (siehe Seite 44), bis noch 4 M auf der N sind, Knopfleiste stricken.
3. R (Hinreihe): Knopfleiste stricken, 2. Reihe von Strickschrift A stricken, bis noch 4 M auf der N sind, Knopfleiste stricken.
4. R (Rückreihe): Knopfleiste stricken, 3. Reihe von Strickschrift A stricken, bis noch 4 M auf der N sind, Knopfleiste stricken.
Weiterstricken bei **** RAGLANZUNAHME

↘ JACKE MIT NOPPEN

1. R (Hinreihe): Knopfleiste stricken, 1. Reihe von Strickschrift C (siehe Seite 44) stricken, bis noch 4 M auf der N sind, Knopfleiste stricken.
2. R (Rückreihe): Knopfleiste stricken, 2. Reihe von Strickschrift C stricken, bis noch 4 M auf der N sind, Knopfleiste stricken.
3. R (Hinreihe): Knopfleiste stricken, 3. Reihe von Strickschrift C stricken, bis noch 4 M auf der N sind, Knopfleiste stricken.
4. R (Rückreihe): re M über alle M der N, während ***gleichzeitig*** 8 M gleichmäßig verteilt zugenommen werden (lies Tipps zum Zunehmen), Knopfleiste stricken.
Weiterstricken bei **** RAGLANZUNAHME.

****** RAGLANZUNAHME**
Maschenanzahl gesamt: 141 – 153 – 177 – 189 – 201 – 225 – 237 – 249 M.
1. R (Hinreihe): 22 – 22 – 28 – 31 – 34 – 37 – 37 – 40 M re stricken (= linkes Vorderteil), 1 M nach rechts zunehmen (siehe Tipps Seite 7), 1 Maschenmarkierer in die nächste M einhängen und diese M re stricken, 1 M nach links zunehmen, 25 – 28 – 31 – 34 – 34 – 40 – 43 – 46 M re stricken (= linker Ärmel), 1 M nach rechts zunehmen, 1 Maschenmarkierer in die nächste M einhängen und diese M re stricken, 1 M nach links zunehmen, 43 – 49 – 55 – 55 – 61 – 67 – 73 – 73 M re stricken (= Rückenteil), 1 M nach rechts zunehmen, 1 Maschenmarkierer in die nächste M einhängen und diese M re stricken, 1 M nach links zunehmen 25 – 28 – 31 – 34 – 34 – 40 – 43 – 46 M re stricken (= rechter Ärmel), 1 M nach rechts zunehmen, 1 Maschenmarkierer in die nächste M einhängen und diese M re stricken, 1 M nach links zunehmen, 22 – 22 – 28 – 31 – 34 – 37 – 37 – 40 M re stricken (= rechtes Vorderteil).

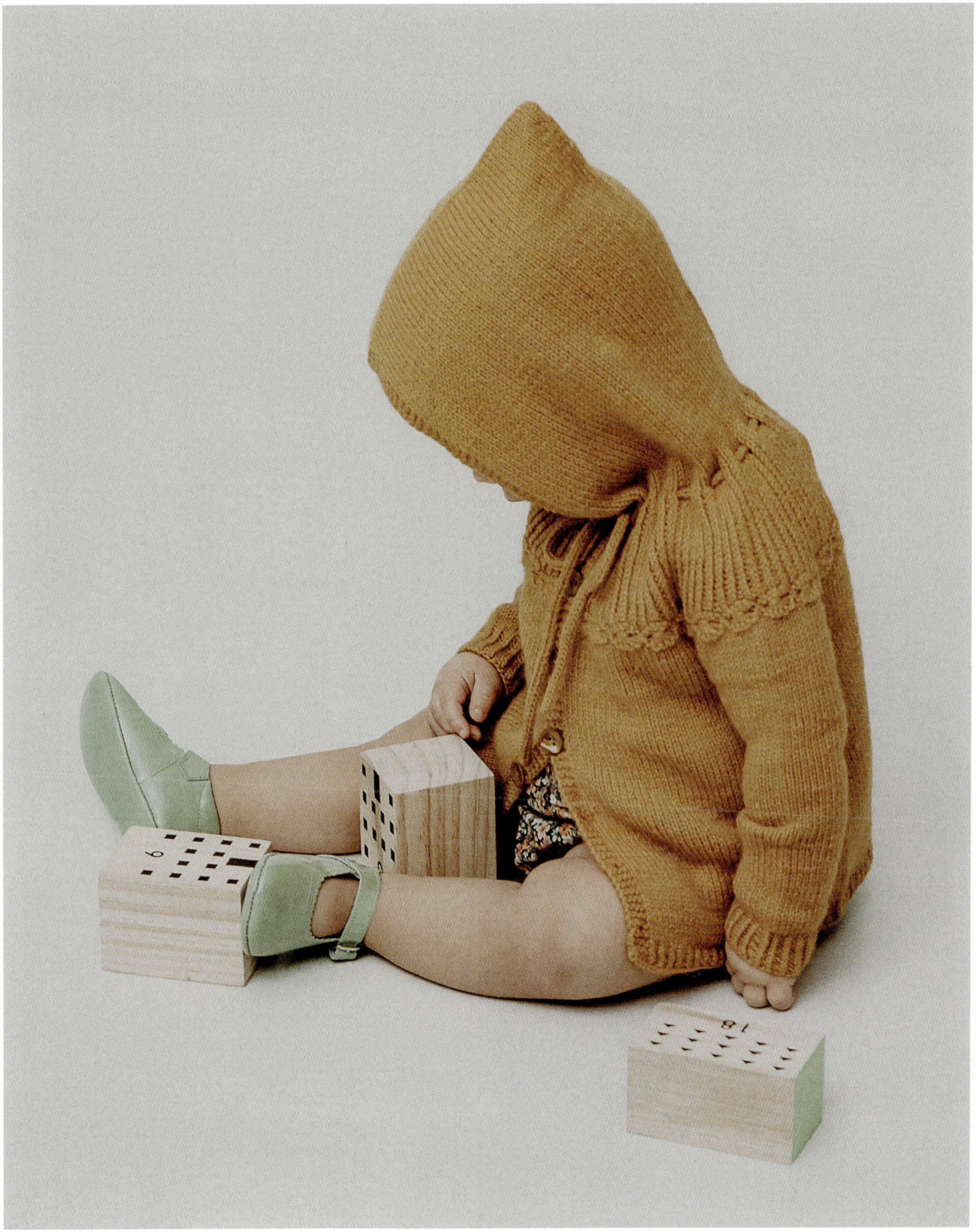

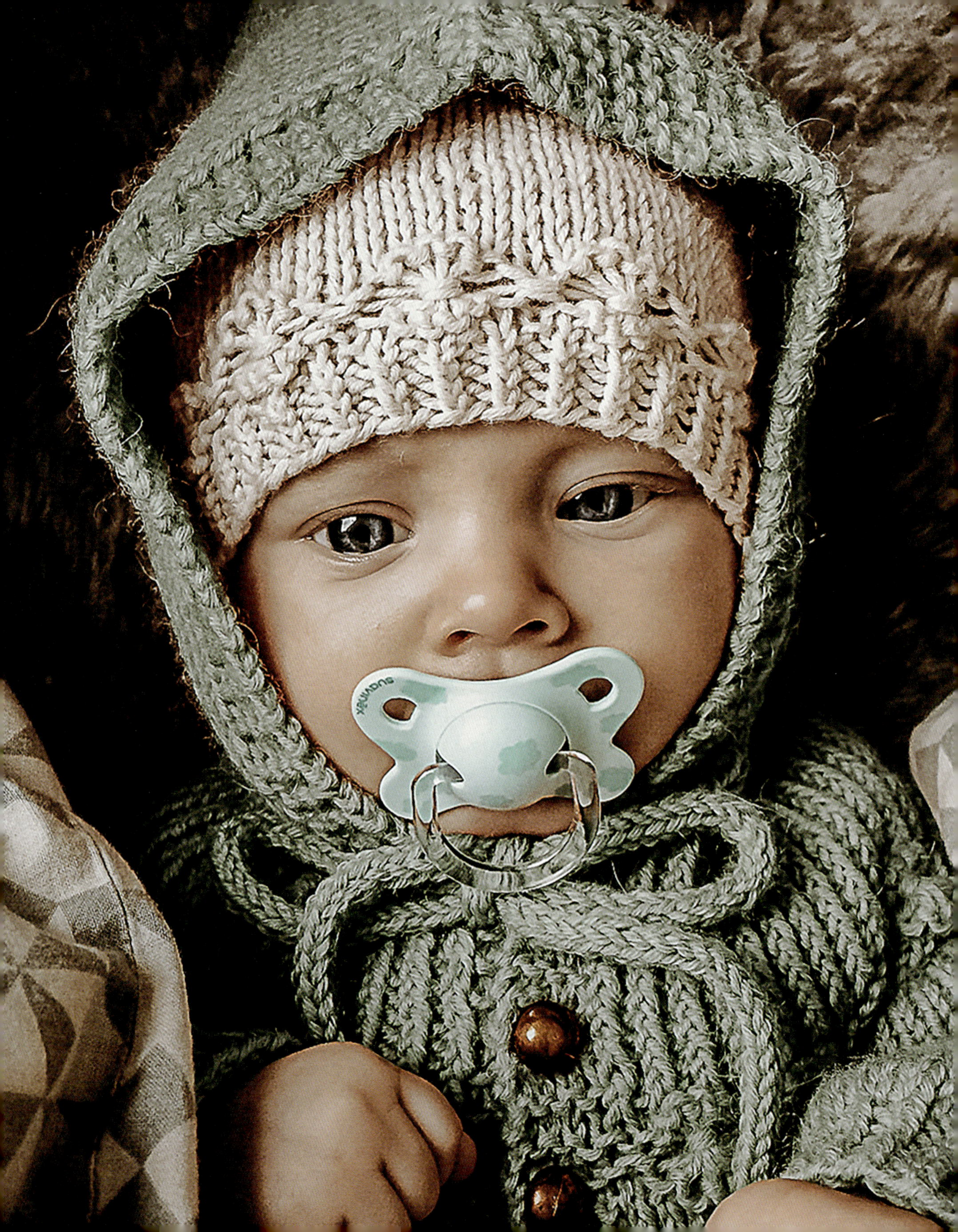
suavinex

Maschenanzahl gesamt: 149 – 161 – 185 – 197 – 209 – 233 – 245 – 257 M.

2. R (Rückreihe): Knopfleiste stricken, li M stricken, bis noch 4 M auf der N sind, Knopfleiste stricken.

3. R (Hinreihe): *re stricken über alle M bis zum Maschenmarkierer, 1 M nach re zunehmen, 1 M re (= markierte M), 1 M nach li zunehmen*, von * - * wiederholen, bis alle 4 markierten M gestrickt sind, alle restlichen M der N re stricken.

4. R (Rückreihe): wie die 2. R stricken.

Die 3. und 4. R 1 – 2 – 2 – 3 – 3 – 3 – 3 – 3 Mal wiederholen.

Achtung: Denk daran, in die linke Knopfleiste Knopflöcher zu stricken, bei jeder 16. R (= 8 Krausrippen zwischen den Knopflöchern).

Die nächste R rechts wie folgt stricken: 26 – 27 – 33 – 37 – 40 – 43 – 43 – 46 M re stricken, 31 – 36 – 39 – 44 – 44 – 50 – 53 – 56 M auf eine HilfsN geben (= linker Ärmel), 6 M anschlagen und 1 Maschenmarkierer in der Mitte dieser neuen M einhängen (= Seite der Jacke), 51 – 59 – 65 – 67 – 73 – 79 – 85 – 85 M re stricken (= Rückenteil), 6 M anschlagen und 1 Maschenmarkierer in die Mitte dieser neuen M einhängen (= Seite der Jacke), 31 – 36 – 39 – 44 – 44 – 50 – 53 – 56 M auf eine HilfsN geben (= rechter Ärmel), 26 – 27 – 33 – 37 – 40 – 43 – 43 – 46 M re stricken.

Maschenanzahl gesamt: 115 – 125 – 143 – 153 – 165 – 177 – 183 – 189 M.

↘ 3in1 ANZUG HIER STRICKEN

RUMPF

Weiter glatt rechts mit Knopfleisten an den Seiten stricken. Die Knopflöcher stricken wie oben erklärt. Weiterstricken, bis 4 – 4 – 5 – 6 – 7 – 8 – 9 – 10 Knopflöcher gestrickt sind. 16 R hin und zurück nach dem ersten Knopfloch stricken, Krausrippen über den Knopflöchern und glatt rechts über die anderen M.

1. R (Hinreihe): Knopfleiste mit Knopfloch stricken, 1 M re verschränkt, *1 M li, 1 M re verschränkt*, von * - * wiederholen bis noch 4 M auf der N sind, Knopfleiste stricken.

2. R (Rückreihe): Knopfleiste stricken, 1 M li verschränkt, *1 M re, 1 M li verschränkt*, von * - * wiederholen bis noch 4 M auf der N sind, Knopfleiste stricken.

3. und 4. R: wie die 1. und 2. R stricken (aber ohne Knopfloch).

In der nächsten R (Hinreihe) alle M abketten. Faden abschneiden und vernähen.

ÄRMEL

Die M von der HilfsN auf das Nspiel 3 mm übernehmen. Zuerst 3 M mitten unter dem Ärmel stricken, dann über alle M re stricken bis auf 3 M unter dem Ärmel, 1 Maschenmarkierer auf die N hängen (= Beginn der Rd).

Maschenanzahl gesamt: 37 – 42 – 45 – 50 – 50 – 56 – 59 – 62 M.

2 – 2 – 3 – 3 – 4 – 4 – 5 – 5 Rd glatt rechts stricken.

In der nächsten Rd folgendermaßen abnehmen: 1 M re, 2 M re zusammen, re M über alle M stricken, bis noch 3 M auf der N sind, 1 M locker abheben, 1 M re, die abgehobene M über die re M heben, 1 M re. Die Abnahmen in jeder 3. – 3. – 4. – 4. – 5. – 5. – 6. – 6. Rd wiederholen bis insgesamt 4 – 5 – 5 – 6 – 6 – 7 – 7 – 8 Mal abgenommen wurde.

Maschenanzahl gesamt: 29 – 32 – 35 – 38 – 38 – 42 – 45 – 46 M.

Zum Nspiel 2,5 mm wechseln und glatt rechts ohne Abnahmen weiterstricken, bis der Ärmel ca. 16 – 18 – 20 – 22 – 26 – 29 – 33 – 36 cm lang ist von der Lochreihe am Hals gemessen. Achtung: Wenn die Maschenanzahl ungerade ist (nicht durch 2 teilbar), bevor das Bündchen beginnt, wird 1 M abgenommen. Dafür in der 1.Rd des Bündchens 2 M re verschränkt zusammenstricken.

Verschränktes Bündchen: ein Bündchen mit *1 M li, 1 re verschränkt* über alle M der Rd stricken. Bündchen stricken, bis der Ärmel 19 – 21 – 23 – 25 – 29 – 32 – 36 – 39 cm lang ist von der Lochreihe am Hals gemessen. In der nächsten Rd wird das Bündchen gestrickt, während ***gleichzeitig*** alle M abgekettet werden. Faden abschneiden und vernähen. Einen zweiten Ärmel genauso stricken.

FERTIGSTELLEN

Alle Fäden vernähen und die Knöpfe entlang der rechten Knopfleiste annähen. Die Kapuze wird oben mit Maschenstich zusammengenäht.

BAND

3 M mit dem Nspiel 2,5 mm anschlagen und ein Band nach der Erklärung auf Seite 7 stricken. Wenn das Band ca. 90 – 90 – 100 – 100 – 100 – 110 – 110 – 110 cm lang ist, den Faden abschneiden und durch die 3 M ziehen. Den Faden vernähen und das Band durch die Löcher am Hals der Jacke ziehen.

Das Band kann auch auf einer Strickliesel gestrickt werden.

3IN1 **ANZUG**

Ein hübscher und warmer Anzug ist das Beste für einen Ausflug mit den Kleinen. Das Oberteil wird wie die Jacke gestrickt und Du kannst aus drei verschiedenen Passen auswählen – Blumen, Noppen oder schlicht glatt rechts gestrickt.

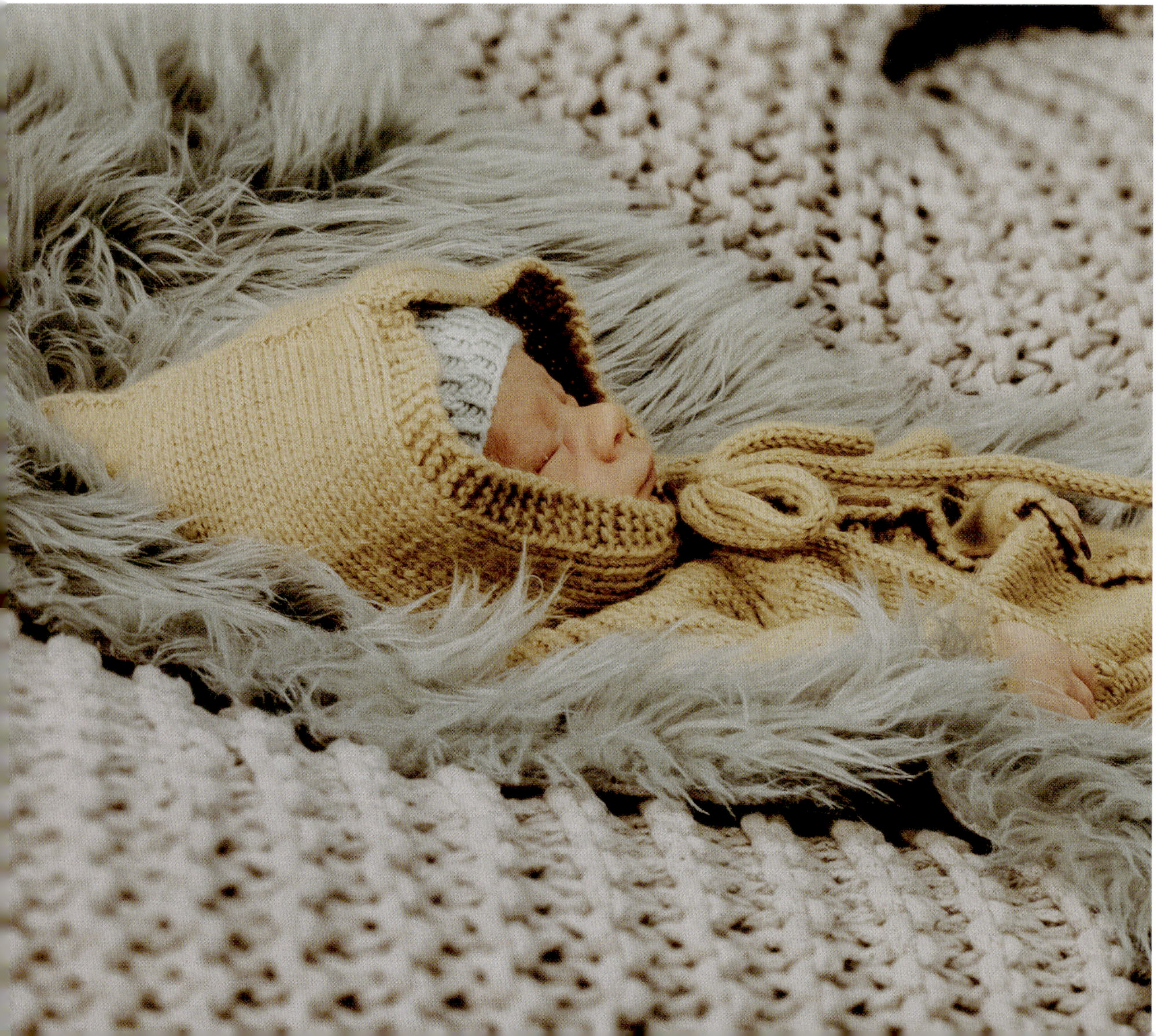

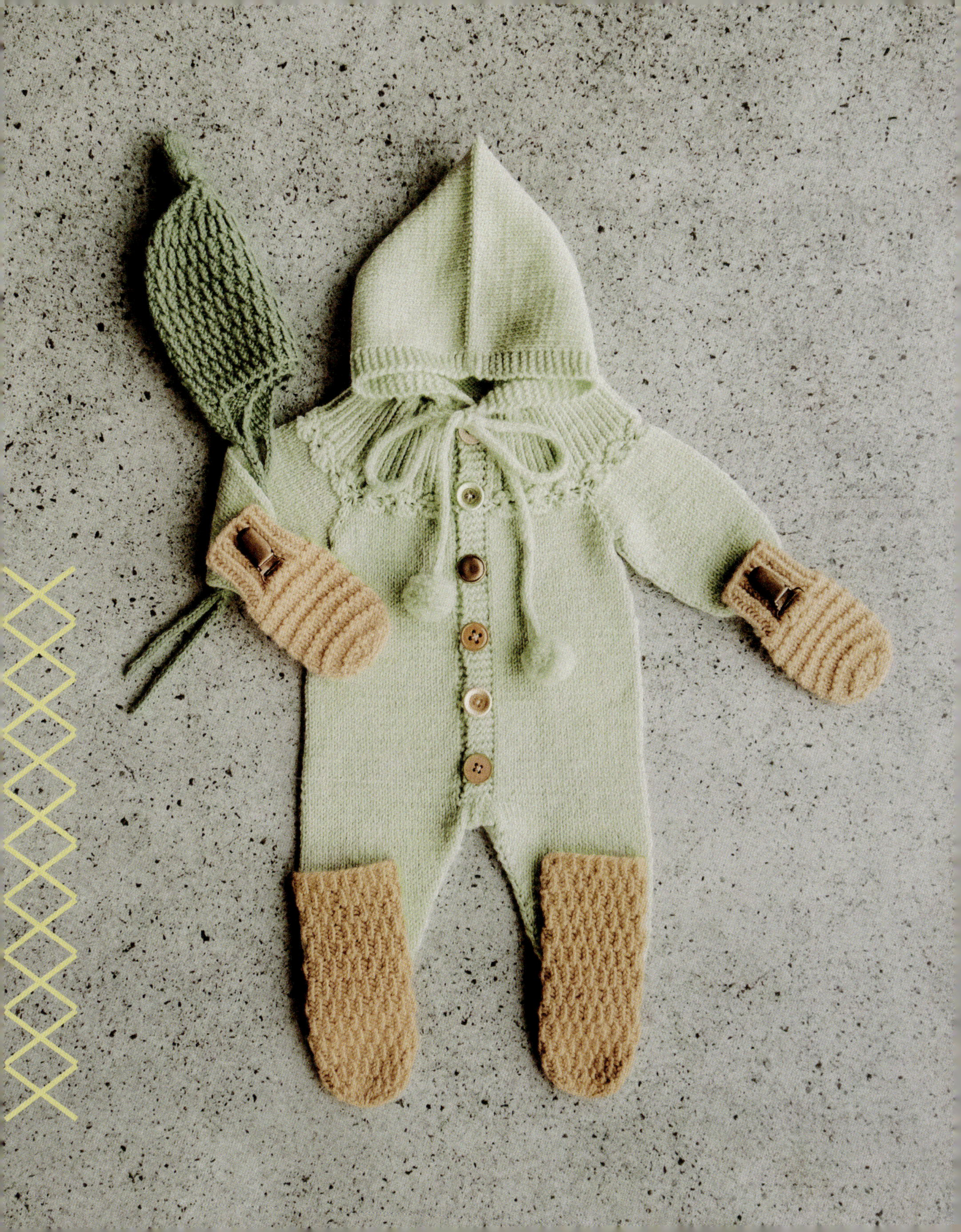

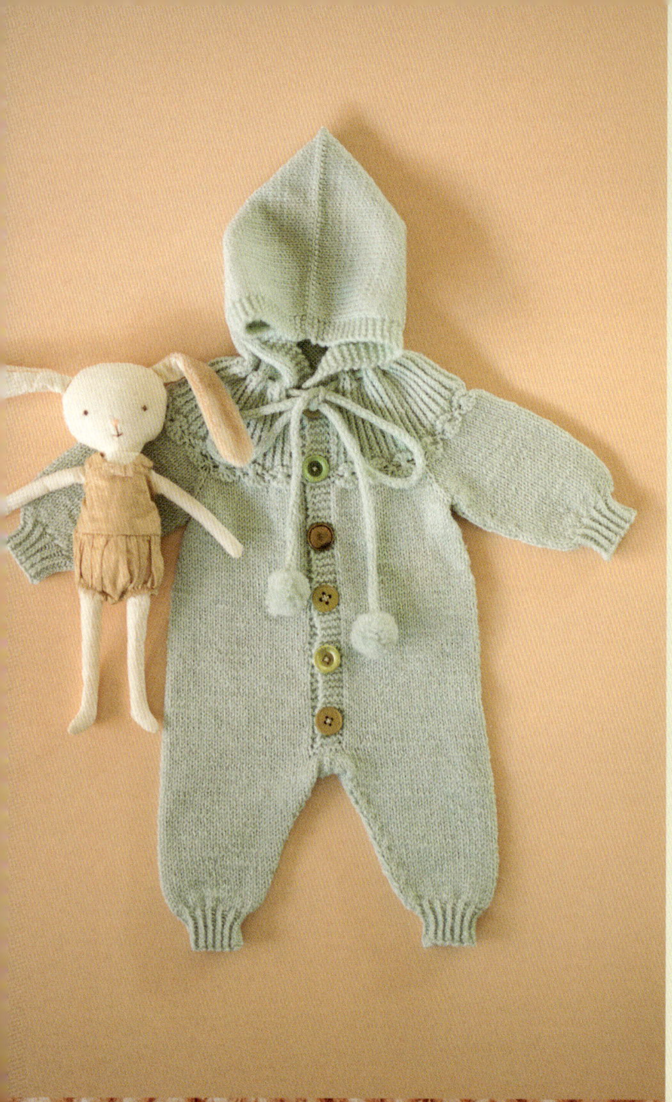

GRÖSSEN
Frühchen – 0-1 – 3 – 6 – 9 Mon – 1 – 2/3 – 4/5 Jahre

KLEIDERGRÖSSE
Oberweite: ca. 41 – 45 – 51 – 55 – 60 – 64 – 66 – 69 cm
Länge: ca. 36 – 44 – 51 – 58 – 62 – 72 – 86 – 98 cm

MASCHENPROBE
27 M = 10 cm (glatt rechts mit N 3 mm)

NADELSTÄRKE
Nspiel 2,5 mm und 3 mm
30 – 40 cm RundN 3 mm
HilfsN 3 mm

GARNMENGE
ca. 150 – 150 – 200 – 300 – 350 – 400 – 450 – 500 g

EMPFOHLENES GARN
Dale Garn Lille Lerke (53 % Merinowolle, 47 % Baumwolle, Lauflänge 142 m/50 g),
Dale Garn Baby Ull (100 % Merinowolle, Lauflänge 165 m/50 g),
Dale Garn Soft Merino (100 % Extrafeine Merinowolle, Lauflänge 187 m/50 g)

HIER VERWENDET
Anzug glatt rechts: Dale Garn Soft Merino, 3008 Maisgelb
Anzug mit Blumen: Dale Garn Baby Ull, 8537 Minzgrün
Anzug mit Noppen: Dale Garn Soft Merino, 3009 Hellgelb

ZUSÄTZLICH
6 – 7 – 8 – 9 – 10 – 11 – 12 – 13 Knöpfe

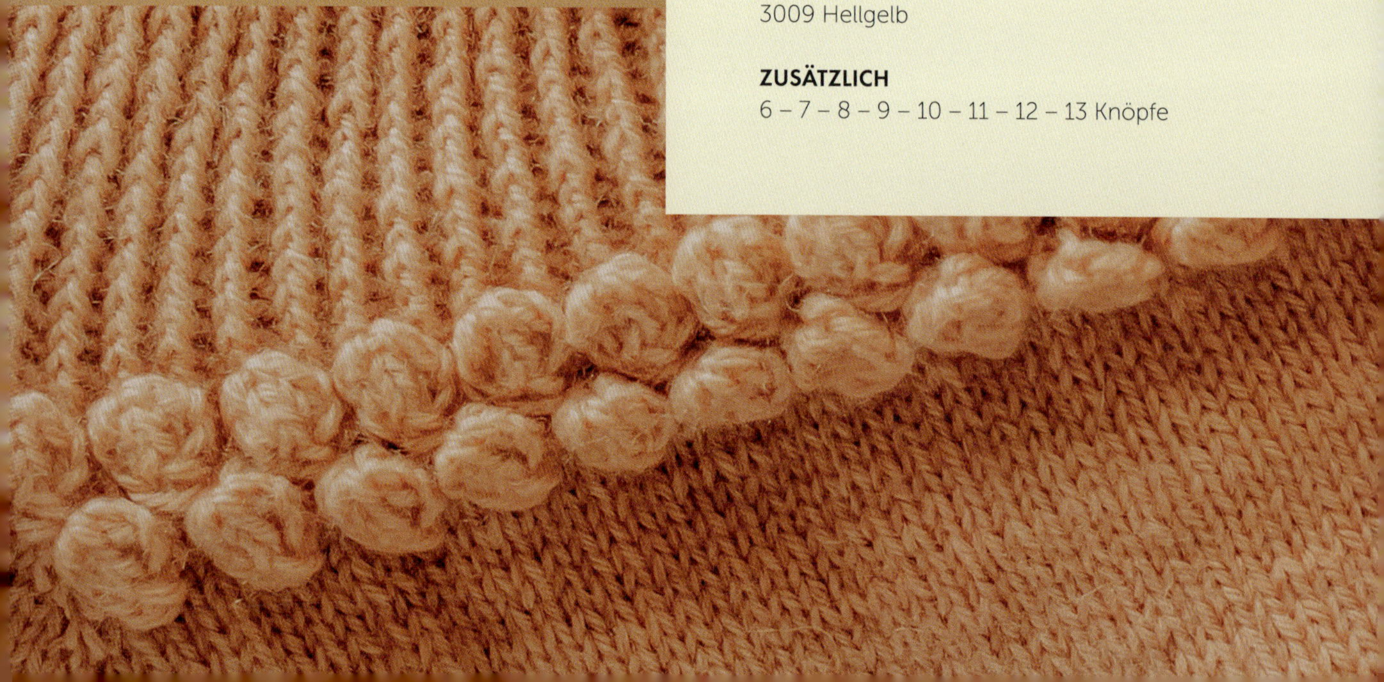

START

Der Anzug wird wie die 3in1 Jacke mit Kapuze gestrickt. Nach Anleitung dort bis zur Markierung vor dem Abschnitt RUMPF stricken, dann weiterstricken bei **OBERKÖRPER.

**OBERKÖRPER

Weiter glatt rechts über alle M zwischen den Knopfleisten stricken. Die Knopflöcher wie beschrieben stricken. Insgesamt 6 – 7 – 8 – 9 – 10 – 11 – 12 – 13 Knopflöcher stricken, oder so viele, wie nötig, bis die Arb ca. 23 – 27 – 32 – 37 – 41 – 46 – 51 – 55 cm lang ist (vom 1. Knopfloch entlang der Knopfleiste gemessen).

Die nächste R Rückreihe (nach dem letzten Knopfloch) folgendermaßen stricken: Knopfleiste stricken, li M stricken, bis noch 4 M auf der N sind, Knopfleiste stricken.

Die nächste R (Hinreihe): 56 – 61 – 70 – 75 – 81 – 87 – 90 – 93 M re stricken, 2 M re zusammen, re M über die gesamte N stricken.

Maschenanzahl gesamt: 114 – 124 – 142 – 152 – 164 – 176 – 182 – 188 M.

1. R (Rückreihe): Knopfleiste stricken, li M stricken, bis noch 4 M auf der N sind, Knopfleiste stricken.

2. R (Hinreihe): re M über die gesamte N stricken.

3. und 4. R: wie die 1. und 2. R stricken.

5. R (Rückreihe): 4 M abketten, li M stricken, bis noch 4 M auf der N sind, 4 M re.

Anschließend wird glatt rechts rund gestrickt, bis der Anzug für die zwei Beine geteilt wird. Die mittlere M vorne abzählen und 1 Maschenmarkierer einhängen. Das Gleiche im Rückenteil machen.

4 R glatt rechts stricken.

Maschenanzahl gesamt: 110 – 120 – 138 – 148 – 160 – 172 – 178 – 184 M.

Jetzt wird der Anzug für die zwei Beine geteilt. 55 – 60 – 69 – 74 – 80 – 86 – 89 – 92 M auf das Nspiel 3 mm und die restlichen 55 – 60 – 69 – 74 – 80 – 86 – 89 – 92 M auf eine HilfsN/einen Hilfsfaden nehmen.

BEIN

An der Innenseite vom Bein beginnen und glatt rechts in Rd stricken. Einen Maschenmarkierer zu Beginn der Runde einhängen. 2 – 3 – 3 – 4 – 4 – 5 – 6 – 7 Rd glatt rechts stricken.

In der nächsten Rd folgendermaßen abnehmen: 1 M re, 2 M re zusammen, re M bis noch 3 M da sind. 1 M locker abheben, 1 M re, die abgehobene M über die re M heben, 1 M re.

Die Abnahmen in jeder 3. – 4. – 4. – 5. – 5. – 6. – 7. – 8. Rd wiederholen, bis insgesamt 9 – 9 – 10 – 10 – 11 – 11 – 11 – 11 Mal abgenommen wurde.

Maschenanzahl gesamt: 37 – 42 – 49 – 54 – 58 – 64 – 67 – 70 M.

Zum Nspiel 2,5 mm wechseln und weiterstricken, bis das Bein ca. 8 – 11 – 14 – 17 – 21 – 25 – 33 – 39 cm lang ist, an der Innenseite ab der Teilung. Achtung: Wenn die Maschenanzahl ungerade ist (nicht durch 2 teilbar), bevor das Bündchen beginnt, wird 1 M abgenommen. Dafür in der 1. Rd des Bündchens 2 M re verschränkt zusammenstricken.

VERSCHRÄNKTES BÜNDCHEN

Bündchen mit *1 M li, 1 M re verschränkt* über alle M der Rd stricken. 3 cm Bündchen stricken. In der nächsten Rd verschränktes Bündchen stricken, während ***gleichzeitig*** alle M abgekettet werden. Faden abschneiden und vernähen. Ein zweites Bein genauso stricken.

ÄRMEL UND BAND

Beide Ärmel und das Band zum Binden am Hals wie in der Anleitung für die Jacke stricken.

FERTIGSTELLEN

Alle Fäden vernähen und die Knöpfe entlang der rechten Knopfleiste annähen. Die Kapuze wird oben im Maschenstich zusammengenäht.

DAS BESONDERE ETWAS

2 Bommel herstellen und an den Enden vom Band befestigen. Oder unterschiedliche Knöpfe aussuchen, um dem Anzug einen spielerischen Ausdruck zu geben.

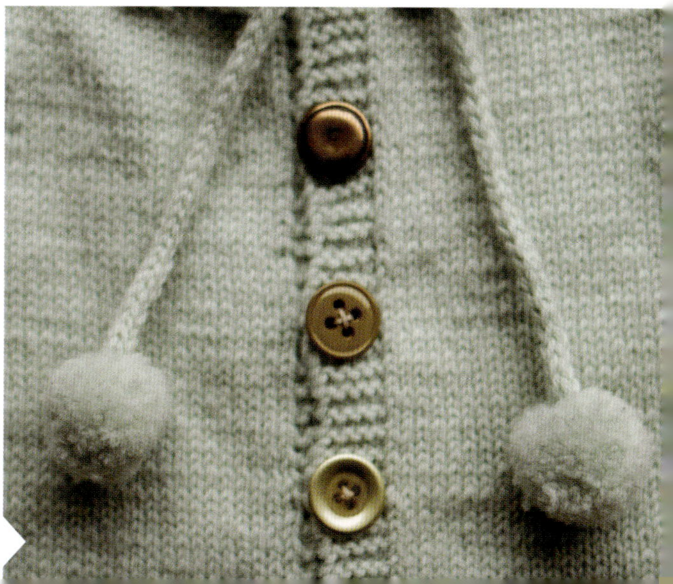

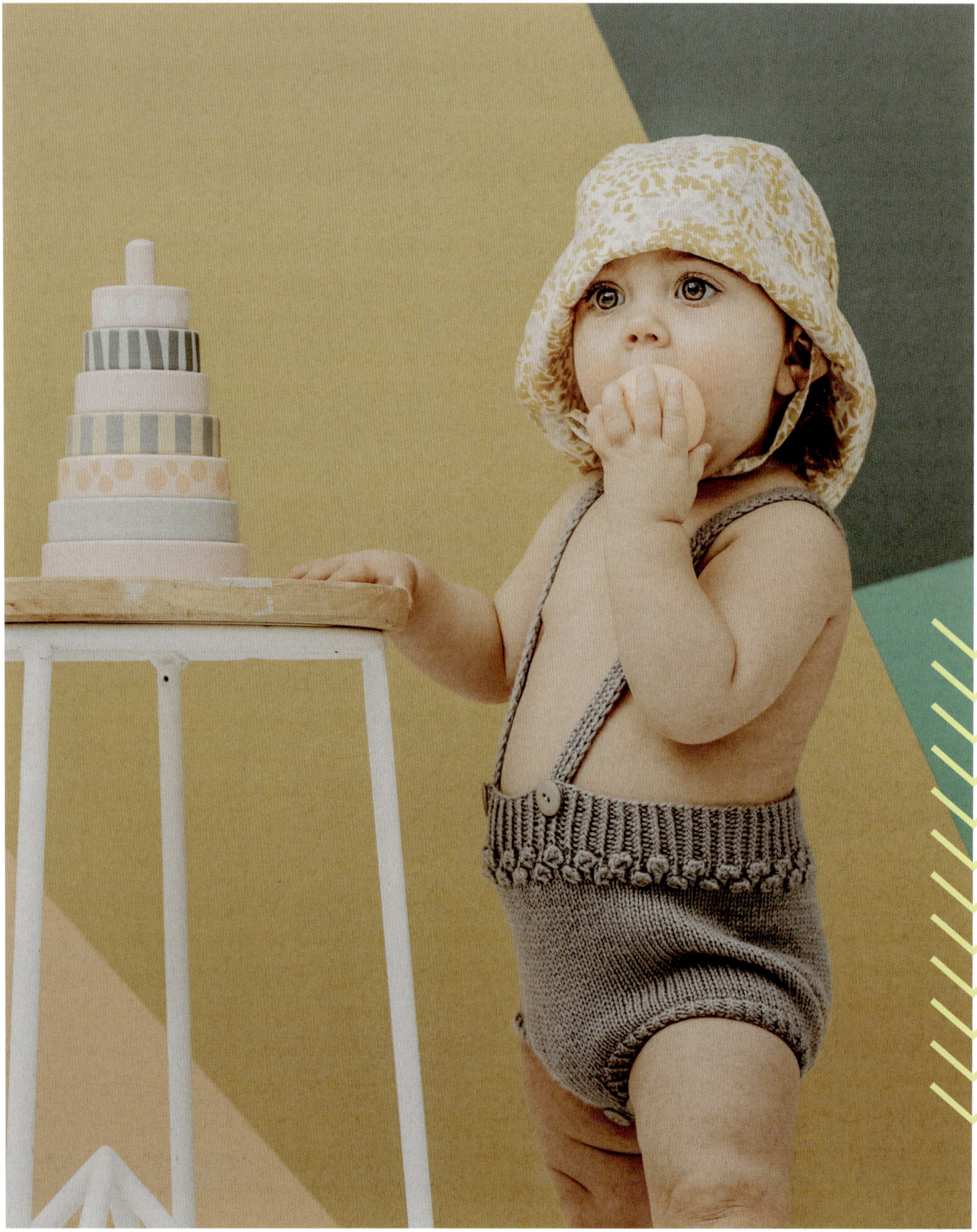

3IN1 **STRAMPLER &**
3IN1 **KURZE HOSE**

Nach dieser Anleitung kann ein Strampler mit Trägern und Knöpfen im Schritt oder eine kurze Hose gestrickt werden. Es gibt die Wahl aus drei verschiedenen Techniken – Blumen, Noppen oder einfach glatt rechts gestrickt.

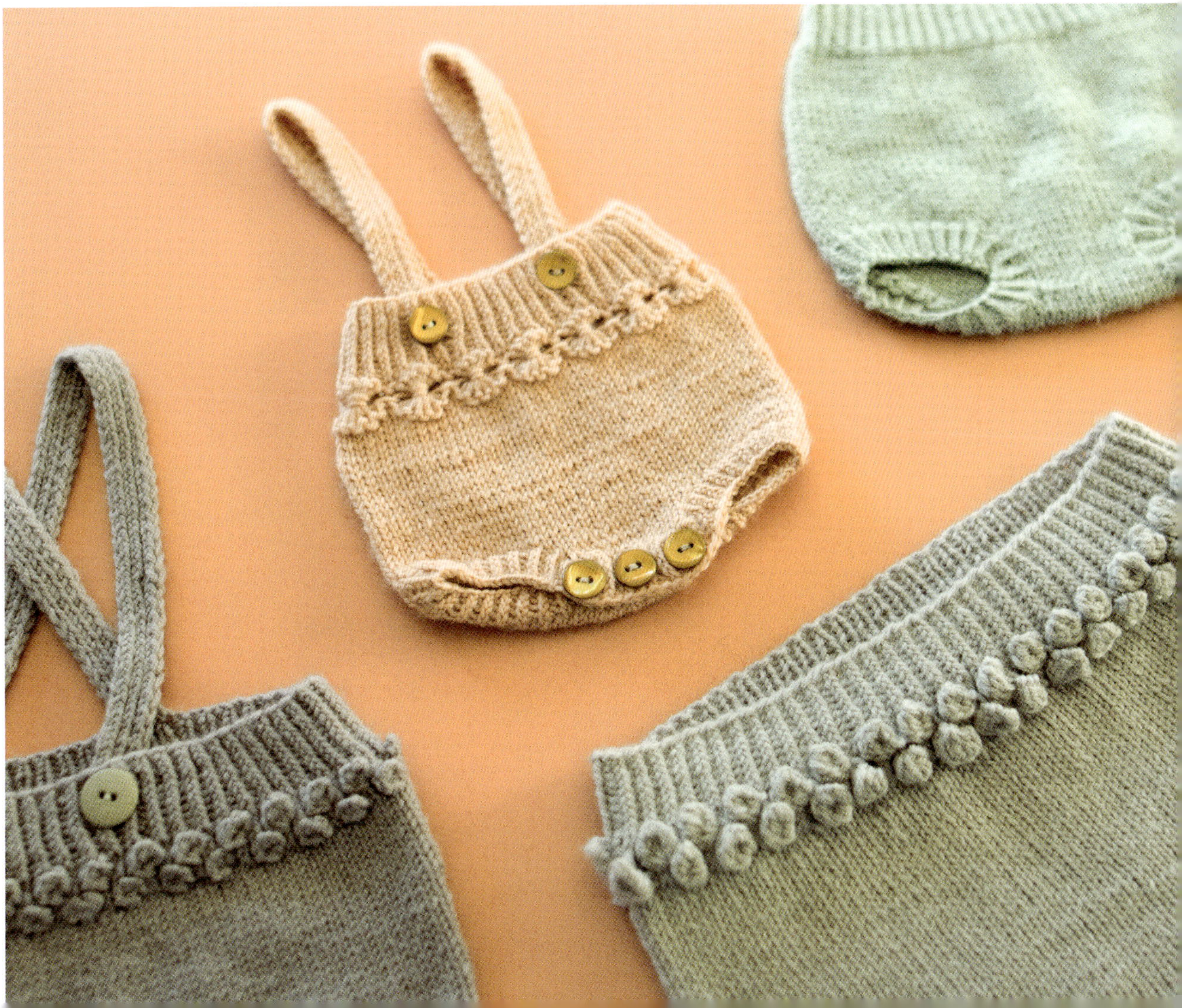

GRÖSSEN
Frühchen – 0-1 – 3 – 6/9 Mon – 1 – 2/3 Jahre

KLEIDERGRÖSSE
Taillenumfang: ca. 36 – 40 – 44 – 49 – 53 – 56 cm
Länge Strampler: ca. 26 – 29 – 31 – 35 – 40 – 42 cm
Länge kurze Hose: ca. 15 – 17 – 18 – 19 – 20 – 21 cm

MASCHENPROBE
27 M = 10 cm (glatt rechts mit N 3 mm)

NADELSTÄRKE
Nspiel 2,5 mm und 3 mm
30 – 40 cm RundN 3 mm
HilfsN 3 mm

GARNMENGE
ca. 50 – 50 – 50/100 – 100 – 100 – 100 g

EMPFOHLENES GARN
Dale Garn Lille Lerke (53 % Merinowolle, 47 % Baumwolle, Lauflänge 142 m/50 g),,
Dale Garn Baby Ull (100 % Merinowolle, Lauflänge 165 m/50 g),
Dale Garn Soft Merino (100 % Extrafeine Merinowolle, Lauflänge 187 m/50 g)

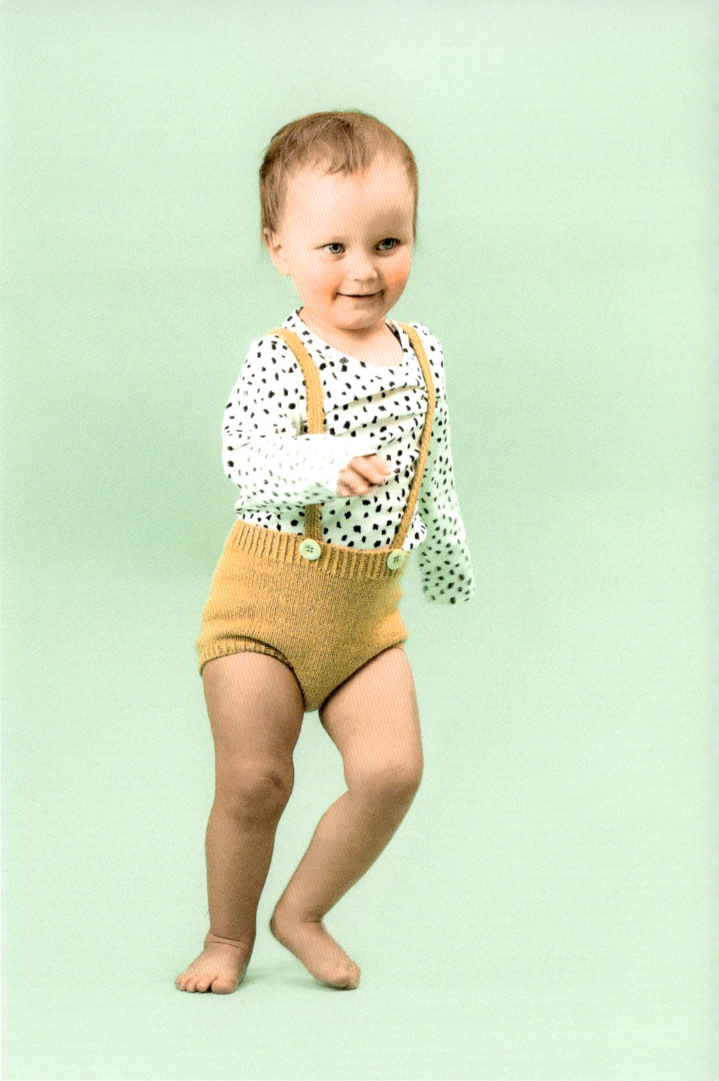

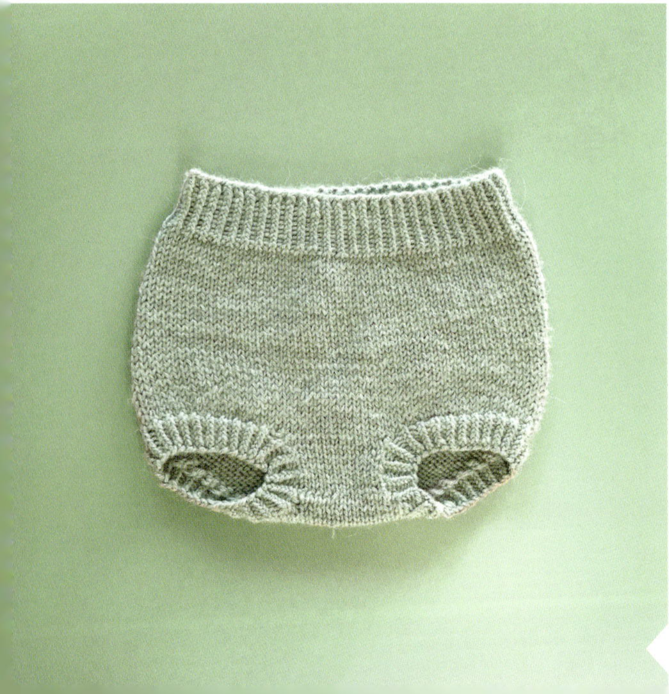

HIER VERWENDET
Kurze Hose glatt rechts: Dale Garn Soft Merino, 3031 Minzgrün
Kurze Hose mit Noppen: Dale Garn Pure Eco Baby Wool, 1302 helles Stahlgrau
Strampler mit Blumen: Dale Garn Baby Ull, 8508 zartes Pfirsich
Strampler mit Noppen 1: Dale Garn Baby Ull, 5625, zartes Grau
Strampler mit Noppen 2: Dale Garn Lille Lerke, 2425 Kitt

ZUSÄTZLICH
Knöpfe

↘ START – KURZE HOSE

Die kurze Hose wird von oben nach unten rund gestrickt. Sie hat keine Träger und keine Knopfleiste und wird im Schritt zusammengestrickt. 96 – 108 – 120 – 132 – 144 – 156 M mit einer kleinen RundN (oder Nspiel mit sehr kurzen Nadeln) 2,5 mm anschlagen. 11 Rd Bündchen stricken, *1 M li, 1 M re verschränkt*, von * - * über alle M der Rd wiederholen (vgl. zu den verschränkten Maschen Stricktipps Seite 7). Einen Maschenmarkierer zu Beginn der Rd einhängen. Weiterstricken bei ** FORTSETZUNG KURZE HOSE UND STRAMPLER.

↘ START – STRAMPLER

96 – 108 – 120 – 132 – 144 – 156 M mit einer kleinen RundN (oder Nspiel mit sehr kurzen Nadeln) 2,5 mm anschlagen. Es wird rund von oben nach unten gestrickt. 5 Rd Bündchen stricken, *1 M li, 1 M re verschränkt*, von * - * über alle M der Rd wiederholen (vgl. zu den verschränkten Maschen Stricktipps Seite 7). Einen Maschenmarkierer zu Beginn der Rd einhängen.

In der 6. Rd werden Knopflöcher folgendermaßen gestrickt: Bündchen stricken, *1 M li, 1 M re verschränkt*, von * - * über die ersten 16 – 18 – 22 – 24 – 26 – 28 M wiederholen, 1 Umschlag (= 1. Knopfloch), 2 M re verschränkt zusammen, Bündchen stricken, *1 M li, 1 M re verschränkt*, von * - * über die nächsten 14 – 14 – 14 – 18 – 18 – 20 M wiederholen, 1 Umschlag (= 2. Knopfloch), 2 M re verschränkt zusammen, Bündchen stricken, *1 M li, 1 M re verschränkt*, von * - * über die restlichen M der Rd wiederholen. Insgesamt 11 Rd Bündchen stricken.

** FORTSETZUNG KURZE HOSE UND STRAMPLER

Zur RundN 3 mm wechseln. Jetzt wird das Muster ausgewählt, das am Ende vom Bündchen gestrickt wird, entweder glatt rechts, Blumen oder Noppen.

↘ GLATT RECHTS

Wenn die schlichte Version ohne Blumen oder Noppen gestrickt wird, kann dieser Teil übersprungen werden und es geht weiter bei *** ALLE VARIANTEN.

↘ BLUMEN

Die nächste Rd re M stricken. In den nächsten 4 Rd werden die Blumen nach Strickschrift A gestrickt (siehe Seite 44). Weiterstricken bei **** ALLE VARIANTEN.

↘ NOPPEN

In den nächsten 4 Rd werden die Noppen nach Strickschrift B gestrickt (siehe Seite 44). Weiterstricken bei *** ALLE VARIANTEN.

*** ALLE VARIANTEN

Weiter glatt rechts stricken, bis die Arb ca. 10 – 11 – 12 – 12 – 13 – 13 cm hoch ist. Die ersten 17 – 19 – 23 – 25 – 27 – 29 M zu Beginn der nächsten Rd abketten, 15 – 15 – 15 – 19 – 19 – 21 M re stricken (= Vorderteil), die nächsten 17 – 19 – 23 – 25 – 27 – 29 M abketten, re M über die letzten 47 – 55 – 59 – 63 – 71 – 77 M stricken. Die M vom Vorderteil auf eine HilfsN/einen Hilfsfaden geben und das Rückenteil stricken.

RÜCKENTEIL

Das Rückenteil wird glatt rechts hin und zurück gestrickt. Die Arb wenden und li M über die gesamte R stricken.

1. R (Hinreihe): 1 M re, 2 M re zusammen, re M, bis nur noch 3 M auf der N sind, 2 M re verschränkt zusammen, 1 M re.

2. R (Rückreihe): 1 M re, 2 M li zusammen, li M, bis nur noch 3 M auf der N sind, 2 M li verschränkt zusammen, 1 M re.

Die 1. und 2. R wiederholen, bis noch 15 – 15 – 15 – 19 – 19 – 21 M auf der N sind. Glatt rechts weiterstricken, bis die Arb ca. 14 – 16 – 17 – 18 – 19 – 20 cm ab Anschlag misst. Die M auf eine HilfsN/Hilfsfaden legen und das Vorderteil stricken.

VORDERTEIL

Glatt rechts hin und zurück ohne Abnahmen stricken, bis die Arb ca. 12 – 14 – 15 – 16 – 17 – 18 cm ab Anschlag misst. Darauf achten, dass die RandM auf jeder Seite re auf der rechten und re auf der linken Seite gestrickt werden. Der Strampler wird bei **** STRAMPLER: BÜNDCHEN UM DIE BEINÖFFNUNGEN weitergestrickt.

Die kurze Hose wird bei ***** KURZE HOSE: ZUSAMMENNÄHEN IM SCHRITT weitergestrickt.

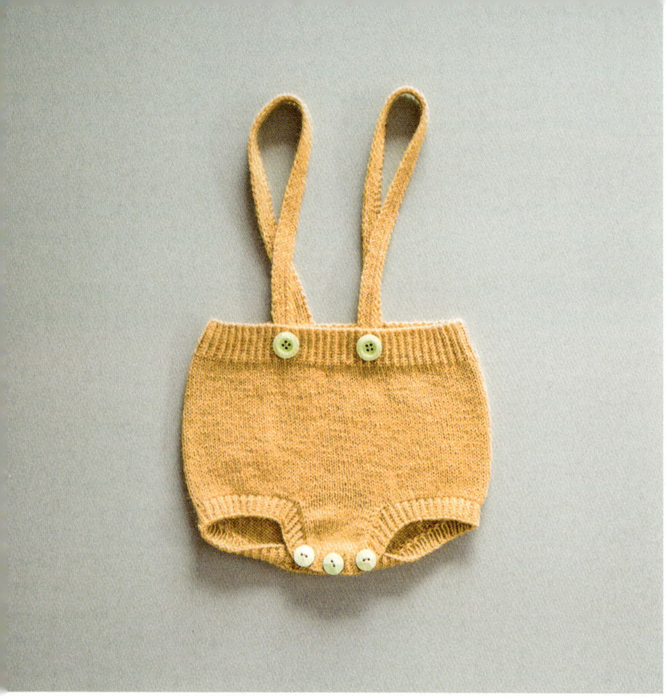

****** STRAMPLER: BÜNDCHEN UM DIE BEINÖFFNUNGEN**

Zur RundN 2,5 mm wechseln.

1. Rd: re M über das Vorderteil stricken, ca. 38 – 44 – 52 – 56 – 62 – 66 M am Rand zwischen Vorder- und Rückenteil aufnehmen. Re M über das Rückenteil stricken, ca. 38 – 44 – 52 – 56 – 62 – 66 M am Rand zwischen Rücken- und Vorderteil aufnehmen = 106 – 118 – 134 – 150 – 162 – 174 M insgesamt. Einen Maschenmarkierer zu Beginn der Rd einhängen.

2. Rd: Bündchen stricken * 1 M li, 1 M re verschränkt*, von * - * über alle M der Rd wiederholen.

GRÖSSE: FRÜHCHEN – 0-1 – 3 – 6/9 MON – 1 JAHR

3. Rd: ein Knopfloch folgendermaßen stricken: 1 Umschlag, 2 M re zusammen, Bündchen stricken *1 M li, 1 M re verschränkt*, von * - * über die ersten 5 – 5 – 5 – 7 – 7 M wiederholen, 1 Umschlag, 2 M li zusammen, Bündchen stricken *1 M re verschränkt, 1 M li*, von * - * über die nächsten 5 – 5 – 5 – 7 – 7 M wiederholen, 1 Umschlag, 2 M re zusammen, Bündchen stricken *1 M li, 1 M re verschränkt*, von * - * über alle M der Rd wiederholen.

GRÖSSE: 2/3 JAHRE

3. Rd: ein Knopfloch folgendermaßen stricken: 1 Umschlag, 2 M re zusammen, Bündchen stricken *1 M li, 1 M re verschränkt*, von * - * über die ersten 8 M wiederholen, 1 Umschlag, 2 M re zusammen, Bündchen stricken *1 M li, 1 M re verschränkt*, von * - * über die nächsten 8 M wiederholen, 1 Umschlag, 2 M re zusammen, Bündchen stricken *1 M li, 1 M re verschränkt*, von * - * über alle M der Rd wiederholen.

ALLE GRÖSSEN:

4. Rd: Bündchen stricken * 1 M li, 1 M re verschränkt*, von * - * über alle M der Rd wiederholen. Darauf achten, dass alle Umschläge der vorherigen Rd wie gewohnt li oder re (= Knopfloch) gestrickt werden.

5. Rd: wie 2. Rd stricken.

6.Rd: locker abketten, Faden abschneiden und vernähen.

TRÄGER

Die mittM vom Rückenteil ermitteln. Davon 5 – 5 – 6 – 6 – 7 – 7 M nach links abzählen und die nächsten 7 M mit dem Nspiel 2,5 mm aufnehmen.

1. R (Rückreihe): 1 M li, 1 M li verschränkt, 1 M re, 1 M li verschränkt 1 M re, 1 M li verschränkt, 1 M li.

2. R (Hinreihe): 1 M locker abheben, wie zum re stricken, 1 M re verschränkt, 1 M li, 1 M verschränkt, 1 M li, 1 M re verschränkt, 1 M re.

3. R (Rückreihe): 1 M locker abheben, wie zum li stricken (mit dem Faden vor der Arb), 1 M li verschränkt, 1 M re, 1 M li verschränkt, 1 M re, 1 M li verschränkt, 1 M li.

Die Arb wenden und die 2. und 3. R wiederholen, bis der Träger ca. 23 – 25 – 27 – 33 – 41 – 43 cm lang ist. Abketten und Faden vernähen. Einen zweiten Träger stricken 5 – 5 – 6 – 6 – 7 – 7 M von der Mitte im Rückenteil aus.

FERTIGSTELLEN

Alle Fäden vernähen und an jedem Ende der Träger und im Schritt Knöpfe annähen.

******* KURZE HOSE: ZUSAMMENNÄHEN IM SCHRITT**

Die M von Vorder- und Rückenteil auf das Nspiel aufnehmen und mit Maschenstich zusammennähen. Faden abschneiden und alle Fäden vernähen.

BEINÖFFNUNGEN

Ca. 42 – 48 – 56 – 60 – 66 – 70 M rund um die Beinöffnung mit dem Nspiel 2,5 mm aufnehmen. Bündchen stricken *1 M re verschränkt, 1 M li*, von * - * über 5 Rd wiederholen. In der 6. Rd wird locker abgekettet. Faden abschneiden und vernähen und rund um die zweite Beinöffnung genauso stricken.

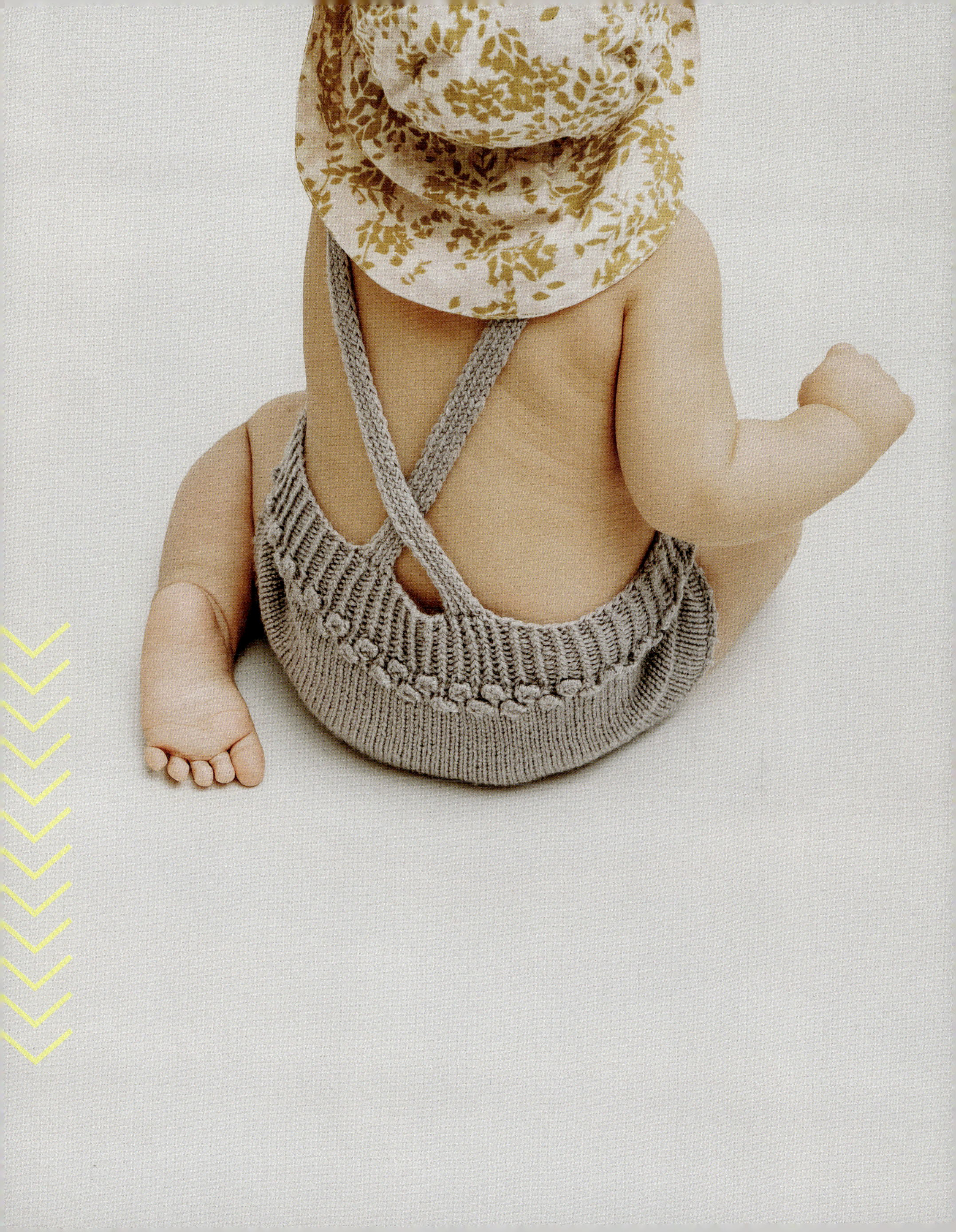

3IN1 **TRÄGERHOSE**

Eine hübsche Hose mit Trägern. In den drei kleinsten Größen kann man Füße anstricken, damit das Baby immer schön warme Füße hat. Und man kann wieder zwischen drei verschiedenen Techniken auswählen – Blumen, Noppen oder einfach glatt rechts gestrickt.

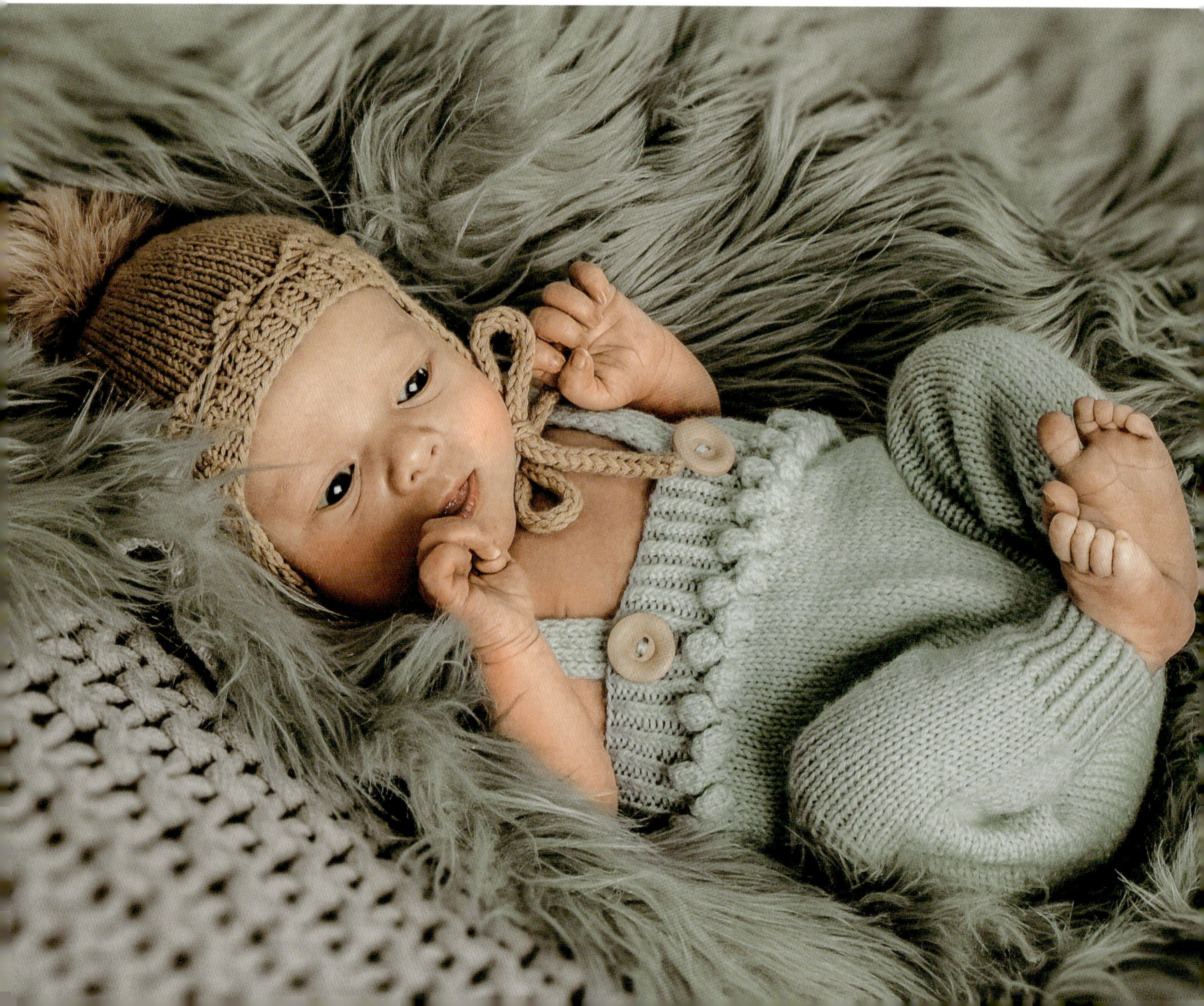

GRÖSSEN
Frühchen – 0-1 – 3 – 6/9 Mon – 1 – 2/3 Jahre

KLEIDERGRÖSSE
Taillenumfang: ca. 36 – 40 – 44 – 49 – 53 – 56 cm
Innere Beinlänge: ca. 11 – 14 – 18 – 23 – 28 – 34 cm

MASCHENPROBE
27 M = 10 cm (glatt rechts mit N 3 mm)

NADELSTÄRKE
Nspiel 2,5 mm und 3 mm
30 – 40 cm RundN 3 mm
HilfsN 3 mm

GARNMENGE
ca. 50 – 50 – 50/100 – 100 – 150 – 150/200 g

EMPFOHLENES GARN
Dale Garn Lille Lerke (53 % Merinowolle, 47 % Baumwolle, Lauflänge 142 m/50 g),
Dale Garn Baby Ull (100 % Merinowolle, Lauflänge 165 m/50 g),
Dale Garn Soft Merino (100 % Extrafeine Merinowolle, Lauflänge 187 m/50 g)

HIER VERWENDET
Trägerhose glatt rechts: Dale Garn Soft Merino, 3006, Sand
Trägerhose mit Blumen: Dale Garn Baby Ull, 8505, Jadegrün
Trägerhose mit Noppen: Dale Garn Baby Ull, 8537, Minzgrün

ZUSÄTZLICH
2 Knöpfe

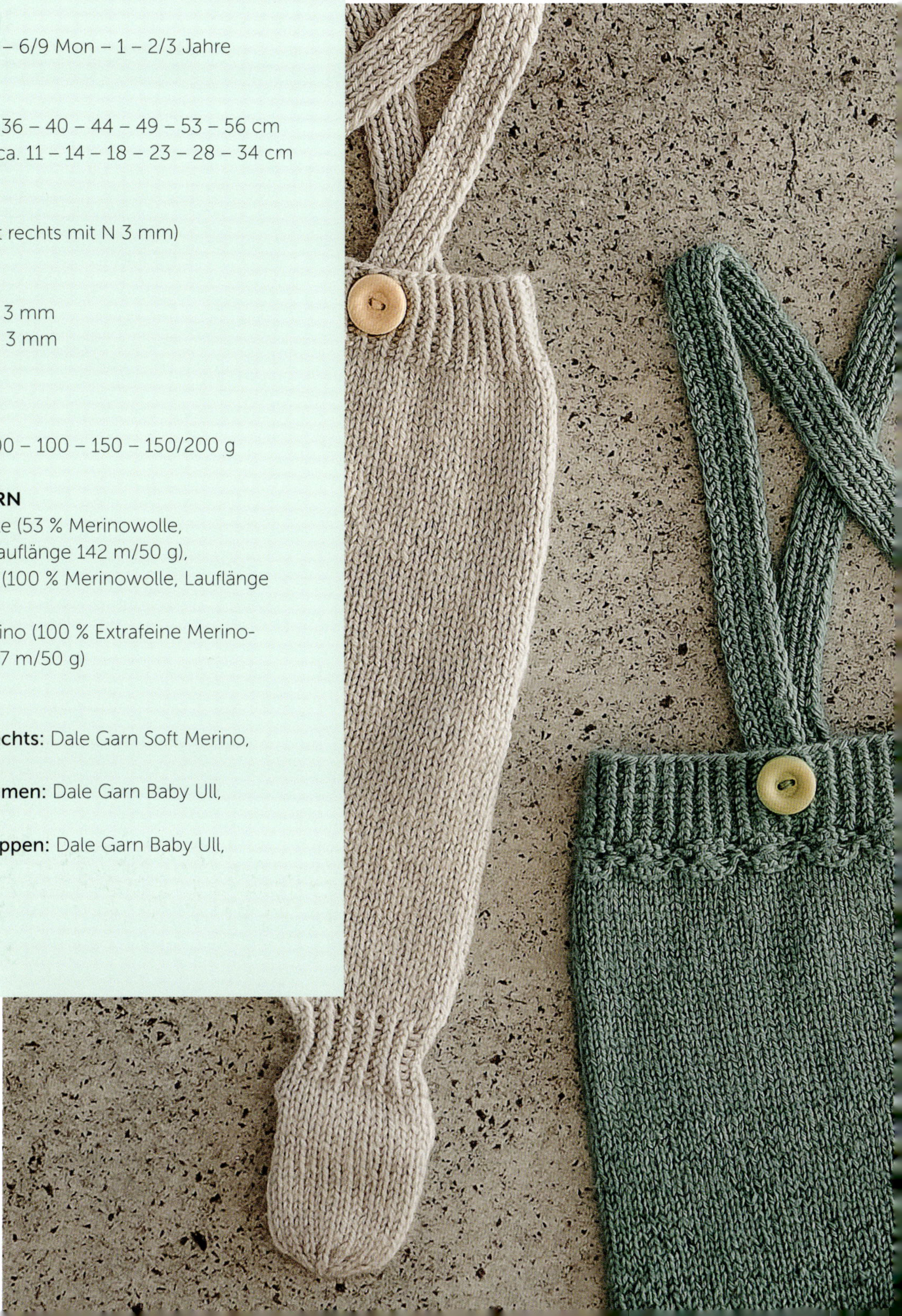

START
96 – 108 – 120 – 132 – 144 – 156 M mit einer kleinen RundN (oder Nspiel mit sehr kurzen Nadeln) 2,5 mm anschlagen. Es wird von oben nach unten rund gestrickt. 5 Rd Bündchen stricken, *1 M li, 1 M re verschränkt*, von * - * über alle M der Rd wiederholen (vgl. zu den verschränkten Maschen Stricktipps Seite 7). Einen Maschenmarkierer zu Beginn der Rd einhängen.
In der 6. Rd werden Knopflöcher folgendermaßen gestrickt: Bündchen stricken, *1 M li, 1 M re verschränkt*, von * - * über die ersten 16 – 18 – 22 – 24 – 26 – 28 M wiederholen, 1 Umschlag (= 1. Knopfloch), 2 M re verschränkt zusammen, Bündchen stricken, *1 M li, 1 M re verschränkt*, von * - * über die nächsten 14 – 14 – 14 – 18 – 18 – 20 M wiederholen, 1 Umschlag (= 2. Knopfloch), 2 M re verschränkt zusammen, Bündchen stricken, *1 M li, 1 M re verschränkt*, von * - * über die restlichen M der Rd wiederholen. Insgesamt 11 Rd Bündchen stricken. Zur RundN 3 mm wechseln. Jetzt wird das Muster ausgewählt, das am Ende vom Bündchen gestrickt wird, entweder glatt rechts, Blumen oder Noppen.

↘ TRÄGERHOSE GLATT RECHTS

Wenn die schlichte Version ohne Blumen oder Noppen gestrickt wird, kann dieser Teil übersprungen werden und es geht weiter bei ** ALLE VARIANTEN..

↘ TRÄGERHOSE MIT BLUMEN

Die nächste Rd re M stricken. In den nächsten 4 Rd werden die Blumen nach Strickschrift A gestrickt (siehe Seite 44). Dann weiterstricken bei ** ALLE VARIANTEN.

↘ TRÄGERHOSE MIT NOPPEN

In den nächsten 4 Rd werden die Noppen nach Strickschrift B gestrickt (siehe Seite 44). Dann weiterstricken bei ** ALLE VARIANTEN.

**** ALLE VARIANTEN**
Weiter glatt rechts stricken, bis die Arb ca. 13 – 14 – 16 – 18 – 20 – 21 cm hoch ist. Die vordere Mitte der Rd finden und einen Maschenmarkierer einhängen, ebenso im Rückenteil. In der nächsten Rd wird 1 M auf jeder Seite vom Maschenmarkierer zugenommen (siehe Tipps Seite 7).
1. Rd: * re M bis zum Maschenmarkierer, 1 M nach rechts zunehmen, 1 M re, 1 M nach links zunehmen*, von * - * 1 Mal wiederholen, dann re M in der Rd stricken.

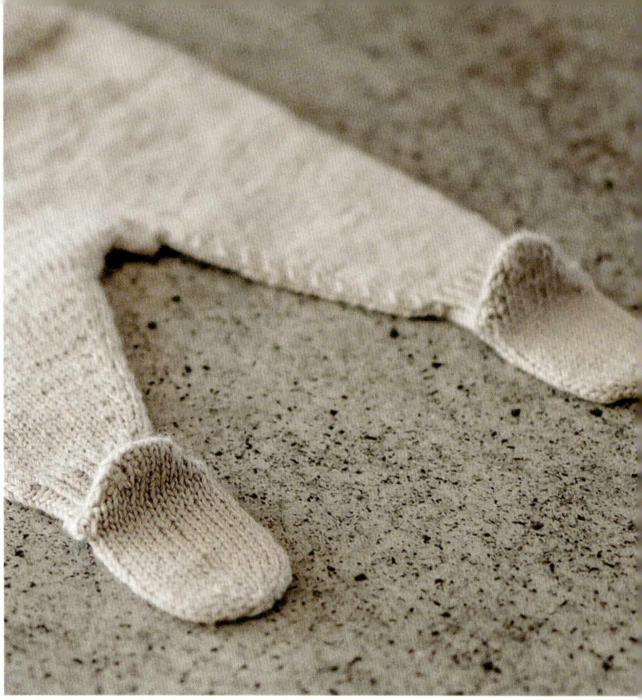

2. Rd: die gesamte Rd re M stricken.
Die 1. und 2. Rd 2 – 2 – 2 – 3 – 3 Mal wiederholen.
Maschenanzahl gesamt: 108 – 120 – 132 – 144 – 160 – 172 M.

FÜR DIE BEINE ARBEIT TEILEN
Die M folgendermaßen verteilen: re M bis auf 5 – 5 – 5 – 5 – 7 – 7 M vor dem Maschenmarkierer stricken, die nächsten 11 – 11 – 11 – 11 – 15 – 15 M auf eine HilfsN/einen Hilfsfaden geben (= diese M werden mit den mittleren M vom Rückenteil zusammengestrickt), die nächsten 43 – 49 – 55 – 61 – 65 – 71 M auf eine HilfsN/einen Hilfsfaden geben (= rechtes Bein), die nächsten 11 – 11 – 11 – 11 – 15 – 15 M auf eine HilfsN/einen Hilfsfaden geben (= mittlere M vom Rückenteil), die restlichen M auf 2 N vom Nspiel 3 mm verteilen.

LINKES BEIN
Einen Maschenmarkierer an der Innenseite des Beines zwischen 2 M einhängen. Das Bein wird rund gestrickt mit dem Nspiel. Es wird jeweils 1 M zu Beginn und 1 M am Ende der Rd abgenommen: 2 – 2 – 3 – 3 – 4 – 4 R glatt rechts stricken.
In der nächsten Rd: 1 M re, 2 M re zusammen, re M stricken, bis noch 3 M auf der N sind, 2 M re verschränkt zusammen, 1 M re.
Die Abnahmen in jeder 3. – 3. – 4. – 4. – 5. – 5. R wiederholen, bis insgesamt 8 – 10 – 11 – 12 – 13 – 15 Mal abgenommen wurde.

Maschenanzahl gesamt: 27 – 29 – 33 – 37 – 39 – 41 M. Glatt rechts ohne Abnahmen weiterstricken, bis das Bein ca. 8 – 11 – 15 – 20 – 25 – 31 – 31 cm lang ist, an der Innenseite ab der Teilung gemessen. **Achtung:** Wenn die Maschenanzahl ungerade ist (nicht durch 2 teilbar), bevor das Bündchen beginnt, wird 1 M abgenommen, indem zu Beginn der 1. Rd 2 M re zusammen gestrickt werden. Wenn Du die Hose mit Füßen stricken möchtest (für die Größen Frühchen – 0-1 – 3 Mon) strickst Du ab *** FÜSSE weiter. Wenn mit einem Bündchen abgeschlossen werden soll, wird die nächste Rd folgendermaßen gestrickt: locker abketten und Faden vernähen. Das rechte Bein genauso stricken. Wenn beide Beine gestrickt sind, wird bei **** ZUSAMMENNÄHEN IM SCHRITT weitergestrickt.

*** FÜSSE
GRÖSSEN: FRÜHCHEN – 0-1 – 3 MON

Die nächsten 13 – 14 – 16 M auf eine N geben (= M für die Ferse), die restlichen 13 – 14 – 16 M kommen auf eine HilfsN/einen Hilfsfaden, während die Ferse gestrickt wird. Glatt rechts hin und zurück stricken, bis die Ferse ca. 2 – 2 – 2,5 cm hoch ist. Einen Maschenmarkierer in die mittlere M einhängen, ab hier wird die Länge des Fußes gemessen. Die Abnahmen für die Ferse folgendermaßen stricken:

1. R (Hinreihe): 1 M auf die re N abheben (wie zum re stricken), re M über alle M der N, bis noch 4 – 4 – 5 M da sind, 2 M re verschränkt zusammen, Arb wenden.

2. R (Rückreihe): 1 M auf die re N abheben (wie zum li stricken), li M über alle M der N, bis noch 4 – 4 – 5 M da sind, 2 M li zusammen, Arb wenden.

3. R (Hinreihe): 1 M auf die re N abheben (wie zum re stricken), re M über alle M der N, bis noch 3 – 3 – 4 M da sind, 2 M re verschränkt zusammen, Arb wenden.

4. R (Rückreihe): 1 M auf die re N abheben (wie zum li stricken), li M über alle M der N, bis noch 3 – 3 – 4 M da sind, 2 M li zusammen, Arb wenden.

So weiterarbeiten, bis nur noch 5 – 6 – 6 M auf der N sind. Jetzt wird in R weitergestrickt, während auf jeder Seite der Ferse M aufgenommen werden.

Über alle FersenM re M stricken, 5 – 5 – 6 M aufnehmen, die M von der HilfsN/dem Hilfsfaden zurück auf die N nehmen, einen Maschenmarkierer auf die N hängen, re M über die nächsten 13 – 14 – 15 M stricken, einen 2. Maschenmarkierer auf die N hängen, 5 – 5 – 6 M aufnehmen.

Maschenanzahl gesamt: 28 – 30 – 34 M.

Glatt rechts in Rd stricken, dabei in der 1. Rd 2 M re zusammenstricken vor dem 1. Maschenmarkierer und 2 re verschränkt zusammen nach dem 2. Maschenmarkierer. Die Abnahmen in jeder 2. Rd insgesamt 2 Mal wiederholen = 24 – 26 – 30 M. Weiterstricken, bis der Fuß 8 – 9 – 10 cm lang ist vom Maschenmarkierer in der Fersenmitte aus.

ABNAHME FÜR DIE SPITZE

1. Rd: 2 M re zusammen über die gesamte Rd.
2. Rd: Re M über alle M stricken.
3. Rd: wie die 1. Rd stricken.

Faden abschneiden und durch die restlichen M ziehen, gut zusammenziehen und Faden vernähen. Das rechte Bein genauso stricken. Wenn beide Beine gestrickt sind, weiterstricken bei **** ZUSAMMENNÄHEN IM SCHRITT.

**** ZUSAMMENNÄHEN IM SCHRITT

Die M von Vorder- und Rückenteil jeweils auf eine N des Nspiels aufnehmen und mit Maschenstich zusammennähen. Faden abschneiden und alle Fäden vernähen.

TRÄGER

Die mittM vom Rückenteil ermitteln. Davon 5 – 5 – 6 – 6 – 7 – 7 M nach links abzählen und die nächsten 7 M mit dem Nspiel 2,5 mm aufnehmen.

1. R (Rückreihe): 1 M li, 1 M li verschränkt, 1 M re, 1 M li verschränkt 1 M re, 1 M li verschränkt, 1 M li.

2. R (Hinreihe): 1 M locker abheben, wie zum re stricken, 1 M re verschränkt, 1 M li, 1 M re verschränkt, 1 M li, 1 M re verschränkt, 1 M re.

3. R (Rückreihe): 1 M locker abheben, wie zum li stricken (mit dem Faden vor der Arb), 1 M li verschränkt, 1 M re, 1 M li verschränkt, 1 M re, 1 M li verschränkt, 1 M li.

Die Arb wenden und die 2. und 3. R wiederholen, bis der Träger ca. 23 – 25 – 27 – 33 – 41 – 43 cm lang ist. Abketten und Faden vernähen. Einen zweiten Träger stricken 5 – 5 – 6 – 6 – 7 – 7 M von der mittM vom Rückenteil.

FERTIGSTELLEN

Alle Fäden vernähen und an jedem Ende vom Träger Knöpfe annähen.

KLEINE BIENE **MÜTZE**

Das Muster dieser Mütze ist so elastisch, dass sie quasi mit dem Kind mit wächst. Das ist besonders gut, wenn die Kleinen in Rekordgeschwindigkeit wachsen. Mit einem oder zwei Bommeln verzieren und diese gut festnähen. Ein Bommel mit Druckknopf ist praktisch beim Waschen der Mütze.

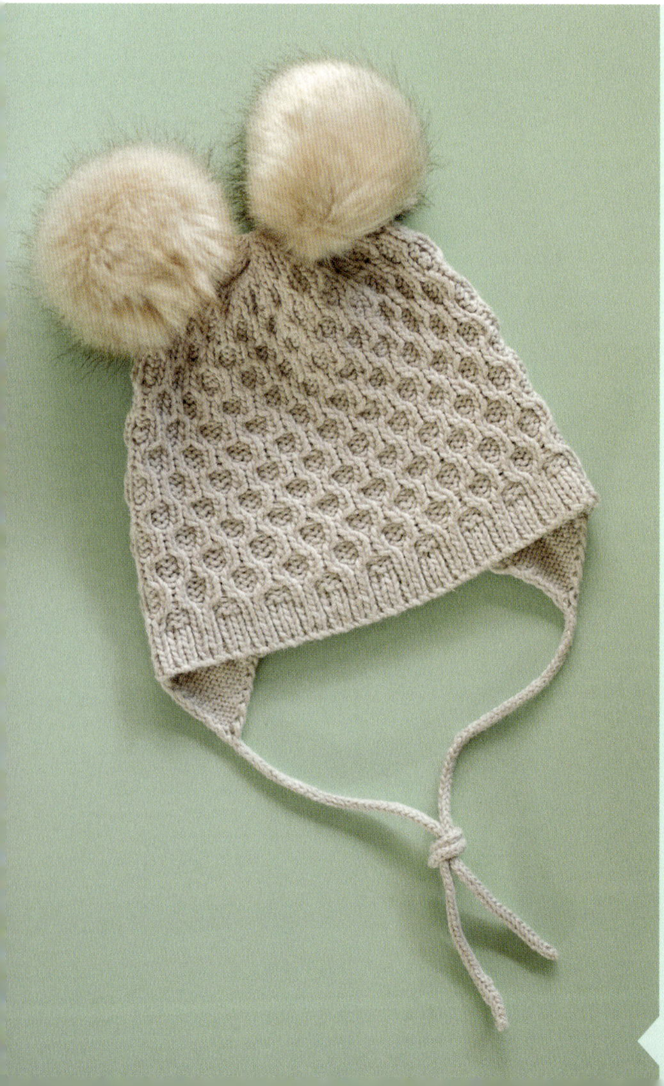

GRÖSSEN
Frühchen – 0-1 – 3/6 – 6/9 Mon – 1/2 – 3/5 Jahre

KLEIDERGRÖSSE
Umfang: ca. 26 – 28 – 32 – 36 – 38 – 40 cm

MASCHENPROBE
22 M = 10 cm (glatt rechts mit N 3,5 – 4 mm)
30 M = 10 cm (Muster mit N 3,5 mm)

NADELSTÄRKE
Nspiel 3 mm und 3,5 mm
30 – 40 cm lange RundN 3,5 mm
Zopfnadel/HilfsN 4 – 5 mm

GARNMENGE
ca. 50 – 50 – 100 – 100 – 100 – 100 g

EMPFOHLENES GARN
Dale Garn Lerke (53 % Merinowolle, 47 % Ägyptische Baumwolle, Lauflänge 115 m/50 g),

HIER VERWENDET
Dale Garn Lerke, 8101 Jadegrün
Dale Garn Lerke, 2425 Kitt

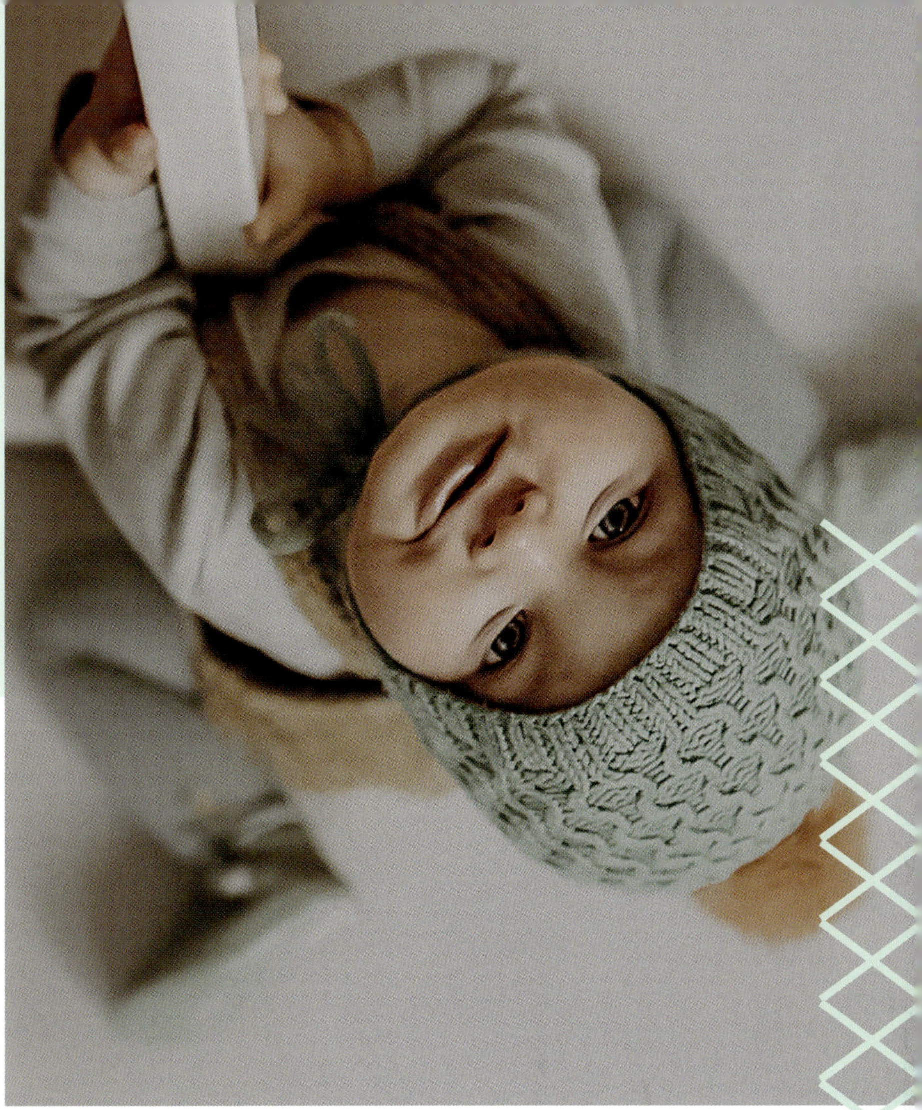

STRICKSCHRIFT

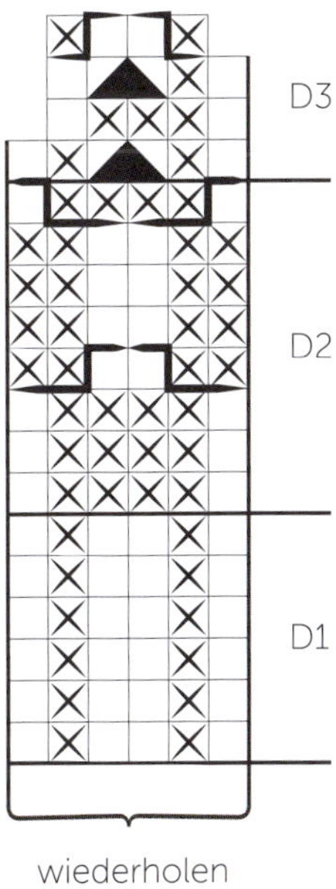

ZEICHENERKLÄRUNG

- re auf der rechten Seite, li auf der linken Seite
- li auf der rechten Seite, re auf der li Seite
- 1 M auf die HilfsN vor die Arb legen, 2 M li, 1 M von der HilfsN re stricken
- 2 M auf die HilfsN hinter die Arb legen, 1 M re, 2 M von der HilfsN li stricken
- 1 M auf die HilfsN vor die Arb legen, 1 M li, 1 M von der HilfsN re stricken.
- 1 M auf die HilfsN hinter die Arb legen, 1 M re, 1 M von der HilfsN li stricken
- 2 M li zusammenstricken = 1 M

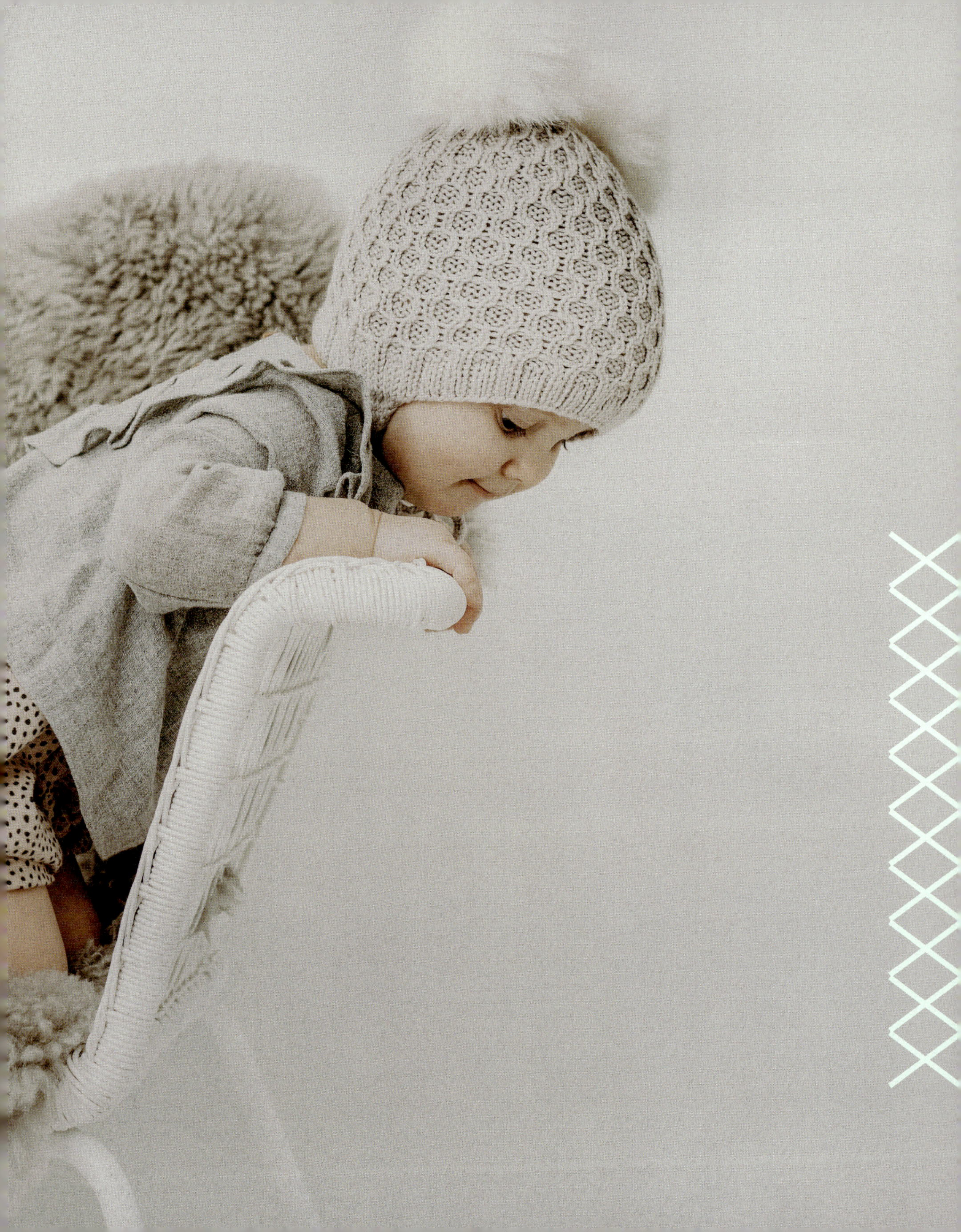

Zuerst werden das Bindeband und die Ohrenklappen hin und zurück gestrickt. Wenn beide Ohrenklappen gestrickt sind, werden sie auf das Nspiel oder die RundN (30 – 40 cm) übernommen. Die Mütze wird rund gestrickt bis zu den Abnahmen oben.

BAND

3 M mit dem Nspiel 3 mm anschlagen und ein Band nach der Erklärung auf Seite 7 stricken. Wenn das Band ca. 23 cm lang ist, werden die nächsten 2 R folgendermaßen gestrickt: 1 R re, wenden und 1 R li stricken.

OHRENKLAPPEN

1. R (Hinreihe): 1 M abheben wie zum re stricken, 1 M zunehmen, re stricken, bis noch 1 M auf der N ist, 1 M zunehmen, 1 M re.
2. R (Rückreihe): 1 M abheben wie zum li stricken (mit dem Faden vor der N), li M über die gesamte N stricken.
Die 1. und 2. R wiederholen, bis 15 M auf der N sind. 1 R re stricken, Faden abschneiden, aber ca. 70 cm stehen lassen (dieses Stück wird dazu benutzt, neue Maschen zwischen den Klappen aufzunehmen, wenn auf der RundN gestrickt wird). Eine zweite Klappe stricken.
Ab jetzt wird die Mütze rund gestrickt.

MÜTZE

Die Mütze wird mit dem Nspiel 3,5 mm oder der RundN 3,5 mm rund gestrickt. 8 – 9 – 11 – 13 – 14 – 15 M anschlagen, re M über die erste Ohrenklappe stricken, den Faden der Klappe zusammen mit dem Strickfaden verwenden, um 32 – 36 – 44 – 52 – 60 M anzuschlagen (= vordere Mitte), re M über die zweite Klappe stricken, wieder mit den zwei Fäden 8 – 9 – 11 – 13 – 14 – 15 M anschlagen.
Maschenanzahl gesamt: 78 – 84 – 96 – 108 – 114 – 120 M.
Einen Maschenmarkierer in der Mitte hinten einhängen, der den Beginn der Rd markiert. Zur RundN 3,5 mm wechseln und nach Strickschrift D1 stricken. Wenn D1 fertig gestrickt ist, D2 stricken. Den Rapport D2 wiederholen, bis er insgesamt 3 – 3 4 – 4 – 5 – 6 – 7 Mal in der Höhe wiederholt wurde.

ABNEHMEN

Weiter mit dem Nspiel 3,5 stricken und nach Strickschrift D3.
Maschenanzahl gesamt: 52 – 56 – 64 – 72 – 76 – 80 M.

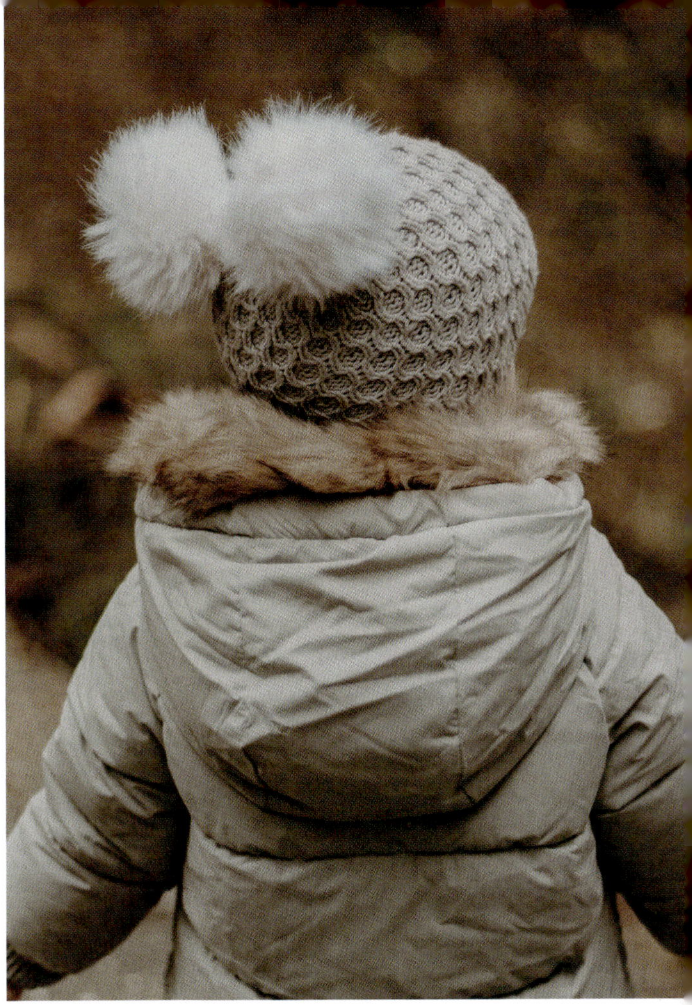

1. Rd: 1 M li, * 2 M re, 2 M li zusammenstricken*, von * - * in der Rd wiederholen, bis noch 1 M in der Rd ist. Die letzte M mit der ersten M der nächsten Rd li zusammenstricken.
2. Rd: *2 M re, 1 M li*, von * - * in der Rd wiederholen.
3. Rd: wie 2. Rd stricken.
4. Rd: *2 M re zusammen, 1 M re*, von * - * in der Rd wiederholen.
5. Rd: alle M re stricken.
6. Rd: 2 M re zusammenstricken über die gesamte Rd.
Die Abnahmen aus Rd 1 und 2 wiederholen, aber in jeder Rd 1 M weniger zwischen den Abnahmen stricken. Weiterstricken bis noch 18 M auf der N sind.
Maschenanzahl gesamt: 13 – 14 – 16 – 18 – 19 – 20 M.
Faden abschneiden und durch alle Maschen ziehen. Den Faden fest anziehen und vernähen.

KLEINE BIENE **MIT UMSCHLAG**

Dies ist eine Variation der Kleine-Biene-Mütze, aber ohne Ohrenklappen und mit einem Umschlag am unteren Rand. Das Muster dieser Mütze ist so elastisch, dass die größte Größe auch gut für einen Erwachsenen passt.

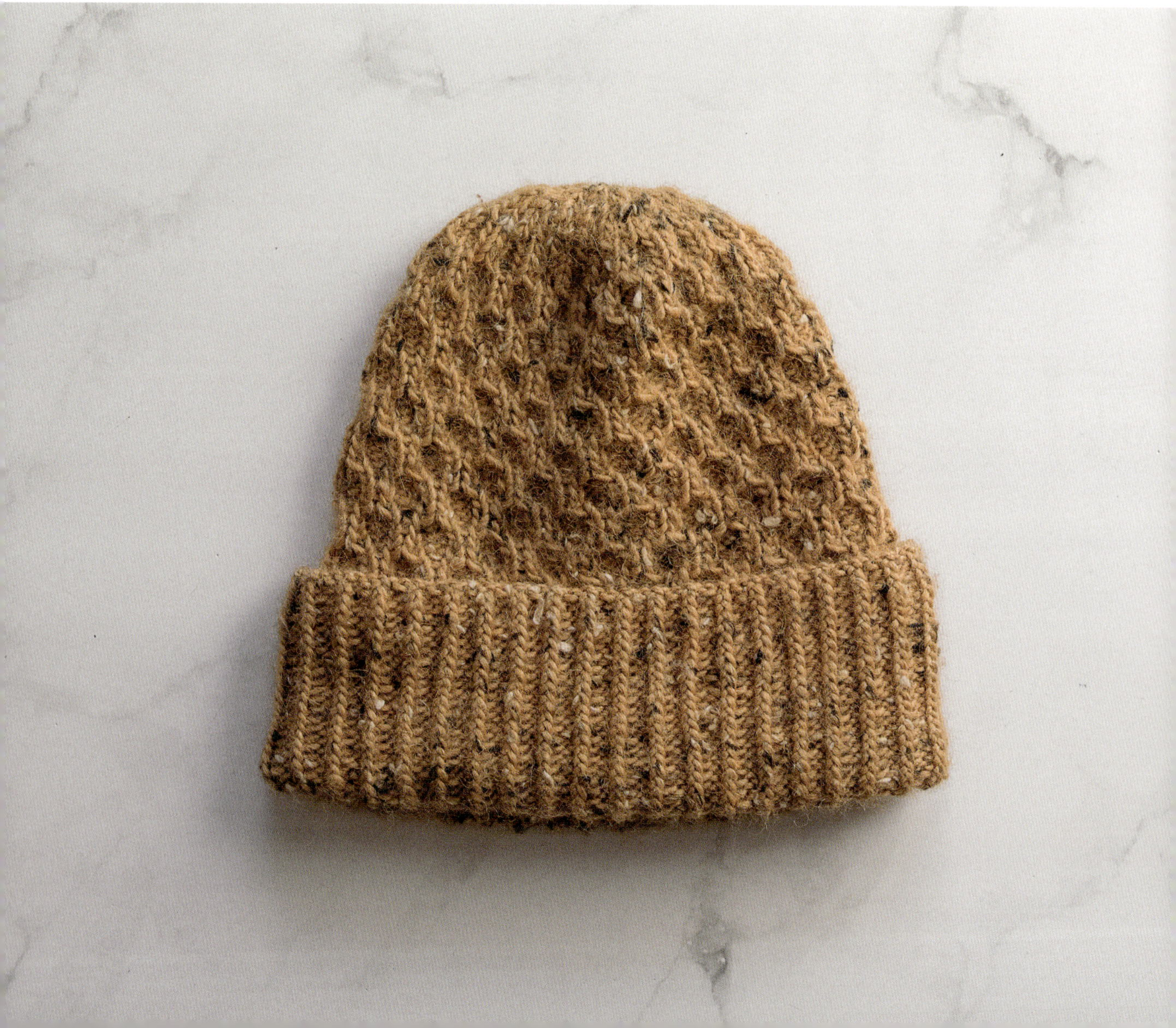

GRÖSSEN
9/12 Mon – 1/2 – 3/5 Jahre

KLEIDERGRÖSSE
Umfang: ca. 36 – 38 – 40 cm
Höhe: ca. 17 – 19 – 21 cm

MASCHENPROBE
22 M = 10 cm (glatt rechts mit N 3,5)
30 M = 10 cm (Muster mit N 3,5 mm)

NADELSTÄRKE
Nspiel 3 mm und 3,5 mm
30 – 40 cm lange RundN 3,5 mm
Zopfnadel/HilfsN 3,5 mm

GARNMENGE
ca. 100 g

EMPFOHLENES GARN
Dale Garn Lerke (53 % Merinowolle, 47 % Ägyptische Baumwolle, Lauflänge 115 m/50 g),
Du Store Alpakka, Alpakka Tweed Classic (50 % Alpakka Tweed, 30 % Merinowolle, 20 % Donegal, Lauflänge 80 m/50g)

HIER VERWENDET
Du Store Alpakka, Alpakka Tweed Classic, 127 Maisgelb

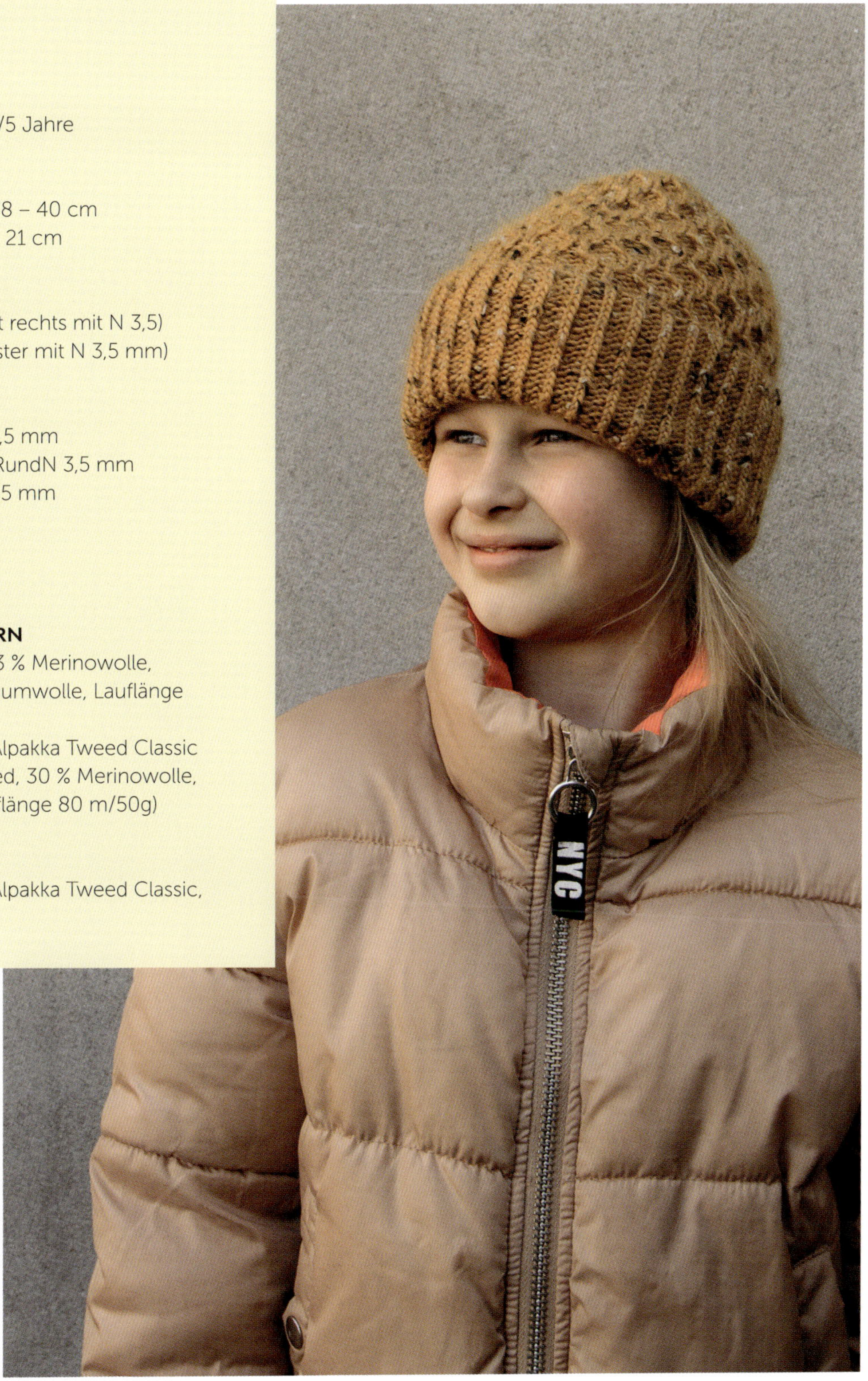

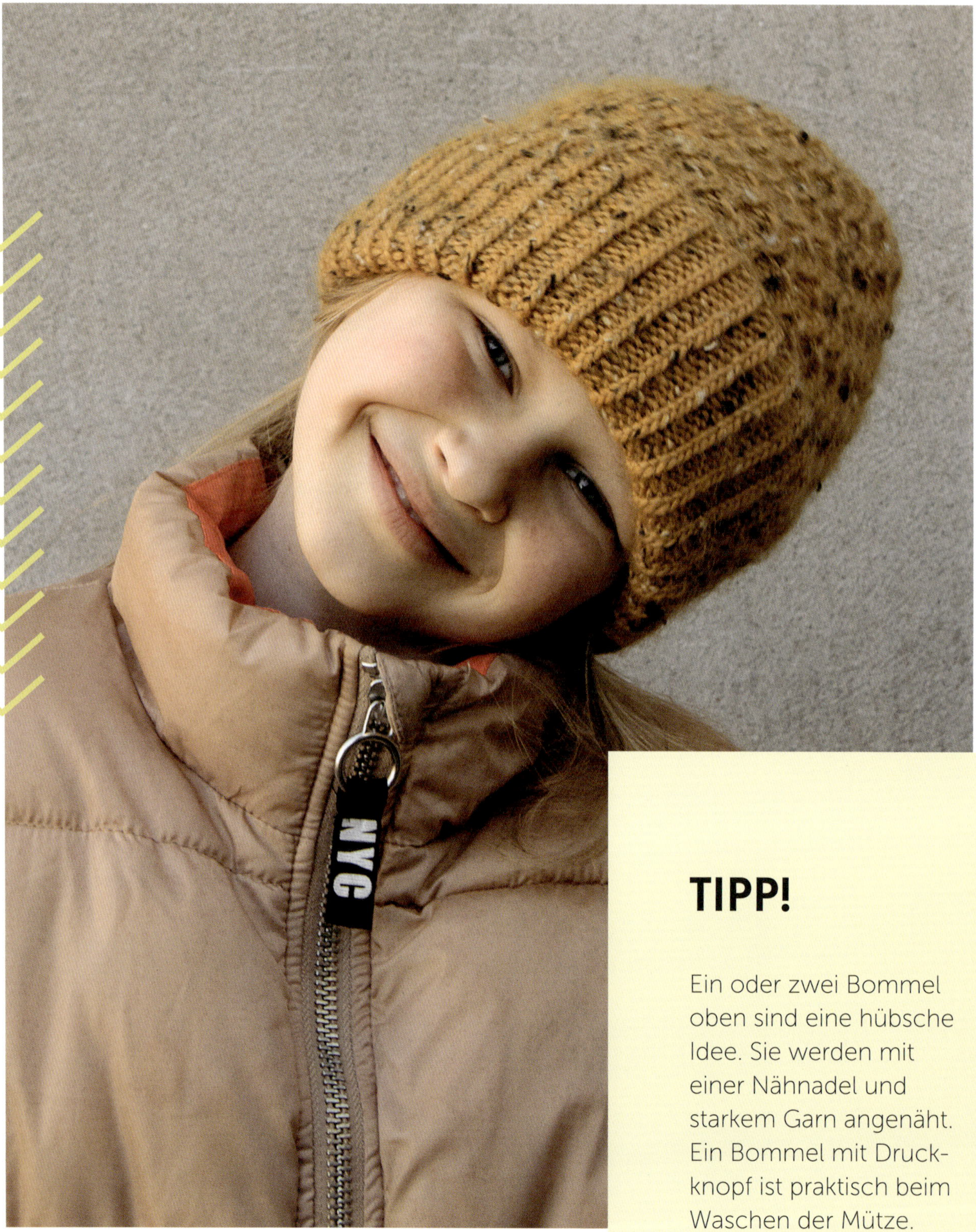

TIPP!

Ein oder zwei Bommel oben sind eine hübsche Idee. Sie werden mit einer Nähnadel und starkem Garn angenäht. Ein Bommel mit Druckknopf ist praktisch beim Waschen der Mütze.

STRICKSCHRIFT

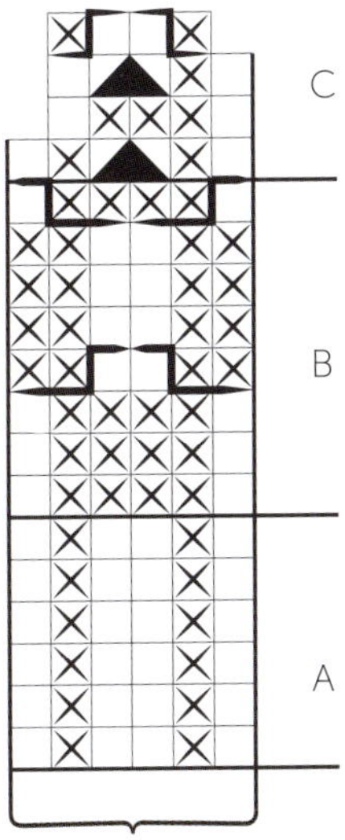

wiederholen

ZEICHENERKLÄRUNG

 re auf der rechten Seite, li auf der linken Seite

 li auf der rechten Seite, re auf der li Seite

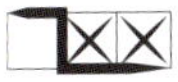 1 M auf die HilfsN vor die Arb legen, 2 M li, 1 M von der HilfsN re stricken

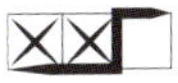 2 M auf die HilfsN hinter die Arb legen, 1 M re, 2 M von der HilfsN li stricken

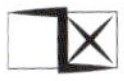 1 M auf die HilfsN vor die Arb legen, 1 M li, 1 M von der HilfsN re stricken

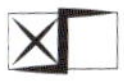 1 M auf die HilfsN hinter die Arb legen, 1 M re, 1 M von der HilfsN li stricken

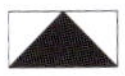 2 M li zusammenstricken = 1 M

START

Die Mütze wird von unten nach oben rund gestrickt und mit Abnahmen oben. 108 – 114 – 120 M mit dem Nspiel 3,5 mm oder der RundN 3,5 mm anschlagen. Einen Maschenmarkierer in der Mitte hinten einhängen, der den Beginn der R markiert. Nach Strickschrift A stricken, bis die Mütze 7 – 8 – 9 cm hoch ist. 2 R re M stricken. Wenn die Mütze fertig ist, wird der untere Rand nach außen umgeschlagen. Anschließend weiter rund nach Strickschrift B stricken. Den Rapport B wiederholen, bis er insgesamt 6 – 7 – 8 Mal in der Höhe wiederholt wurde.

ABNEHMEN

Nach Strickschrift C stricken. Wenn Strickschrift C fertig gestrickt ist, sollen es insgesamt 72 – 76 – 80 M sein.

1. R: 1 M li, * 2 M re, 2 M li zusammenstricken*, von * - * in der R wiederholen, bis noch 1 M in der R ist. Die letzte M mit der ersten M der nächsten R li zusammenstricken.

2. und 3. R: *2 M re, 1 M li*, von * - * in der R wiederholen.

4. R: *2 M re zusammen, 1 M re*, von * - * in der R wiederholen.

5. R: alle M re stricken.

6. R: 2 M re zusammenstricken über die gesamte R.

Maschenanzahl gesamt: 18 – 19 – 20 M.

In der nächsten R 2 M re zusammenstricken (bei einer ungeraden Maschenanzahl wird die 1. M der R re gestrickt). Faden abschneiden und durch alle Maschen ziehen. Den Faden fest anziehen und vernähen.

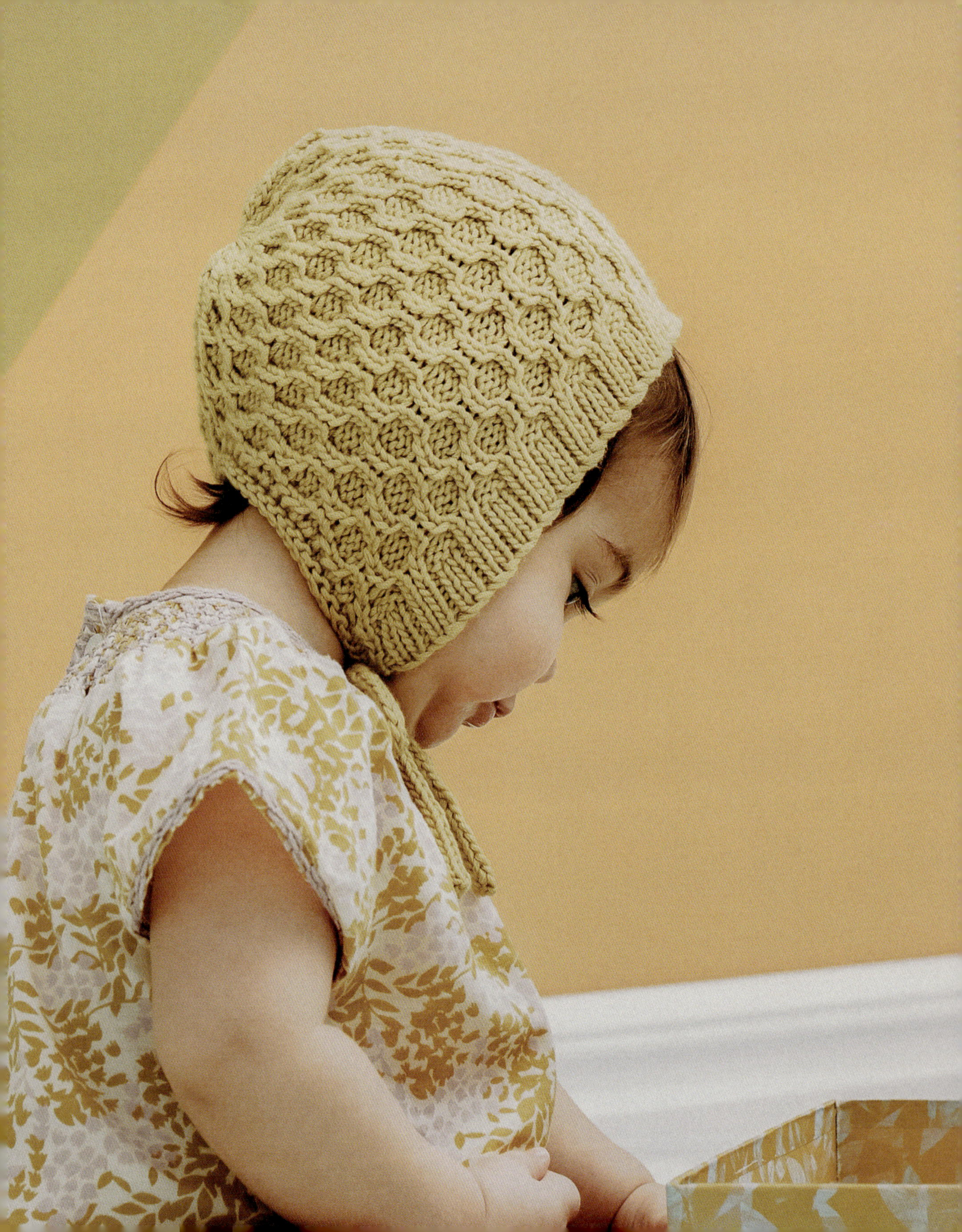

KLEINE BIENE **HAUBE**

Eine sommerliche Variante der Kleine-Biene-Mütze im selben Muster. Die Haube ist ein reizendes kleines Accessoire, das der Kleidung den letzten Pfiff gibt. Man kann sie mit einem gestrickten Band oder einem Lochrand für ein Schleifenband stricken.

GRÖSSEN
Frühchen – 0-1 – 3/6 – 6/9 Mon – 1/2 Jahre

KLEIDERGRÖSSE
Breite: ca. 13 – 14 – 16 – 18 – 20 cm

MASCHENPROBE
22 M = 10 cm (glatt rechts mit N 3,5)
30 M = 10 cm (Muster mit N 3,5 mm)

NADELSTÄRKE
Nspiel 3 mm und 3,5 mm
30 – 40 cm lange RundN 3,5 mm
Zopfnadel/HilfsN 4 – 5 mm

GARNMENGE
ca. 50 – 50 – 50/100 – 100 – 100 g

EMPFOHLENES GARN
Dale Garn Lerke (53 % Merinowolle, 47 % Ägyptische Baumwolle, Lauflänge 115 m/50 g)

HIER VERWENDET
Dale Garn Lerke, 8111 Maisgelb

ZUSÄTZLICH
eventuell ein Schleifenband zum Zusammenbinden

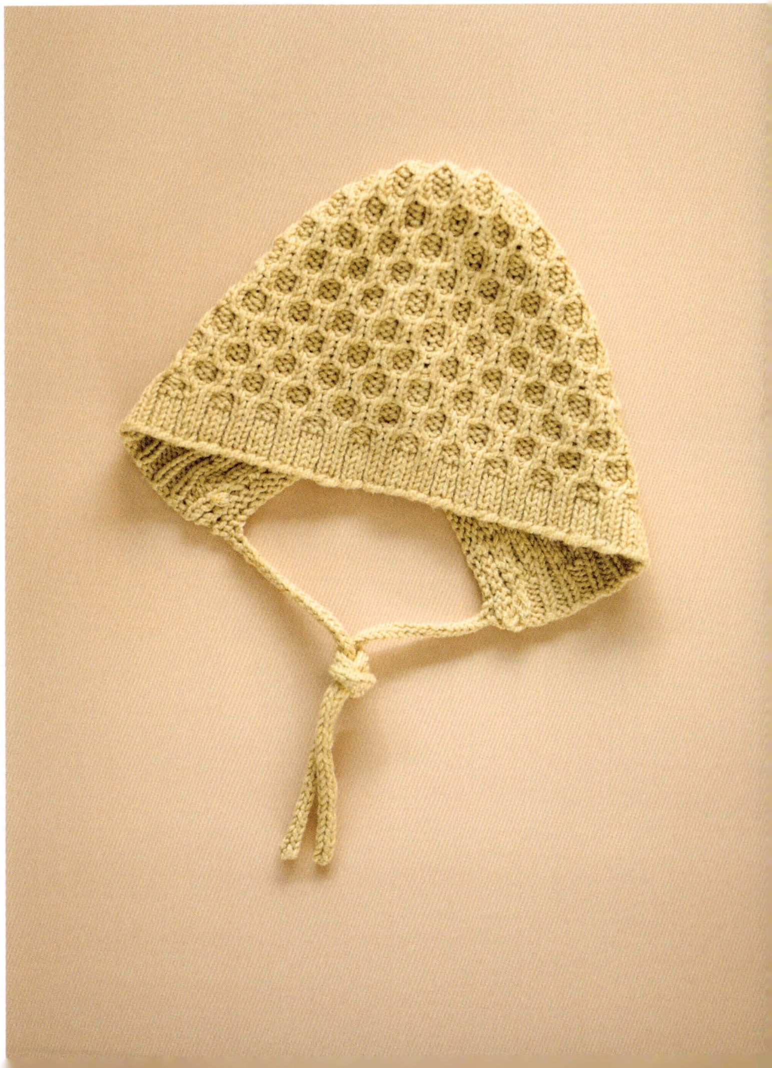

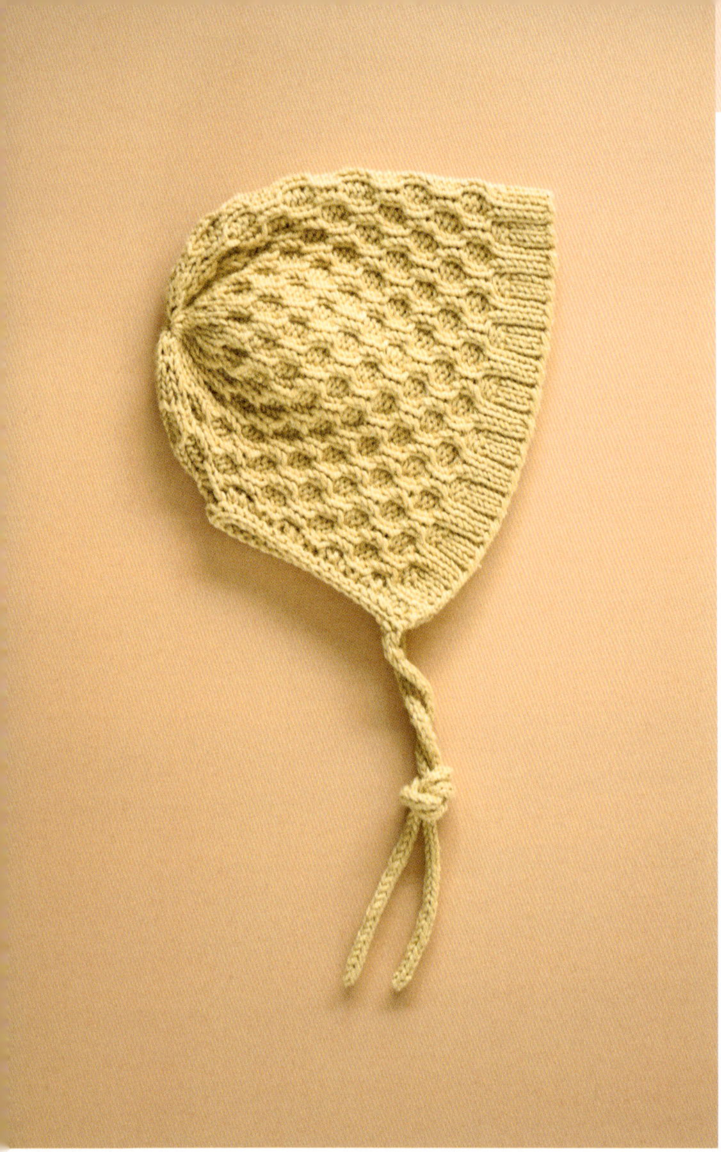

STRICKSCHRIFT A

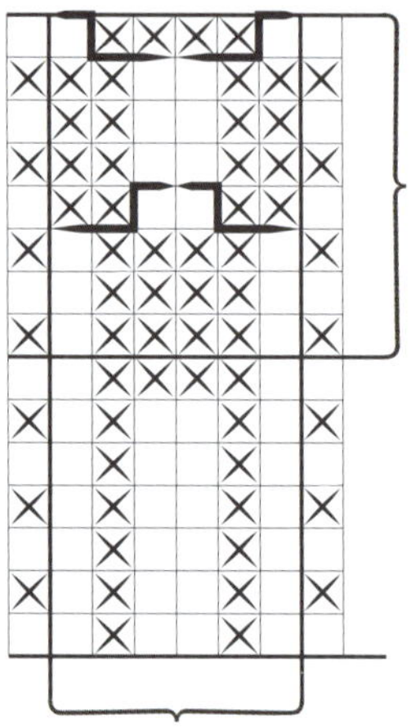

STRICKSCHRIFT B

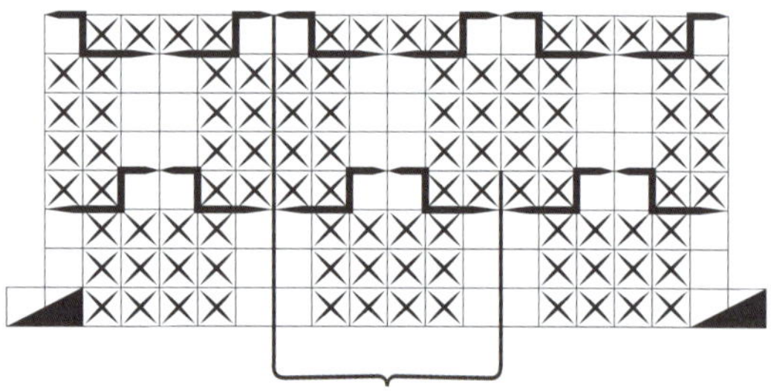

ZEICHENERKLÄRUNG

- re auf der rechten Seite, li auf der linken Seite
- li auf der rechten Seite, re auf der li Seite
- 1 M auf die HilfsN vor die Arb legen, 2 M li, 1 M von der HilfsN re stricken
- 2 M auf die HilfsN hinter die Arb legen, 1 M re, 2 M von der HilfsN li stricken
- 1 M auf die HilfsN vor die Arb legen, 1 M li, 1 M von der HilfsN re stricken
- 1 M auf die HilfsN hinter die Arb legen, 1 M re, 1 M von der HilfsN li stricken
- 2 M li zusammenstricken = 1 M
- 2 M re zusammenstricken = 1 M

STRICKSCHRIFT C

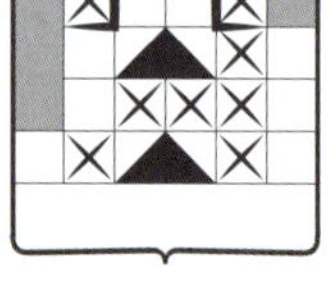

START

Die Haube wird hin und zurück gestrickt. 74 – 80 – 92 – 98 – 110 M mit der RundN 3 mm anschlagen.

1. R (Rückreihe): 1 M re (= RandM), *1 M li, 1 M re, 1 M li*, von * - * wiederholen, bis noch 1 M in der R ist, 1 M re (= RandM).

2.–8. R: nach Strickschrift A1 hin und zurück stricken. Zur RundN 3,5 mm wechseln und hin und zurück nach Strickschrift A2 stricken. Den Rapport A2 in der Höhe insgesamt 3 – 3 – 3 – 4 – 5 Mal wiederholen. Anschließend rund weiterstricken. Die Arb auf das Nspiel übernehmen und Strickschrift B stricken, 0 – 0 – 1 – 1 – 1 Mal. Die RandM jeder Seite wird re zusammen gestrickt mit der nächsten M aus der ersten Linie der Strickschrift.

Maschenanzahl gesamt: 72 – 78 – 90 – 96 – 108 M.

ABNEHMEN

Nach Strickschrift C in Rd stricken. Wenn Strickschrift C fertig gestrickt ist, wird in den letzten Rd folgendermaßen abgenommen:

Maschenanzahl gesamt: 48 – 52 – 60 – 64 – 72 M.

1. Rd: 1 M li, * 2 M re, 2 M li zusammenstricken*, von * - * in der Rd wiederholen, bis noch 1 M in der Rd ist. Die letzte M mit der ersten M der nächsten Rd li zusammenstricken.

2. und 3. Rd: *2 M re, 1 M li*, von * - * in der Rd wiederholen.

4. Rd: *2 M re zusammen, 1 M re*, von * - * in der Rd wiederholen.

5. Rd: alle M re stricken.

6. Rd: 2 M re zusammenstricken über die gesamte Rd.

Maschenanzahl gesamt: 12 – 13 – 15 – 16 – 18 M.

In der nächsten Rd 2 M re zusammenstricken (bei einer ungeraden Maschenanzahl wird die 1. M der Rd re gestrickt). Faden abschneiden und durch alle Maschen ziehen. Den Faden fest anziehen und vernähen.

↘ RAND MIT GESTRICKTEM BAND

34 – 36 – 38 – 42 – 52 M entlang der unteren Kante mit N 3 mm aufnehmen. 1 R re stricken, wenden und 1 R li zurück stricken. Alle M locker abketten, Faden abschneiden und vernähen.

BAND

3 M mit dem Nspiel 3 mm in einer unteren Ecke der Haube aufnehmen. Alle M re stricken. Darauf achten, dass jede R gleich gestrickt wird: *3 M re, den Faden hinter die N ziehen und wieder von Beginn stricken, ohne die N zu wenden*, von * - * die gesamte Zeit wiederholen. Die erste M sehr fest stricken. Weiterstricken, bis das Band ca. 23 cm lang ist. Faden abschneiden, durch die 3 M ziehen und gut vernähen. In der anderen Ecke ein zweites Band anstricken.

↘ LOCHREIHE FÜR BAND

34 – 36 – 38 – 42 – 52 M entlang der unteren Kante mit N 3 mm aufnehmen. 1 R re stricken, die nächste R folgendermaßen: * 2 M re zusammen, 1 Umschlag*, von * - * wiederholen, bis noch 2 M auf der N sind, 2 M re zusammenstricken. 2 R re stricken, dann locker abketten. Faden abschneiden und vernähen. Ein Schleifenband von ca. 70 – 70 – 75 – 80 – 80 cm durch die Lochreihe ziehen.

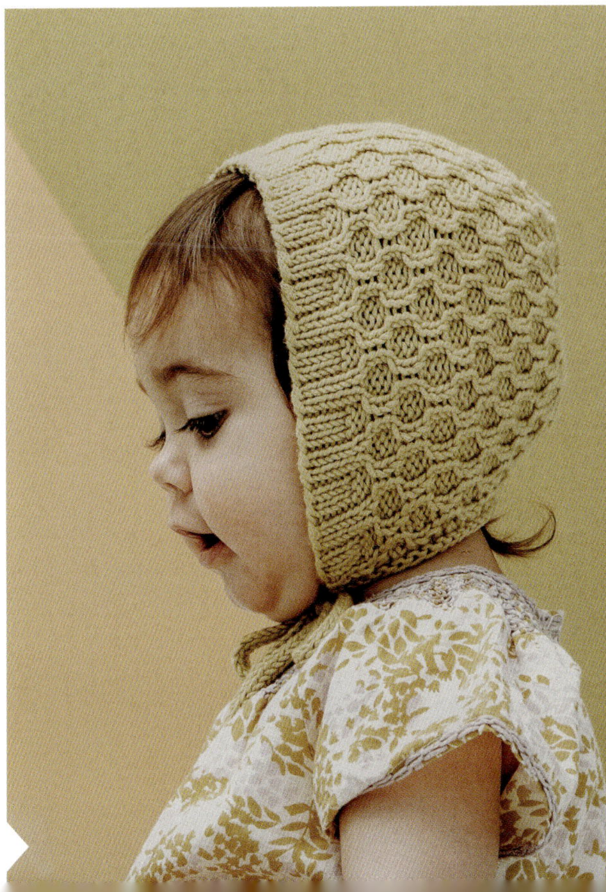

HOSE MIT **BOMMEL**

Eine schlichte Hose mit guter Passform und Bindeband in der Taille. Bommel am Ende des Bandes sehen hübsch aus.

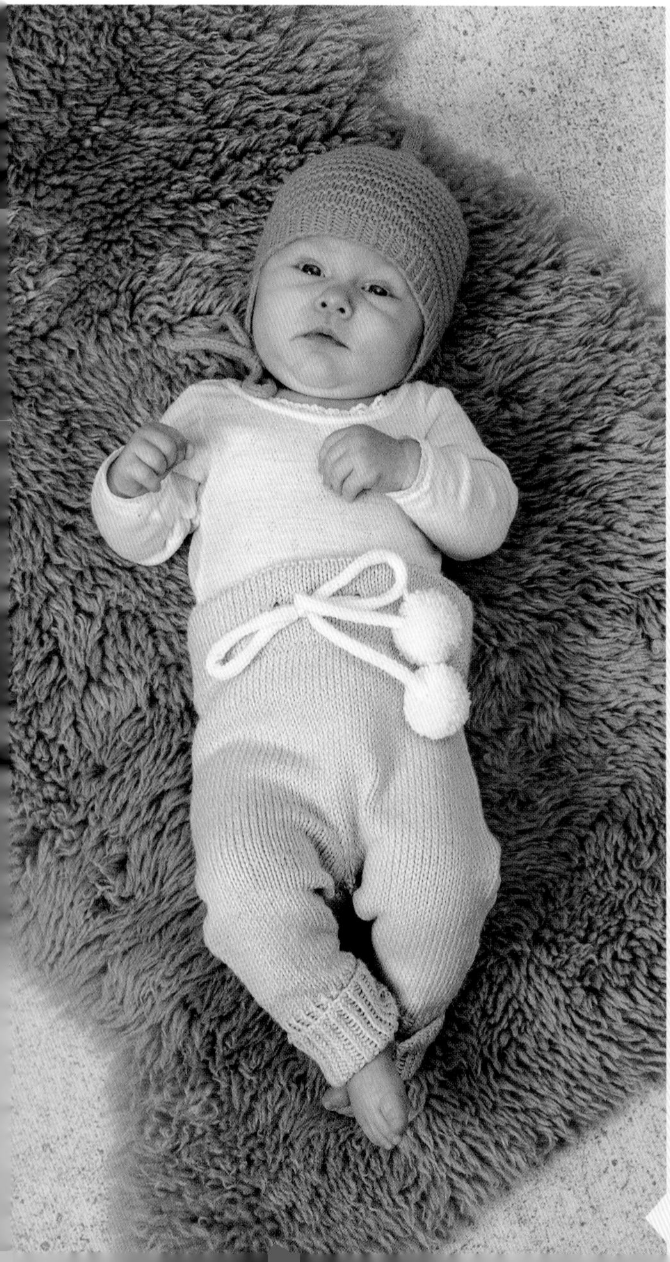

GRÖSSEN
Frühchen – 0-1 – 3 – 6/9 – 12/18 Mon – 2/3 – 4/5 Jahre

KLEIDERGRÖSSE
Taillenumfang: ca. 36 – 40 – 44 – 49 – 53 – 56 – 58 – 62 cm
Länge: ca. 27 – 29 – 37 – 43 – 50 – 56 – 68 cm

MASCHENPROBE
27 M = 10 cm (glatt rechts mit N 3 mm)

NADELSTÄRKE
Nspiel 2,5 mm und 3 mm
30 – 40 cm RundN 2,5 mm und 3 mm
HilfsN 3 mm

GARNMENGE
ca. 50 – 50/100 – 100 – 100 – 150 – 150 – 150/200 g

EMPFOHLENES GARN
Dale Garn Lille Lerke (53 % Merinowolle, 47 % Baumwolle, Lauflänge 142 m/50 g),
Dale Garn Baby Ull (100 % Merinowolle, Lauflänge 165 m/50 g),
Dale Garn Soft Merino (100 % Extrafeine Merinowolle, Lauflänge 187 m/50 g)

HIER VERWENDET
Hose: Dale Garn Lille Lerke, 8145 Vanille
Band: Dale Garn Lille Lerke, 0020 ungebleichtes Weiß

ZUSÄTZLICH
eventuell kleine Knöpfe, 2 für jedes Bein
eventuell Bommel für das Bindeband
eventuell Gummiband für die Taille

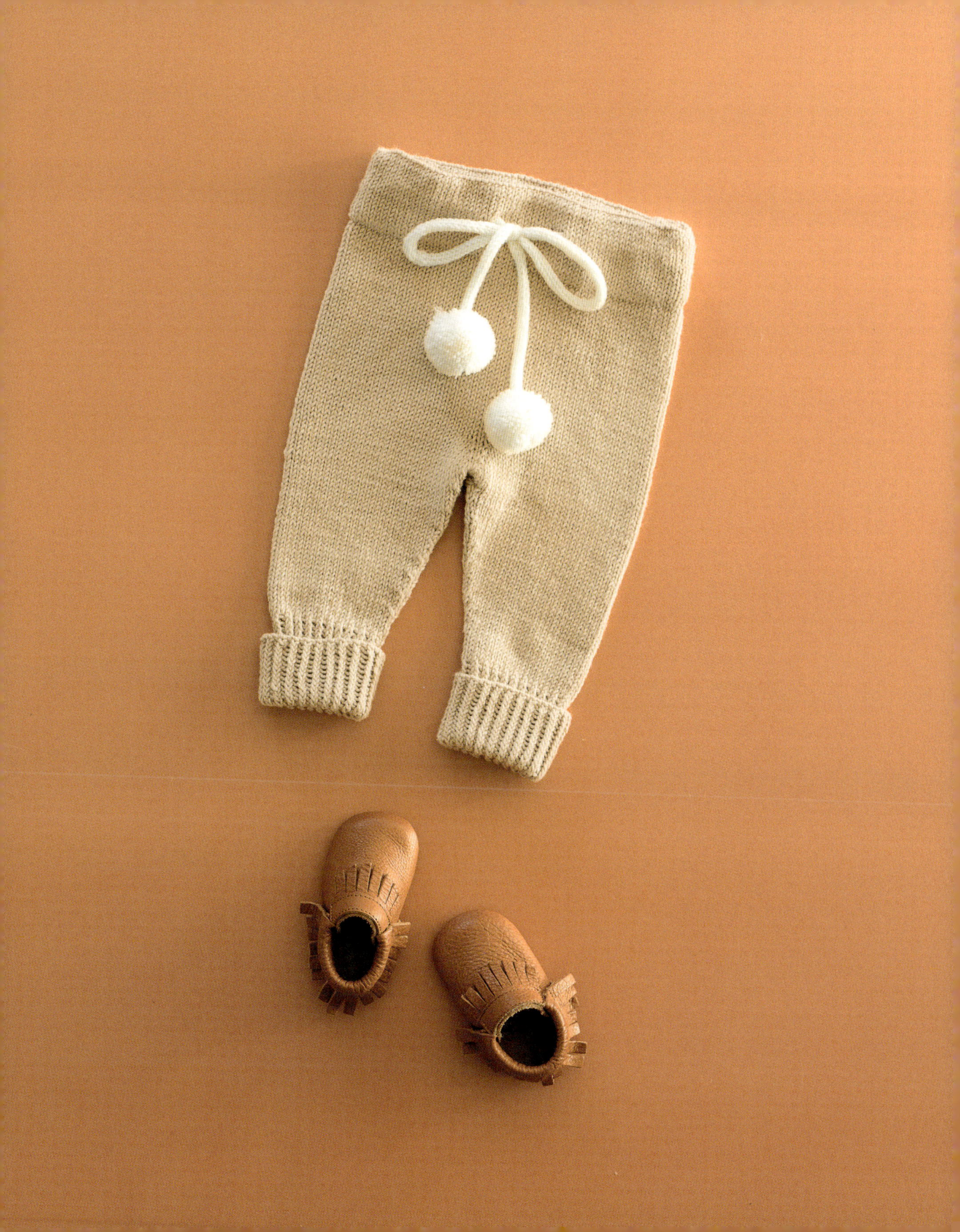

START
96 – 108 – 120 – 132 – 144 – 156 – 168 M mit der RundN 2,5 mm anschlagen. 15 Rd re M stricken. Einen Maschenmarkierer auf die N hängen (= Beginn der Rd). 1 Rd li M und 7 Rd re M stricken. In der nächsten Rd werden die Löcher für das Band folgendermaßen gestrickt: 17 – 20 – 23 – 25 – 27 – 30 – 33 M re, 2 M re zusammen, 1 Umschlag (= 1. Loch für das Band), 9 – 9 – 9 – 11 – 13 – 13 – 13 M re, 2 M re zusammen, 1 Umschlag (= 2. Loch für das Band), alle restlichen M der Rd re. Dann 7 Rd re M.

TIPP!

Ein besonders hübsches Detail sind zwei Bommel, die an den Enden des Bindebandes befestigt werden.

MIT VERKÜRZTEN REIHEN STRICKEN
Zur RundN 3 mm wechseln. Die 2 mittM vom Rückenteil finden und einen Maschenmarkierer dazwischen einhängen. In der nächsten Rd wird mit verkürzten R hin und zurück gestrickt, um das Rückenteil zu formen. Verkürzte Reihen sind nur teilweise gestrickte Reihen, bei denen schon vor dem eigentlichen Ende der R gewendet wird. Wenn man beim Wenden einen Umschlag macht, entsteht kein Loch.
Von rechts (Hinreihe): 1 M abheben, wie zum li stricken (mit dem Faden hinter der Arb), den Faden auf die Vorderseite führen, die abgehobene M zurück auf die li N heben, die Arb wenden und zurück stricken. Wenn man in der nächsten Hinreihe wieder an die Masche mit dem Umschlag kommt, werden der Umschlag und die re M zusammen als eine M re gestrickt.
Von links (Rückreihe): 1 M abheben, wie zum li stricken (mit dem Faden hinter der Arb), den Faden auf die Vorderseite führen, die abgehobene M zurück auf die li N heben, die Arb wenden und zurück stricken. Wenn man in der nächsten Rückreihe wieder an die Masche mit dem Umschlag kommt, werden der Umschlag und die li M zusammen als eine M li gestrickt.
1. R (Hinreihe): re M bis zum Maschenmarkierer in der Mitte hinten stricken, 5 M re, 1 M abheben, 1 Umschlag (wie oben beschrieben), Arb wenden.
2. R (Rückreihe): li M bis zum Maschenmarkierer in der Mitte hinten stricken, 5 M li, 1 M abheben, 1 Umschlag (wie oben beschrieben), Arb wenden.
3. R (Hinreihe): re M bis zur abgehobenen M der vorherigen R stricken, den Umschlag und die M zusammenstricken (wie oben erklärt), 5 M re, 1 M abheben, 1 Umschlag, Arb wenden.
4. R (Rückreihe): li M bis zur abgehobenen M der vorherigen R stricken, den Umschlag und die M zusammenstricken (wie oben erklärt), 5 M li, 1 M abheben, 1 Umschlag, Arb wenden.
Die 3. und 4. R insgesamt 4 Mal wiederholen.

Nächste R/Rd (Hinreihe): re M bis zur abgehobenen M stricken, den Umschlag und die M zusammenstricken, alle weiteren M der Rd re.

Jetzt weiter glatt rechts stricken, bis die Arb ca. 13 – 14 – 16 – 18 – 20 – 21 – 22 cm hoch ist, gemessen ab dem hinteren Maschenmarkierer nach unten. Die 2 mittM vom Vorderteil finden und einen Maschenmarkierer dazwischen einhängen. Jetzt wird in jeder 2. Rd auf jeder Seite des Maschenmarkierers vorne und hinten 1 M zugenommen (= 4 M pro Rd).
1. Rd: re M bis zu 1 M vor dem Maschenmarkierer vorne, 1 M nach rechts zunehmen (siehe Tipps Seite 7), 2 M re (der Maschenmarkierer liegt zwischen diesen 2 M), 1 M nach links zunehmen, re M bis zu 1 M vor dem Maschenmarkierer hinten stricken, 1 M nach rechts zunehmen, 2 M re (der Maschenmarkierer liegt zwischen diesen 2 M), 1 M nach links zunehmen, re M die restliche Rd.
2. Rd: die gesamte Rd re M stricken.
Die 1. und 2. Rd 2 – 2 – 2 – 3 – 3 – 4 – 4 Mal wiederholen.
Maschenanzahl gesamt: 108 – 120 – 132 – 148 – 160 – 176 – 188 M.

FÜR DIE BEINE ARBEIT TEILEN
Jetzt wird die Arb in ein linkes und ein rechtes Bein geteilt. Re M bis auf 3 – 3 – 3 – 4 – 4 – 5 – 5 M vor dem Maschenmarkierer vorne stricken, die nächsten 6 – 6 – 6 – 8 – 8 – 10 – 10 M auf eine HilfsN/einen Hilfsfaden geben (= mittlere M zwischen den Beinen vorne), die nächsten 48 – 54 – 60 – 66 – 72 – 78 – 84 M auf eine HilfsN/einen Hilfsfaden geben (= linkes Bein), die nächsten 6 – 6 – 6 – 8 – 8 – 10 – 10 M auf eine HilfsN/einen Hilfsfaden geben (= mittlere M zwischen den Beinen hinten).

RECHTES BEIN
Einen Maschenmarkierer am Beginn der Rd einhängen.
1. Rd: 1 M re, 2 M re zusammen, re M bis auf 3 M vor dem Maschenmarkierer, 2 M re verschränkt zusammen, 1 M re.

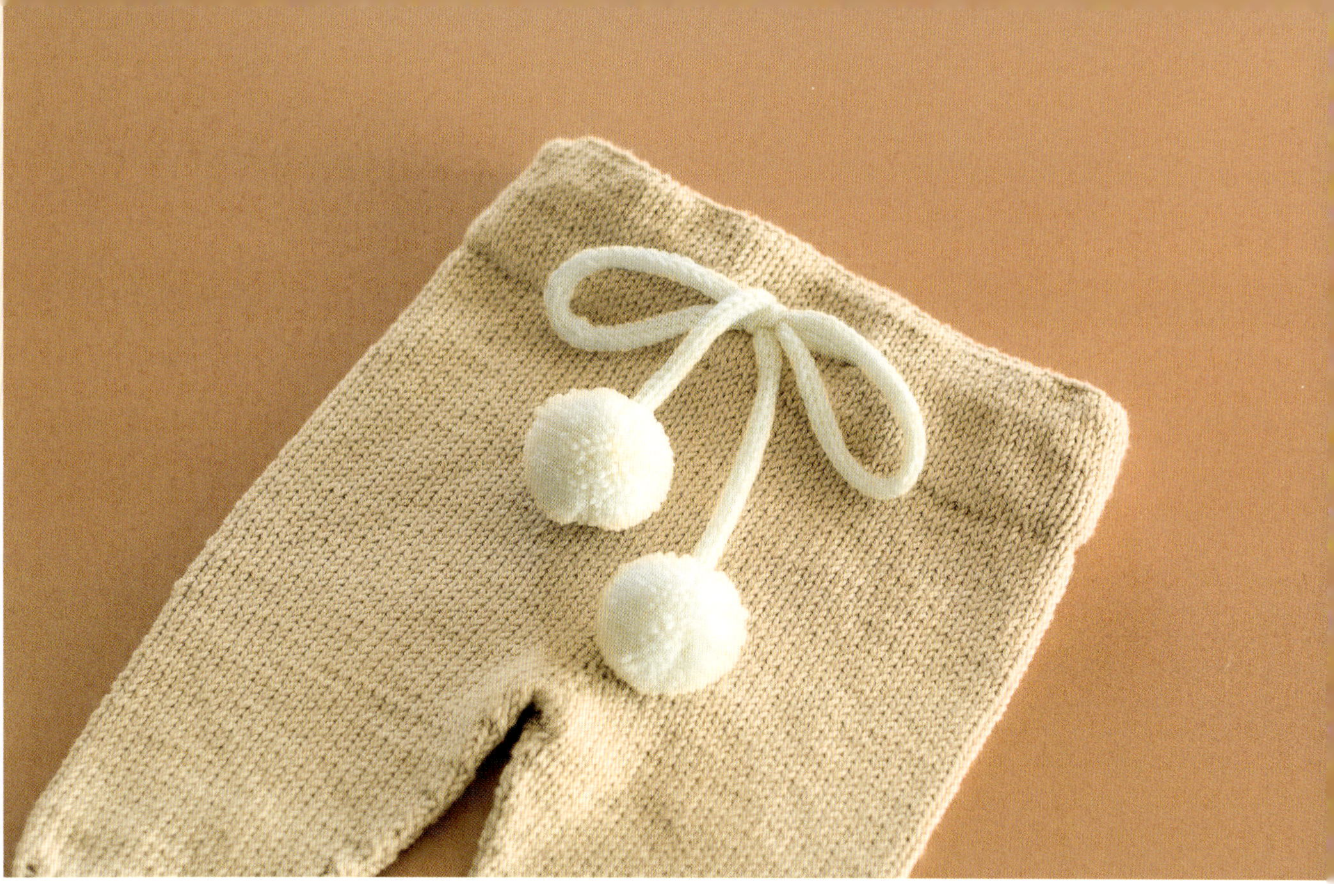

2.–4. Rd: alle M re stricken.
Die 1.–4. Rd insgesamt 7 – 9 – 11 – 12 – 12 – 12 – 14 Mal wiederholen.
Maschenanzahl gesamt: 34 – 36 – 38 – 42 – 48 – 54 – 56 M.
Glatt rechts rund und ohne Abnahmen weiterstricken, bis das Bein ca. 8 – 11 – 15 – 20 – 25 – 31 – 42 cm lang ist.

BÜNDCHEN

Zum Nspiel 2,5 mm wechseln und 30 Rd Bündchen stricken *1 M re verschränkt, 1 M li verschränkt*, von * - * die gesamte Rd wiederholen. Locker abketten, das Bündchen umschlagen und eventuell 2 kleine Knöpfe auf jeder Seite annähen.

LINKES BEIN

Das linke Bein wie das rechte stricken.

ZUSAMMENNÄHEN IM SCHRITT

Die M von Vorder- und Rückenteil jeweils auf eine N des Nspiels aufnehmen und mit Maschenstich zusammennähen. Faden abschneiden und alle Fäden vernähen.

FERTIGSTELLEN

Den oberen Rand in der Taille nach innen umfalten und von links festnähen. Dadurch entsteht ein Tunnel für das Bindeband.
Wenn es lieber ein Gummiband sein soll, erst das Gummiband zusammennähen, bevor der Tunnel genäht wird. Dafür ein 33 – 37 – 41 – 46 – 50 – 55 – 59 cm langes Gummiband abschneiden und die beiden Enden mit der Nähmaschine zu einem Kreis zusammennähen. Das Gummiband in den umgefalteten Rand legen und den Rand von links festnähen. Alle Fäden vernähen.

BINDEBAND FÜR DIE TAILLE

3 M mit dem Nspiel 2,5 mm anschlagen und ein Band nach der Erklärung auf Seite 7 stricken. Wenn das Band ca. 80 – 85 – 90 – 95 – 100 – 105 – 105 cm lang ist, den Faden abschneiden und durch die 3 M ziehen. Faden vernähen und das Band in den Tunnel einziehen. Eventuell 2 Bommel an den Enden annähen.

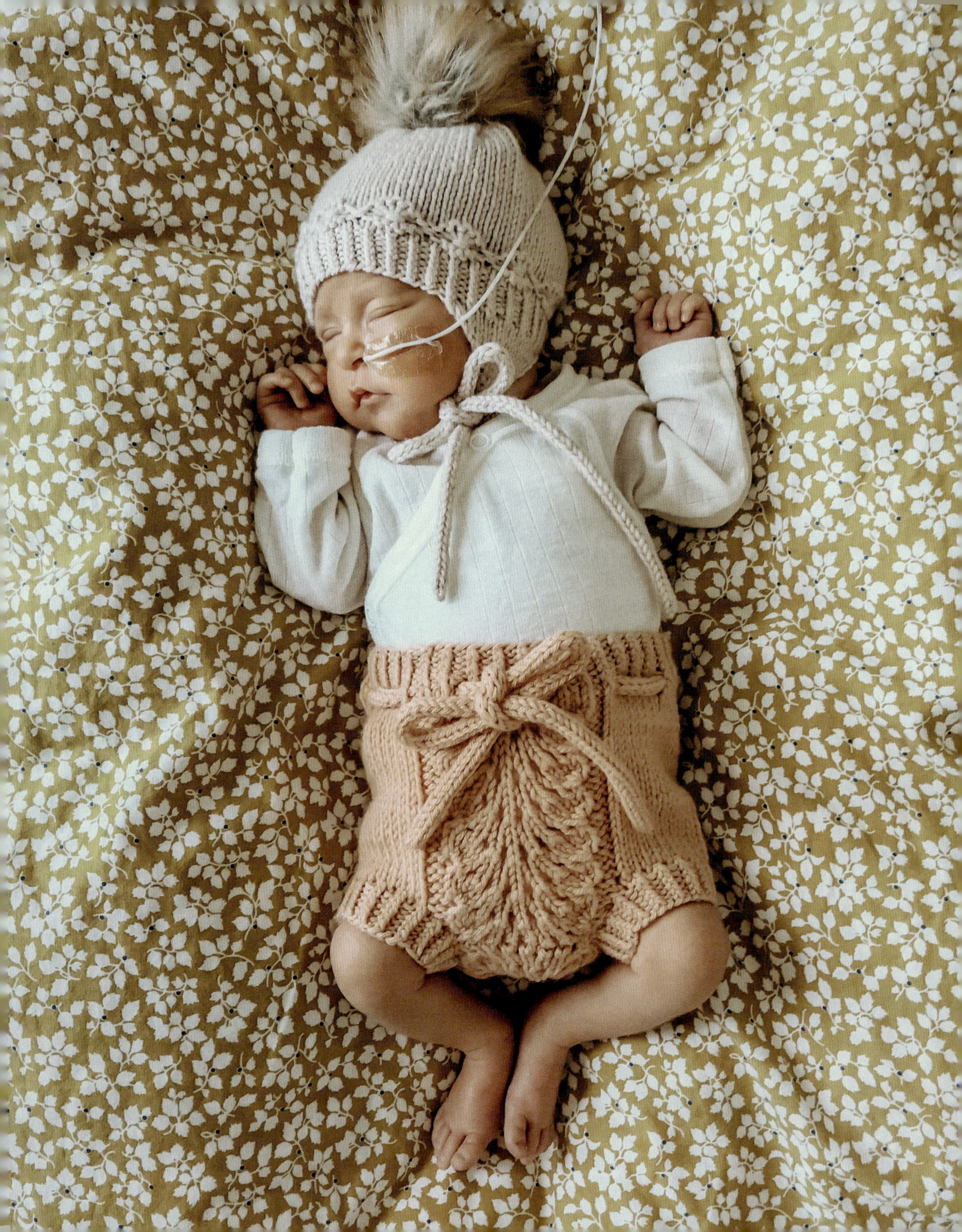

KURZE HOSE MIT **LOCHMUSTER**

Diese kleine kurze Hose ist ein perfektes Geschenk zur Geburt eines Babys. Ein Schleifenband in der Taille sorgt für einen leicht femininen Ausdruck und ein gestricktes Bindeband ergibt ein eher kräftiges Aussehen.

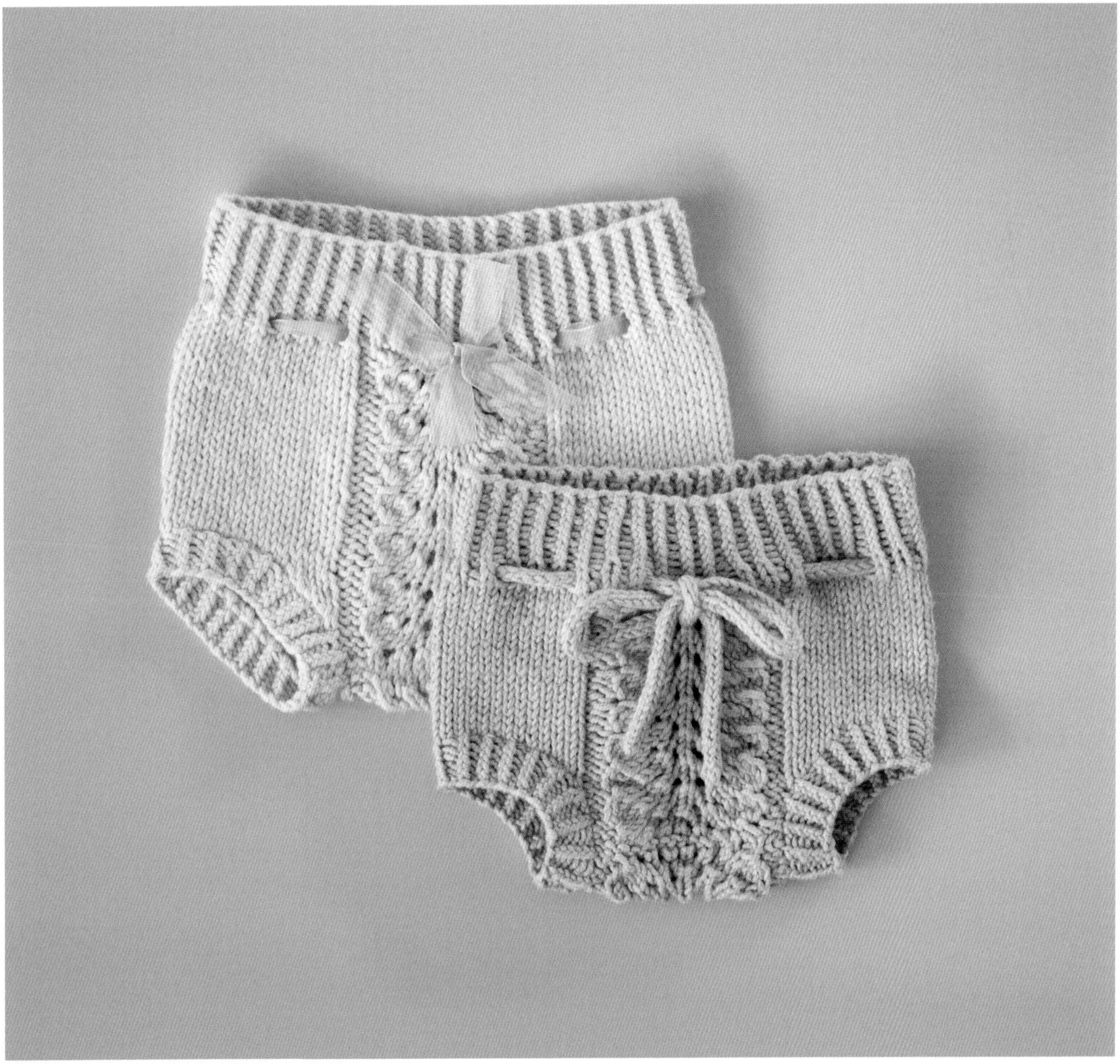

GRÖSSEN
Frühchen – 0-1 – 3 – 6/9 – 12/18 Mon – 2/3 Jahre

KLEIDERGRÖSSE
Taillenumfang: ca. 36 – 40 – 44 – 49 – 56 – 60 cm
Länge: ca. 14 – 15 – 16 – 17 – 19 – 20 cm

MASCHENPROBE
22 M = 10 cm (glatt rechts mit N 3,5 mm)

NADELSTÄRKE
30 – 40 cm RundN 3 mm
Nspiel 3 mm und 3,5 mm

GARNMENGE
ca. 50 – 50 – 50 – 50/100 – 100 – 100 g

EMPFOHLENES GARN
Dale Garn Lerke (53 % Merinowolle, 47 % Ägyptische Baumwolle, Lauflänge 115 m/50 g),
Dale Garn Baby Ull (100 % Merinowolle, Lauflänge 165 m/50 g),
Dale Garn Soft Merino (100 % Extrafeine Merinowolle, Lauflänge 187 m/50 g)

HIER VERWENDET
Dale Garn Lerke, 8109 Hellgrau
Dale Garn Lerke, 2425 Kitt
Dale Garn Soft Merino, 3007 helles Karamell

STRICKSCHRIFT

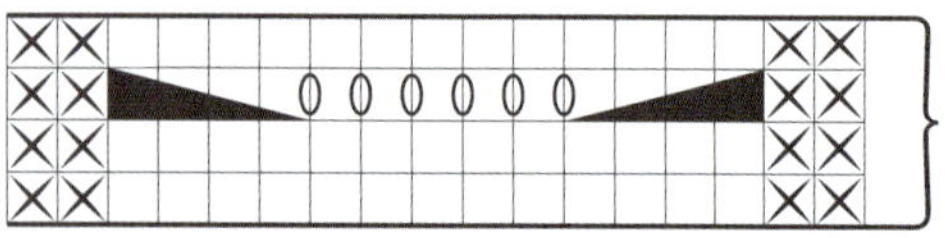

wiederholen

ZEICHENERKLÄRUNG

- ☐ re auf der rechten Seite, li auf der linken Seite
- ☒ li auf der rechten Seite, re auf der li Seite
- 0 ein Umschlag zwischen 2 M.
- ◢ 4 M re zusammenstricken = 1 M
- ◣ 4 M re verschränkt zusammen = 1 M

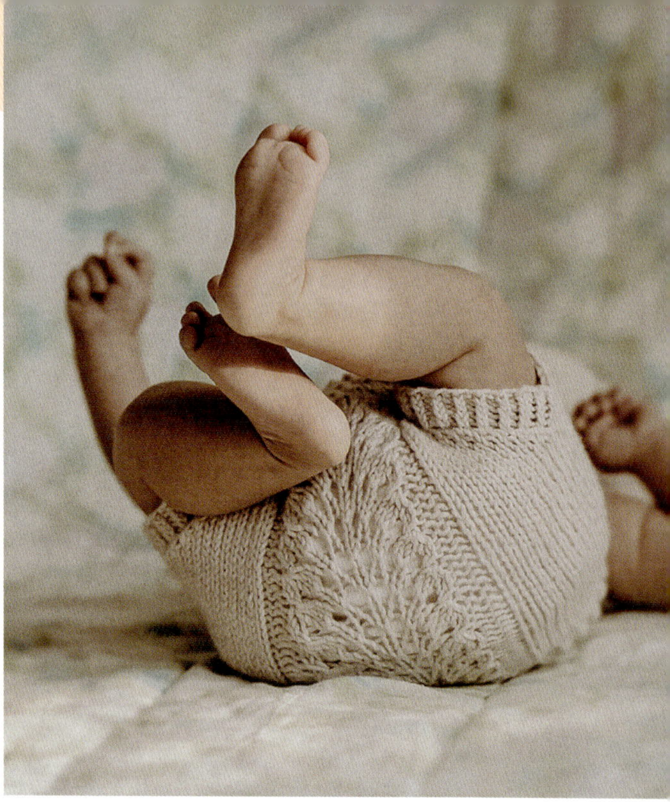

START
Die kurze Hose wird mit einer RundN oder einem Nspiel von oben nach unten rund gestrickt. 72 – 84 – 96 – 108 – 120 -132 M mit dem Nspiel 3 mm anschlagen und einen Maschenmarkierer zu Beginn der Rd einhängen. 10 Rd Bündchen stricken: *1 M li, 1 M re verschränkt*, von * - * über alle M der Rd wiederholen.

BÜNDCHEN MIT LÖCHERN FÜR EIN BAND
In der folgenden Rd werden die Löcher für das Band folgendermaßen gestrickt: * 1 M li, 1 M re verschränkt, 1 M li, 1 M re verschränkt, 1 Umschlag, 2 M re zusammen*, von * - * die gesamte Rd wiederholen. 1 Rd Bündchen *1 M li, 1 M re verschränkt* über alle M der nächsten Rd stricken.

FOLGENDERMASSEN RUND STRICKEN:
Zur RundN oder zum Nspiel 3,5 mm wechseln.
In der nächsten Rd werden 4 M folgendermaßen zugenommen: *1 M li, 1 M aus dem Maschenbogen zwischen 2 M zunehmen (die neue M wird li gestrickt), 13 M re, 1 M li zunehmen, 1 M li, einen Maschenmarkierer auf die N hängen, re M über die nächsten 21 – 27 – 33 – 39 – 45 – 51 M stricken*, einen Maschenmarkierer einhängen, von * - * die gesamte Rd wiederholen.
Maschenanzahl gesamt: 76 – 88 – 100 – 112 – 124 – 136 M.

Jetzt wird nach Strickschrift über die 17 M zwischen dem 1. und 2. Maschenmarkierer (= vordere Mitte) und dem 3. und 4. Maschenmarkierer (= hintere Mitte) gestrickt, alle anderen M glatt re.
Weiter rund stricken, bis die Strickschrift insgesamt 5 – 5 – 6 – 7 – 7 – 8 Mal in der Höhe gestrickt wurde. Oder so oft, bis die Arb ca.10 – 11 – 12 – 12 – 13 – 13 cm hoch ist, ab Anschlag gemessen. In der letzten Reihe der Strickschrift beginnen und folgendermaßen abketten: Reihe 4 der Strickschrift über die vordere Mitte stricken, 4 M re, 6 – 10 – 12 – 16 – 18 M abketten, 11 – 13 – 17 – 19 – 23 – 25 M re stricken, Reihe 4 der Strickschrift über die hintere Mitte stricken, 11 – 13 – 17 – 19 – 23 – 25 M re, 6 – 10 – 12 – 16 – 18 – 22 M abketten, 4 M re. Die M von Vorder- und Rückenteil auf jeweils eine eigene N geben und das Vorderteil stricken.

VORDERTEIL

Nach Strickschrift hin und zurück ohne Abnahmen stricken. Die RandM auf jeder Seite werden re auf der rechten und re auf der linken Seite gestrickt.
1. R (Hinreihe): RandM, 2 M re zusammen, 1 M re, Reihe 1 der Strickschrift über die Mitte, 1 M re, 2 M re verschränkt zusammen, RandM stricken.
2. R (Rückreihe): RandM, 2 M li, Reihe 2 der Strickschrift über die Mitte, 2 M li, RandM stricken.
3. R (Hinreihe): RandM, 2 M re zusammen, Reihe 3 der Strickschrift über die Mitte, 2 M re verschränkt zusammen, RandM stricken.
4. R (Rückreihe): RandM, 1 M li, Reihe 4 der Strickschrift über die Mitte, 1 M li, RandM stricken.
5. R (Hinreihe): 2 M re zusammen, Reihe 1 der Strickschrift über die Mitte, 2 M re verschränkt zusammen.
6. R (Rückreihe): RandM, Reihe 2 der Strickschrift über die Mitte, RandM stricken.
7. R (Hinreihe): RandM, Reihe 3 der Strickschrift über die Mitte, RandM stricken.
8. R (Rückreihe): RandM, Reihe 4 der Strickschrift über die Mitte, RandM stricken.
Jetzt sollen 19 M auf der N sein. Nach Strickschrift zwischen den RandM stricken, bis die Hose ca. 13 – 14 – 15 – 16 – 17 – 18 cm -ab Anschlag gemessen- hoch ist. Den eventuell angefangenen Rapport beenden und alle M abketten. Das Rückenteil stricken.

RÜCKENTEIL

Das Rückenteil wird nach Strickschrift hin und zurück gestrickt, während ***gleichzeitig*** 1 M nach der RandM auf jeder Seite abgenommen wird.
Hinreihe: RandM, 2 M re zusammen, re M bis zum Maschenmarkierer, Strickschrift über die Mitte, re M bis nur noch 3 M auf der N sind, 2 M re verschränkt zusammen, RandM stricken.
Rückreihe: RandM, 2 M li zusammen, li M bis zum Maschenmarkierer, Strickschrift über die Mitte, li M, bis nur noch 3 M auf der N sind, 2 M li verschränkt zusammen, RandM stricken.
Die Abnahmen zwischen den RandM wiederholen, bis wieder 19 M auf der N sind. Nach Strickschrift hin und zurück weiterstricken, bis die Arb ca. 15 – 16 – 17 – 18 – 20 – 22 cm ab Anschlag misst. Den eventuell angefangenen Rapport beenden und alle M abketten.

ZUSAMMENNÄHEN IM SCHRITT

Die M von Vorder- und Rückenteil jeweils auf eine N des Nspiels setzen und mit Maschenstich zusammennähen. Faden abschneiden und alle Fäden vernähen.

BÜNDCHEN UM DIE BEINÖFFNUNGEN

Zum Nspiel 3 mm wechseln. Ca. 38 – 42 – 46 – 56 – 62 – 66 M (die Maschenzahl soll durch 2 teilbar sein) rund um die Beinöffnung aufnehmen. 6 Rd Bündchen stricken *1 M re verschränkt, 1 M li*, von * - * über die gesamte Rd wiederholen. Locker abketten, Faden abschneiden und vernähen. Rund um die zweite Beinöffnung genauso stricken.

BAND

3 M mit dem Nspiel 3 mm anschlagen und ein Band nach der Erklärung auf Seite 7 stricken. Wenn das Band ca. 80 – 80 – 85 – 90 – 95 – 100 cm lang ist, den Faden abschneiden und durch die 3 M ziehen. Den Faden vernähen und das Band durch die Löcher in der Taille ziehen. Alternativ kann das Band auch auf einer Strickliesel gemacht werden.

STRAMPLER MIT **LOCHMUSTER**

Dieser Strampler wird nach der Anleitung für die kurze Hose gestrickt. Es gibt Knöpfe im Schritt zum einfachen An- und Ausziehen der Kleinen.

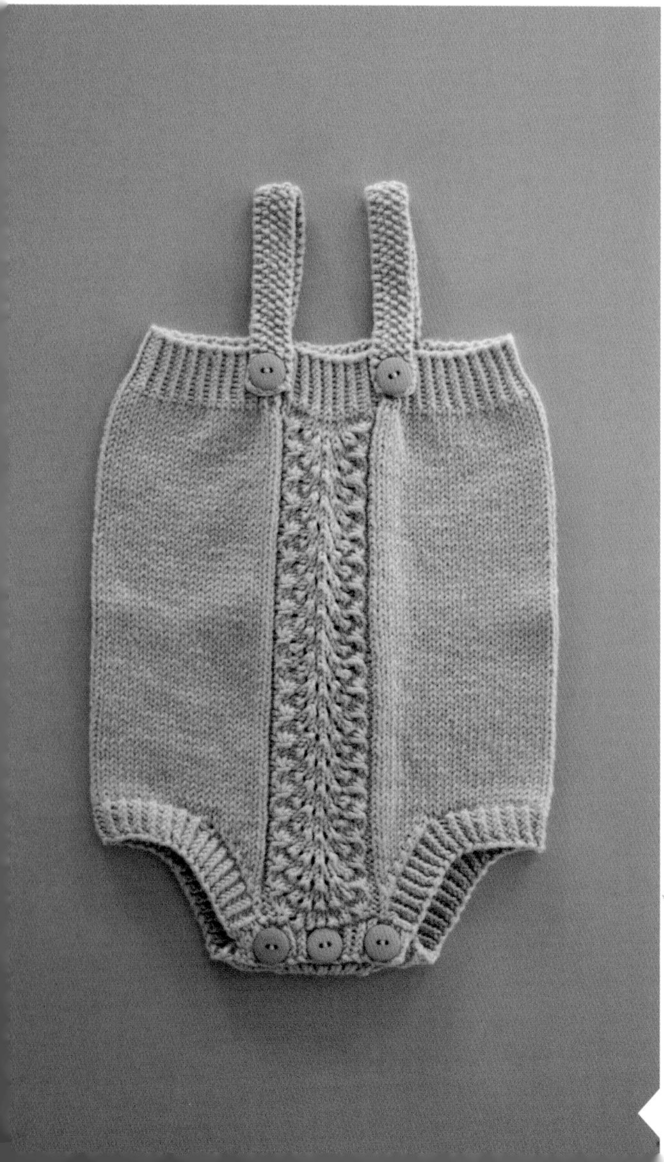

GRÖSSEN
Frühchen – 0-1 – 3 – 6/9 – 12/18 Mon – 2/3 Jahre

KLEIDERGRÖSSE
Taillenumfang: ca. 33 – 38 – 44 – 49 – 56 – 60 cm
Länge: ca. 14 – 15 – 16 – 17 – 19 – 20 cm

MASCHENPROBE
22 M = 10 cm (glatt rechts mit N 3,5 mm)

NADELSTÄRKE
30–40 cm RundN 3,5 mm
Nspiel 3 und 3,5 mm

GARNMENGE
ca. 50 – 50/100 – 100 – 100 – 150 – 150 g

EMPFOHLENES GARN
Dale Garn Lerke (53 % Merinowolle, 47 % Ägyptische Baumwolle, Lauflänge 115 m/50 g),
Dale Garn Baby Ull (100 % Merinowolle, Lauflänge 165 m/50 g),
Dale Garn Soft Merino (100 % Extrafeine Merinowolle, Lauflänge 187 m/50 g)

HIER VERWENDET
Dale Garn Lerke, 8126 zartes Pistazie
Dale Garn Lerke, 2425 Kitt

ZUSÄTZLICH
5 Knöpfe

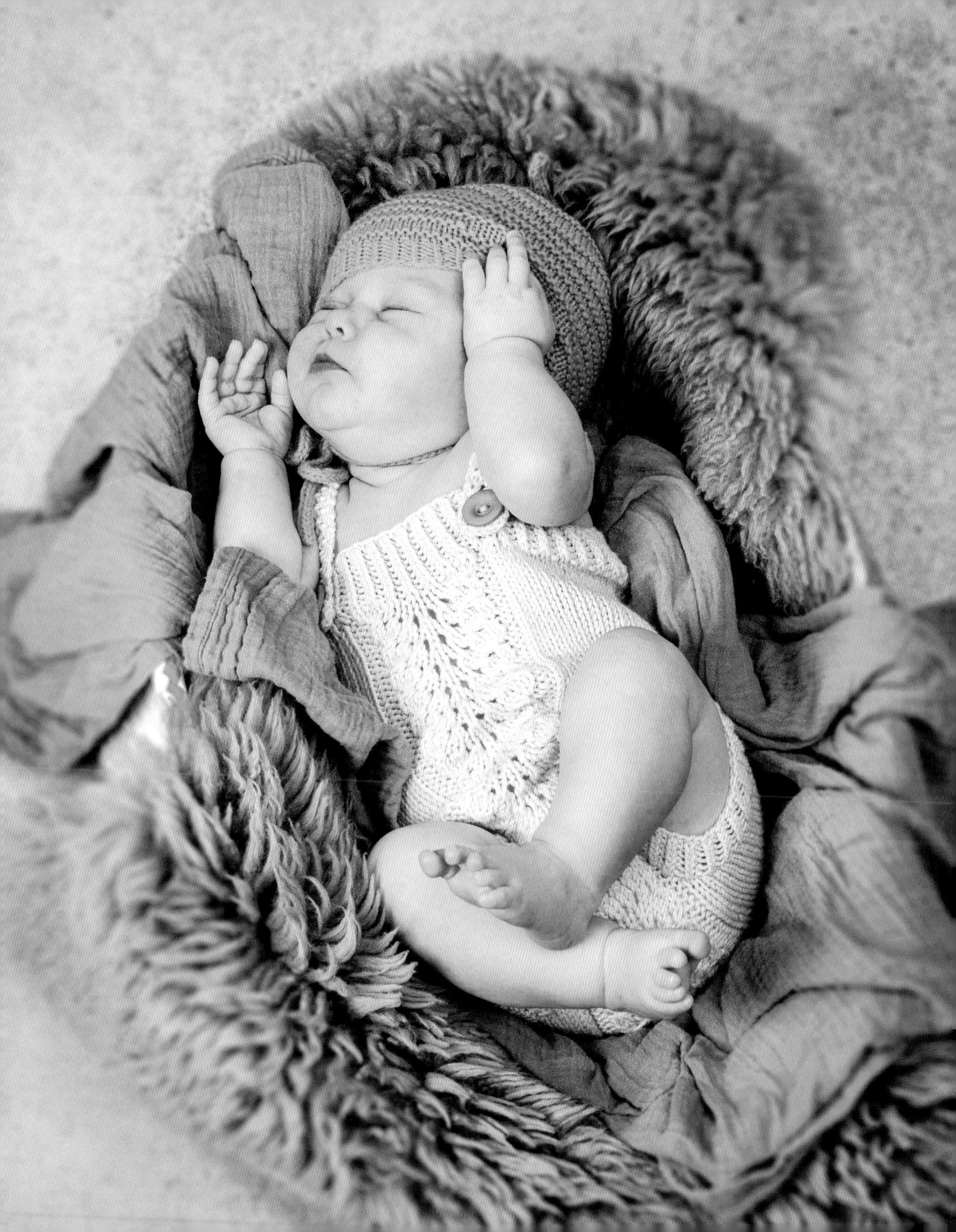

STRICKSCHRIFT

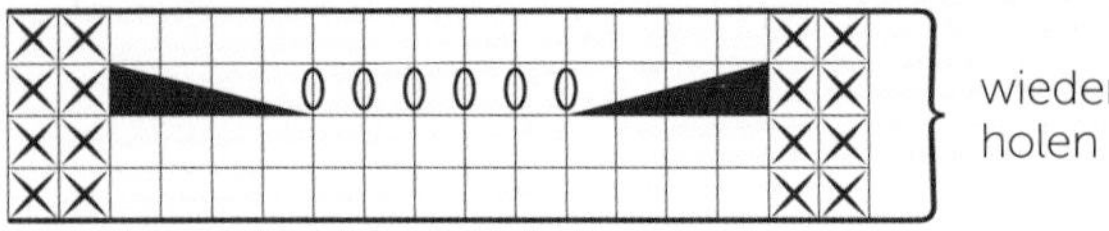

ZEICHENERKLÄRUNG

 re auf der rechten Seite, li auf der linken Seite

 li auf der rechten Seite, re auf der li Seite

 ein Umschlag zwischen 2 M

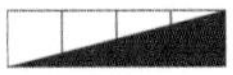 4 M re zusammenstricken = 1 M

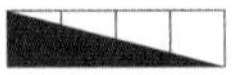 4 M re verschränkt zusammen = 1 M

START

Der Strampler wird mit einer RundN oder einem Nspiel von oben nach unten rund gestrickt. 72 – 84 – 96 – 108 – 120 -132 M mit dem Nspiel 3 mm anschlagen und einen Maschenmarkierer zu Beginn der Rd einhängen. 12 Rd Bündchen stricken: *1 M li, 1 M re verschränkt*, von * - * über alle M der Rd wiederholen.

FOLGENDERMASSEN RUND STRICKEN:

Zur RundN oder zum Nspiel 3,5 mm wechseln.

In der nächsten Rd werden 4 M folgendermaßen zugenommen: *1 M li, 1 M aus dem Maschenbogen zwischen 2 M zunehmen (die neue M wird li gestrickt), 13 M re, 1 M li zunehmen, 1 M li, einen Maschenmarkierer auf die Nadel hängen, re M über die nächsten 21 – 27 – 33 – 39 – 45 – 51 M stricken*, einen Maschenmarkierer einhängen, von * - * die gesamte R wiederholen.

Maschenanzahl gesamt: 76 – 88 – 100 – 112 – 124 – 136 M.

Jetzt wird nach Strickschrift über die 17 M zwischen dem 1. und 2. Maschenmarkierer (= vordere Mitte) und dem 3. und 4. Maschenmarkierer (= hintere Mitte) gestrickt, alle anderen M glatt re.

Weiter rund stricken, bis die Strickschrift insgesamt 11 – 13 – 14 – 17 – 20 – 21 Mal in der Höhe gestrickt wurde. Oder so oft, bis die Arb ca. 18 – 20 – 22 – 26 – 29 – 31 cm hoch ist, ab Anschlag gemessen. In der letzten Reihe der Strickschrift beginnen und in der nächsten d folgendermaßen abketten: Reihe 4 der Strickschrift über die vordere Mitte stricken, 4 M re, 6 – 10 – 12 – 16 – 18 -22 M abketten, 11 – 13 – 17 – 19 – 23 – 25 M re stricken, Reihe 4 der Strickschrift über die hintere Mitte stricken, 11 – 13 – 17 – 19 – 23 – 25 M re, 6 – 10 – 12 – 16 – 18 – 22 M abketten, 4 M re. Die M von Vorder- und Rückenteil auf jeweils eine eigene N geben und das Vorderteil stricken.

VORDERTEIL

Nach Strickschrift hin und zurück stricken. Die RandM auf jeder Seite werden re auf der rechten und re auf der linken Seite gestrickt.

1. R (Hinreihe): RandM, 2 M re zusammen, 1 M re, Reihe 1 der Strickschrift über die Mitte, 1 M re, 2 M re verschränkt zusammen, RandM stricken.

2. R (Rückreihe): RandM, 2 M li, Reihe 2 der Strickschrift über die Mitte, 2 M li, RandM stricken.

3. R (Hinreihe): RandM, 2 M re zusammen, Reihe 3 der Strickschrift über die Mitte, 2 M re verschränkt zusammen, RandM stricken.

4. R (Rückreihe): RandM, 1 M li, Reihe 4 der Strickschrift über die Mitte, 1 M li, RandM stricken.

5. R (Hinreihe): 2 M re zusammen, Reihe 1 der Strickschrift über die Mitte, 2 M re verschränkt zusammenstricken.

6. R (Rückreihe): RandM, Reihe 2 der Strickschrift über die Mitte, RandM stricken.

7. R (Hinreihe): RandM, Reihe 3 der Strickschrift über die Mitte, RandM stricken.

8. R (Rückreihe): RandM, Reihe 4 der Strickschrift über die Mitte, RandM stricken.

Jetzt sollen 19 M auf der N sein. Nach Strickschrift zwischen den RandM stricken, bis die Hose ca. 21 – 24 – 25 – 29 – 33 cm vom Anschlag an hoch ist. Den eventuell angefangenen Rapport beenden und alle M abketten. Das Rückenteil stricken.

RÜCKENTEIL

Das Rückenteil wird nach Strickschrift hin und zurück gestrickt, während ***gleichzeitig*** 1 M nach der RandM auf jeder Seite abgenommen wird.

Hinreihe: RandM, 2 M re zusammen, re M bis zum Maschenmarkierer, Strickschrift über die Mitte, re M bis nur noch 3 M auf der N sind, 2 M re verschränkt zusammen, RandM stricken.

Rückreihe: RandM, 2 M li zusammen, li M bis zum Maschenmarkierer, Strickschrift über die Mitte, li M, bis nur noch 3 M auf der N sind, 2 M li verschränkt zusammen, RandM stricken.

Die Abnahmen zwischen den RandM wiederholen, bis wieder 19 M auf der N sind. Nach Strickschrift hin und zurück weiterstricken, bis die Arb ca. 21 – 24 – 26 – 31 – 36 – 38 cm ab Anschlag misst. Den eventuell angefangenen Rapport beenden und alle M abketten.

Jetzt wählen zwischen Zusammennähen oder Knöpfen im Schritt.

↘ ZUSAMMENNÄHEN IM SCHRITT

Die M von Vorder- und Rückenteil jeweils auf eine N des Nspiels nehmen und mit Maschenstich zusammennähen. Faden abschneiden und alle Fäden vernähen.

BÜNDCHEN UM DIE BEINÖFFNUNGEN

Zum Nspiel 3 mm wechseln. Ca. 38 – 42 – 46 – 56 – 62 – 66 M (die Maschenzahl soll durch 2 teilbar sein) rund um die Beinöffnung aufnehmen. 6 Rd Bündchen stricken *1 M re verschränkt, 1 M li*, von * - * über die gesamte Rd wiederholen. Locker abketten, Faden abschneiden und vernähen. Rund um die zweite Beinöffnung genauso stricken. Weiterstricken bei ** TRÄGER.

↘ KNÖPFE IM SCHRITT

BEINÖFFNUNG

Mit dem Nspiel 3 mm ca. 33 – 37 – 41 – 51 – 57 – 61 M entlang der Kante zwischen Vorder- und Rückenteil aufnehmen.

1. R (Rückreihe): Bündchen stricken * 1 M re, 1 M li verschränkt*, von * - * über alle M der R wiederholen.

2. R (Hinreihe): Bündchen stricken * 1 M li, 1 M re verschränkt*, von * - * über alle M der R wiederholen.

Die 1. und 2. R insgesamt 3 Mal wiederholen.

Mit der nächsten R wird das Bündchen gestrickt, während ***gleichzeitig*** alle M fest abgekettet werden. Faden abschneiden und vernähen und die zweite Beinöffnung genauso stricken.

KNOPFLEISTE IM SCHRITT DES VORDERTEILS

Mit der N 3 mm 25 M am unteren Rand vom Vorderteil aufnehmen. Mit einer Rückreihe beginnen.

1. R (Rückreihe): 2 M li, 1 M re *1 M li verschränkt, 1 M re*, von * - * wiederholen bis noch 2 M auf der N sind, 2 M li stricken.

2. R (Hinreihe): 1 M abheben wie zum re stricken, 1 M re, 1 M li, 2 M re zusammen, 1 Umschlag (= Knopfloch), * 1 M re verschränkt, 1 M li, 1 M re verschränkt, 1 M li, 1 M re verschränkt, 1 M li, 2 M re zusammen, 1 Umschlag (= Knopfloch)*, von * - * 1 Mal wiederholen, 1 M re verschränkt, 1 M li, 2 M re stricken.

3. R (Rückreihe): wie die 1. R stricken.

4. R (Hinreihe): 1 M abheben wie zum re stricken, 1 M re, 1 M li, * 1 M re verschränkt, 1 M li*, von * - * wiederholen, bis noch 2 M auf der N sind, 2 M re stricken.

5. R (Rückreihe): alle M abketten.

Den Rand am Rückenteil genauso stricken, aber ohne Knopflöcher. Dafür die 2. R durch die 4. R ersetzen. Alle Fäden vernähen und 3 Knöpfe annähen.

** TRÄGER

Die mittM vom Rückenteil ermitteln und ca. 2,5 cm von der Mitte entfernt 9 M aufnehmen. Zur N 3 mm wechseln und mit den Trägern von links beginnen.

1. R (Rückreihe): 1 M li, 1 M li verschränkt, * 1 M re, 1 M li verschränkt*, von * - * wiederholen, bis nur 1 M auf der N ist, 1 M li stricken.

2. R (Hinreihe): 1 M locker abheben, wie zum re stricken, 1 M re verschränkt, * 1 M li, 1 M re verschränkt*, von * - * wiederholen, bis nur 1 M auf der N ist, 1 M re stricken.

3. R (Rückreihe): 1 M locker abheben, wie zum li stricken (mit dem Faden vor der Arb), 1 M li verschränkt, * 1 M re, 1 M li verschränkt*, von * - * wiederholen, bis nur 1 M auf der N ist, 1 M li.

Die Arb wenden und die 2. und 3. R wiederholen, bis der Träger ca. 11 – 11 – 13 – 13 – 15 – 15 cm lang ist. Abketten und Faden vernähen. Einen zweiten Träger stricken. Alle Fäden vernähen und an jedem Ende vom Träger einen Knopf annähen.

NEUGEBORENEN **MÜTZE**

Eine Mütze in verschränktem Muster, die sich für Mädchen und Jungen gleichermaßen eignet. Wenn man das Geschlecht nicht weiß, wählt man eine neutrale Farbe, die für beide passt.

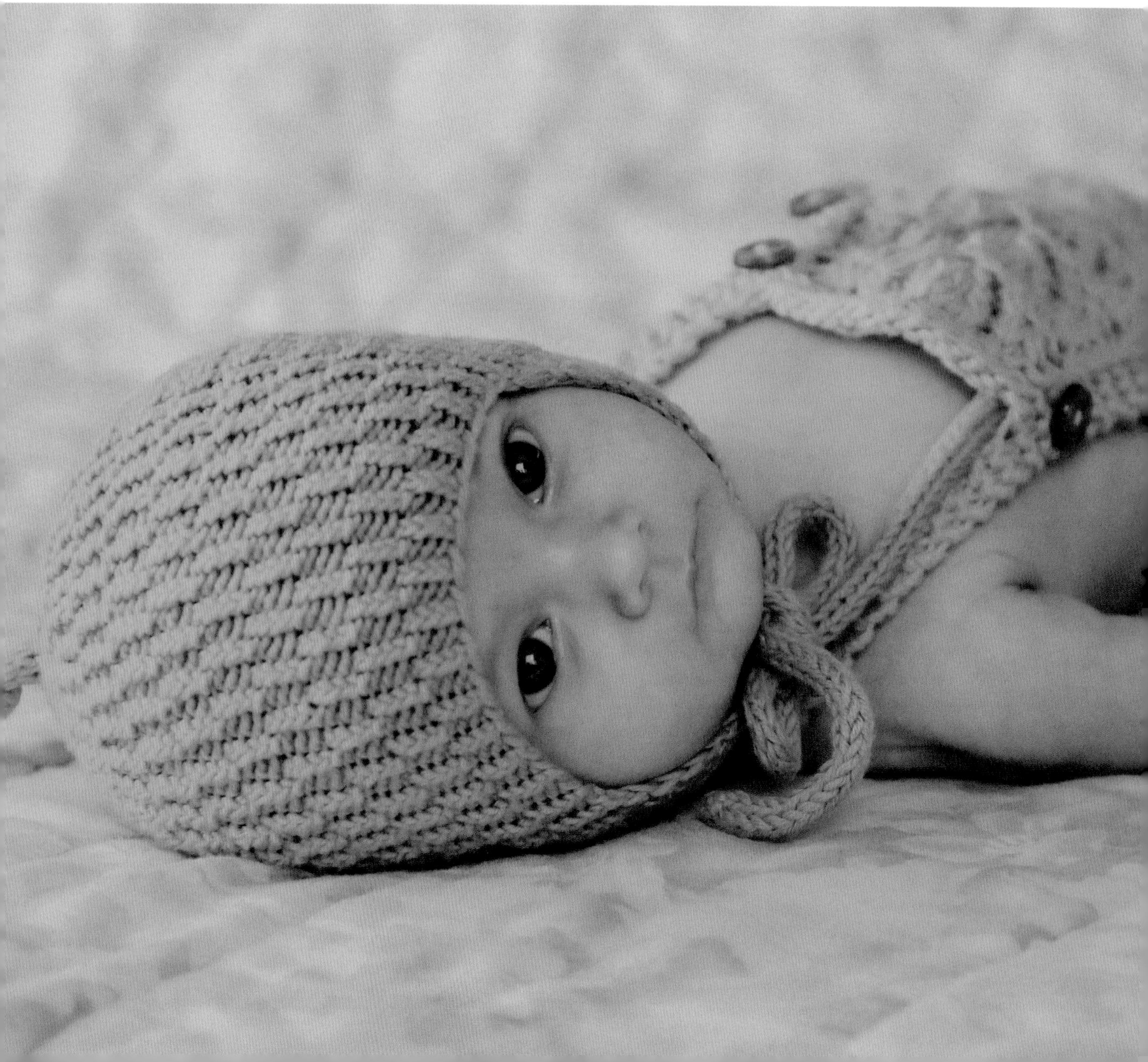

GRÖSSEN
Frühchen – 0-1 – 3 – 6/9 – 12/18 Mon

KLEIDERGRÖSSE
Umfang: ca. 26 – 28 – 32 – 36 – 38 cm
Höhe ohne Klappen: ca. 11 – 12 – 13 – 16 – 18 cm

MASCHENPROBE
27 M = 10 cm (glatt rechts mit N 3 mm)
30 M = 10 cm (Muster mit N 3 mm)

NADELSTÄRKE
Nspiel 2,5 mm und 3 mm
30–40 cm lange RundN 3 mm

GARNMENGE
ca. 50 – 50 – 50 – 50/100 – 100 g

EMPFOHLENES GARN
Dale Garn Lille Lerke (53 % Merinowolle, 47 % Baumwolle, Lauflänge 142 m/50 g), Dale Garn Baby Ull (100 % Merinowolle, Lauflänge 165 m/50 g), Dale Garn Soft Merino (100 % Extrafeine Merinowolle, Lauflänge 187 m/50 g)

HIER VERWENDET
Dale Garn Lerke, 8128 warmes Gelb

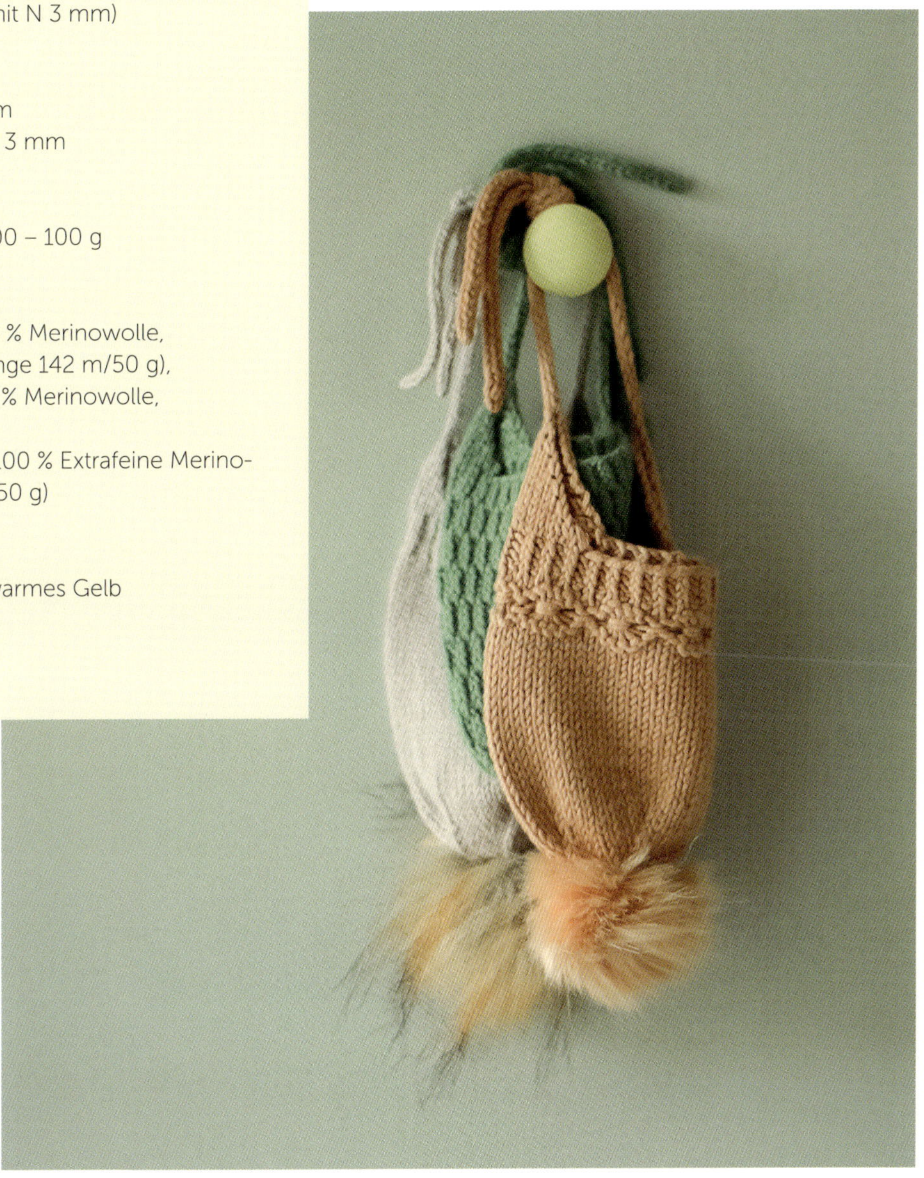

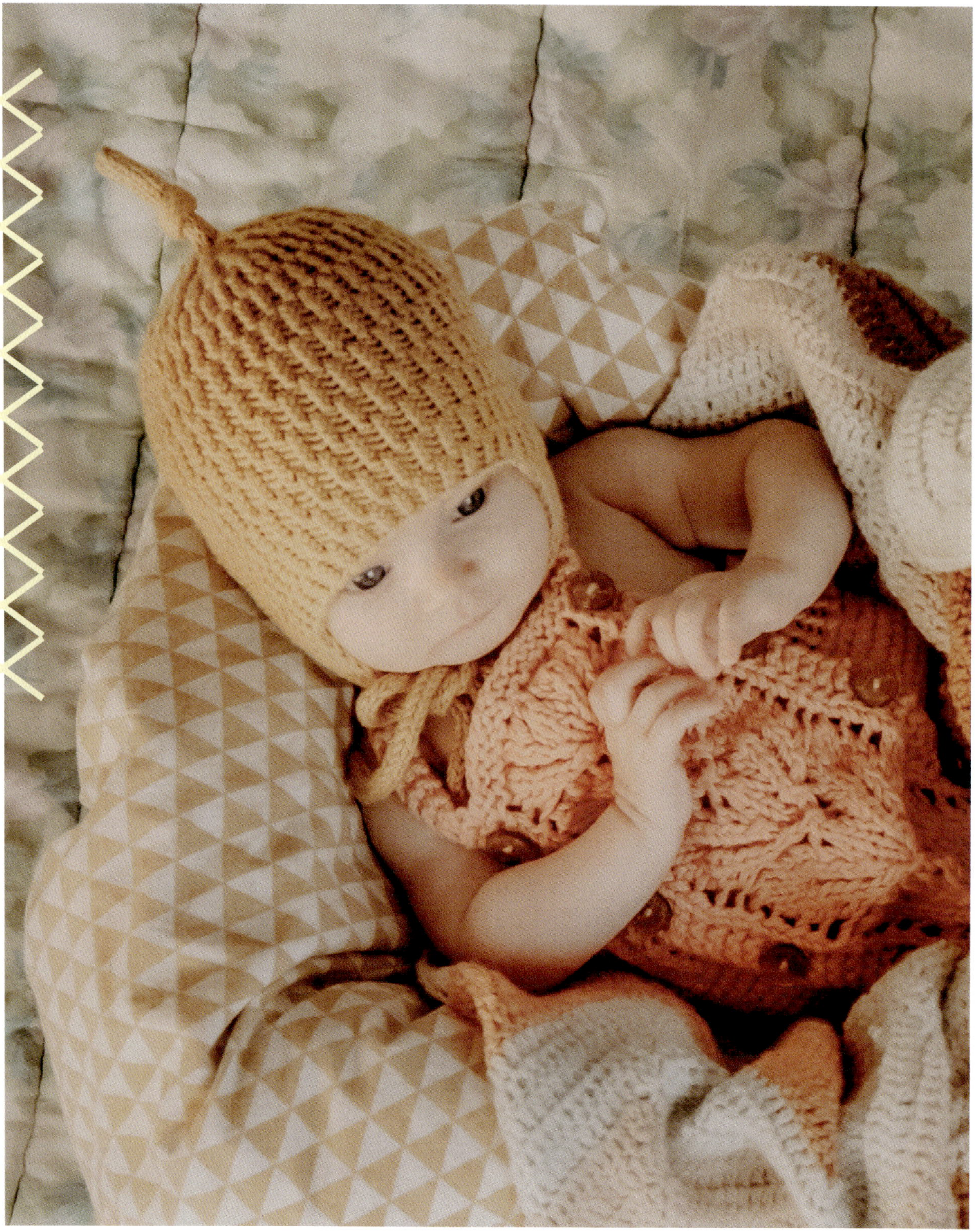

STRICKSCHRIFT

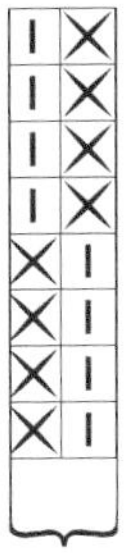

wiederholen

ZEICHENERKLÄRUNG

[X] li auf der rechten Seite, re auf der li Seite

[I] re verschränkt auf der re Seite, li verschränkt auf der li Seite (aus dem hinteren Maschenbogen stricken statt aus dem vorderen)

START

Beginne mit dem Band und den Ohrenklappen, die hin und zurück auf einer N gestrickt werden. Wenn beide Klappen gestrickt sind, werden sie auf das Nspiel oder die kurze RundN (30 – 40 cm) übernommen. Die Mütze wird rund gestrickt und oben abgekettet.

BAND

3 M mit dem Nspiel 2,5 mm anschlagen und ein Band nach der Erklärung auf Seite 7 stricken. Wenn das Band ca. 23 cm lang ist, die nächsten 2 R folgendermaßen stricken: 1 R re, wenden und 1 R li stricken.

OHRENKLAPPEN

1. R (Hinreihe): 1 M abheben wie zum re stricken, 1 M zunehmen, re M stricken, bis noch 1 M auf der N ist, 1 M zunehmen, 1 M re.

2. R (Rückreihe): 1 M abheben wie zum li stricken (mit dem Faden vor der N), li M über die gesamte N stricken. Die 1. und 2. R wiederholen, bis 15 M auf der N sind. 1 R re stricken, Faden abschneiden, aber ca. 70 cm stehen lassen (dieses Stück wird dazu benutzt, neue Maschen zwischen den Klappen aufzunehmen, wenn auf der RundN gestrickt wird). Eine zweite Klappe mit Band stricken.

MÜTZE

Die Mütze wird rund gestrickt auf einem Nspiel 3 mm oder einer kurzen RundN 3 mm. 8 – 9 – 11 – 12 – 13 – 14 M anschlagen, re M über die erste Ohrenklappe stricken, den Faden der Klappe zusammen mit dem Strickfaden verwenden, um 32 – 36 – 44 – 52 – 56 M anzuschlagen (= vordere Mitte), re M über die zweite Klappe stricken, wieder mit den zwei Fäden 8 – 9 – 11 – 13 – 14 M anschlagen.

Maschenanzahl gesamt: 78 – 84 – 96 – 108 – 114 M.
Einen Maschenmarkierer in der Mitte hinten einhängen, um den Beginn der Rd zu markieren. Es wird rund gestrickt nach Strickschrift, 4 – 4,5 – 5 – 6 – 7 Rapporte in der Höhe oder so viele Rapporte, bis die Arb ca. 9 – 10 – 11 – 13 – 16 cm hoch ist (ab dem hinteren Maschenmarkierer gemessen).

ABNEHMEN

1. Rd: *2 M re zusammenstricken, 2 M li zusammenstricken*, von * - * in der Rd wiederholen.
Maschenanzahl gesamt: 39 – 42 – 48 – 54 – 57 M.
2.–4. Rd: *1 M re verschränkt, 1 M li*, von * - * in der Rd wiederholen.
5. Rd: 1 – 0 – 0 – 0 – 1 M re, *2 M re zusammen, 2 M li zusammen*, von * - * in der Rd wiederholen.
6.–8. Rd: wie 2.–4. Rd stricken.
9. Rd: 0 – 1 – 0 – 1 – 1 M re, 2 M re zusammen, 2 M li zusammen über die gesamte Rd.
Maschenanzahl gesamt: 10 – 11 – 12 – 14 – 15 M.
1 Rd re M stricken und dabei gleichmäßig verteilt abnehmen (immer 2 M re zusammenstricken), bis noch 10 M auf der N sind.

KNOTEN ALS ABSCHLUSS

Der Knoten oben wird gestrickt, indem die letzten 10 M re rund gestrickt werden, bis die Arb ca. 8 – 8 – 9 – 9 – 9 cm lang ist. Faden abschneiden, durch die M ziehen und vernähen. Einen Knoten wie auf dem Bild machen. Alle Fäden vernähen.

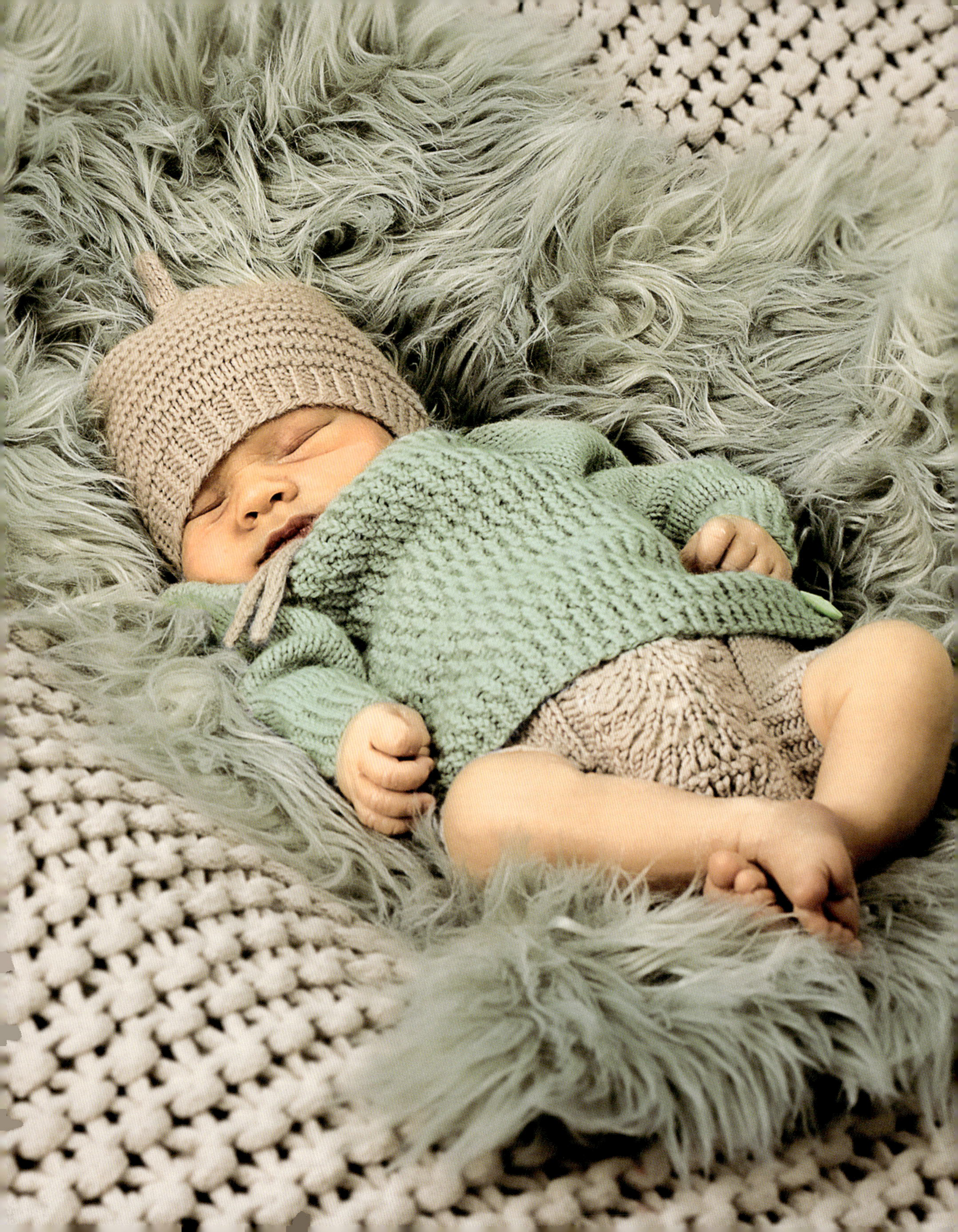

NEUGEBORENEN **JACKE**

Diese Jacke ist einer der Klassiker, die unbedingt in dieses Buch sollten. Man weiß ja nicht immer, welches Geschlecht das Baby im Bauch hat – Junge oder Mädchen. Dann ist es eine gute Idee, ein Kleidungsstück zu stricken, das immer passt, egal was für ein kleiner Schatz sich im Bauch versteckt.

GRÖSSEN
Frühchen – 0-1 – 3 – 6/9 – 12/18 Mon

KLEIDERGRÖSSE
Oberweite: ca. 34 – 43 – 47 – 51 – 56 cm
Länge: ca.18 – 20 – 25 – 29 – 33 cm

MASCHENPROBE
27 M = 10 cm (glatt rechts mit N 3 mm)

NADELSTÄRKE
Nspiel 2,5 mm und 3 mm
80 cm RundN 3 mm

GARNMENGE
ca. 100 – 100 – 150 – 150 – 200 g

EMPFOHLENES GARN
Dale Garn Lille Lerke (53 % Merinowolle, 47 % Baumwolle, Lauflänge 142 m/50 g), Dale Garn Baby Ull (100 % Merinowolle, Lauflänge 165 m/50 g), Dale Garn Soft Merino (100 % Extrafeine Merinowolle, Lauflänge 187 m/50 g)

HIER VERWENDET
Dale Garn Baby Ull, 8520 zartes Jadegrün
Dale Garn Lille Lerke, 8128 warmes Gelb

ZUSÄTZLICH
8 – 9 – 9 – 9 – 9 Knöpfe

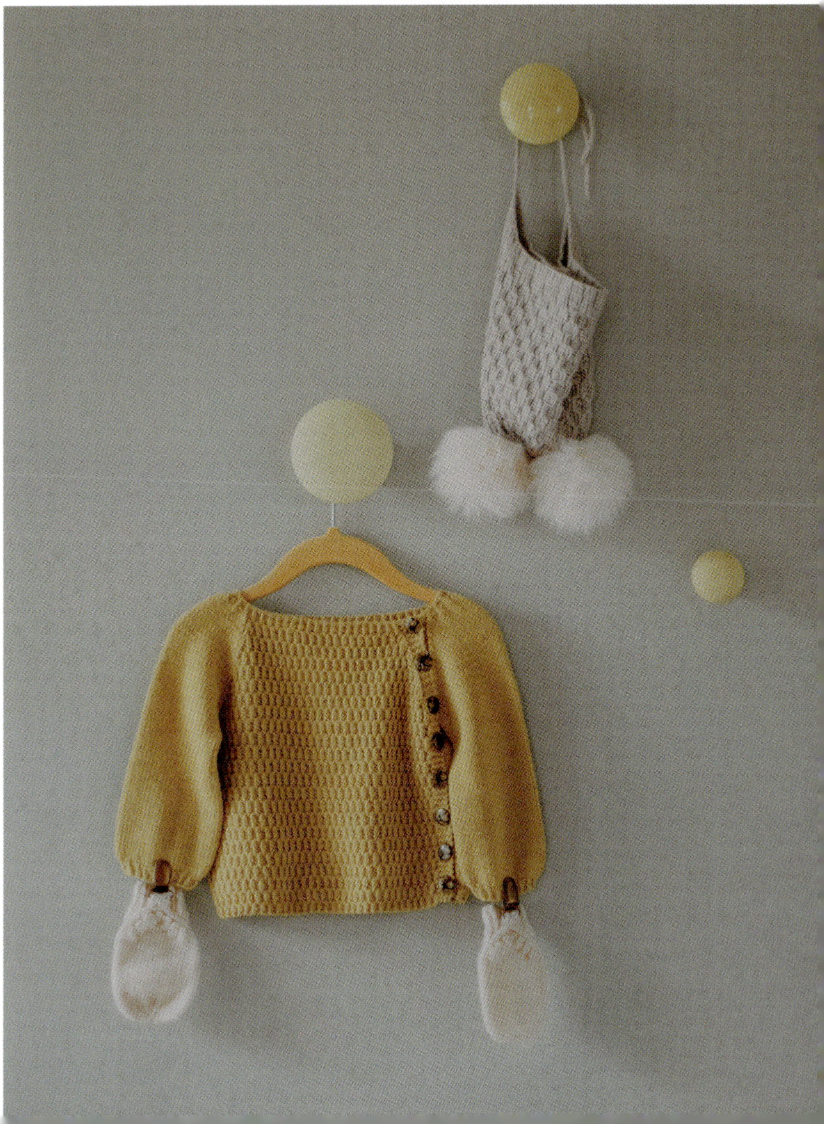

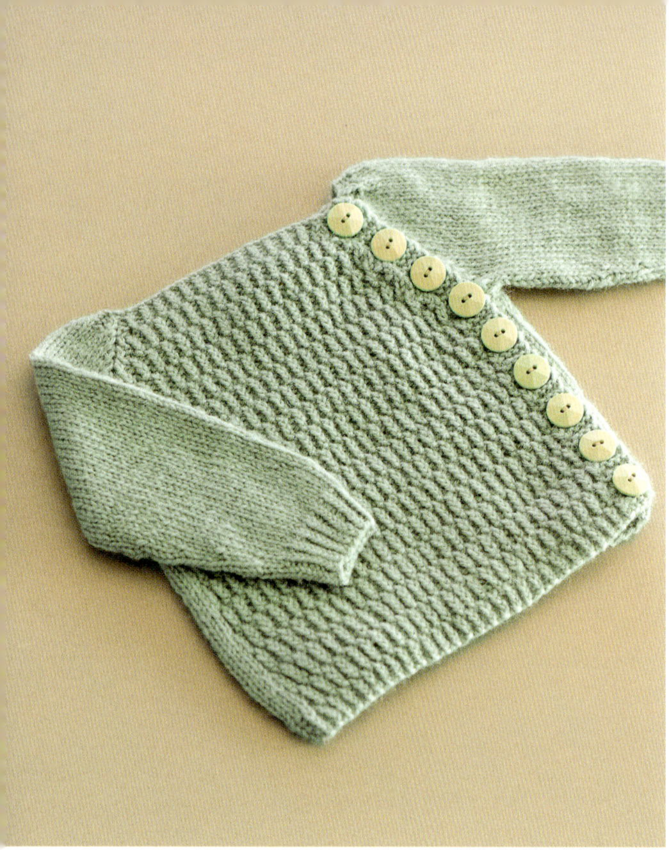

STRICKSCHRIFT

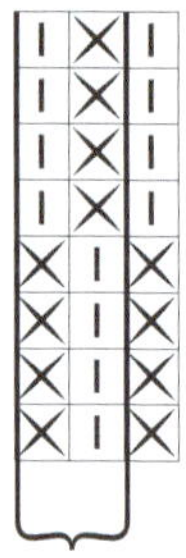

wieder-
holen

ZEICHENERKLÄRUNG

☐ re M in der Hinreihe, li M in der Rückreihe

☒ li M in der Hinreihe, re M in der Rückreihe

\| re verschränkt in der Hinreihe, li verschränkt in der Rückreihe (wird durch den hinteren Maschenbogen statt durch den vorderen gestrickt)

Die Jacke wird von unten nach oben gestrickt mit einer Knopfleiste an der Seite und Raglanabnahmen im Vorderteil.

KNOPFLEISTE

Die äußeren 4 M auf jeder Seite ergeben die Knopfleiste. Diese M werden als Krausrippe gestrickt (in Hin- und Rückreihen in jeder Reihe re).

KNOPFLOCH

Die Knopflöcher werden auf der rechten Seite des Vorderteils in jeder 8. – 8. – 10. – 12. – 14. R von rechts gestrickt. Das bedeutet, dass es 4 – 4 – 5 – 6 – 7 Krausrippen zwischen je zwei Knopflöchern gibt. Die Knopflöcher werden folgendermaßen über die 4 M der Knopfleiste gestrickt: 1 M re, 2 M re zusammen, 1 Umschlag, 1 M re stricken.

TIPPS ZUM ZUNEHMEN

Eine M zunehmen, indem der Faden zwischen 2 M aufgenommen wird. Die neue M wird re verschränkt gestrickt, um ein Loch zu vermeiden.

START

95 – 119 – 131 – 143 – 155 M mit der RundN 3 mm anschlagen. Die Jacke wird hin und zurück gestrickt.
4 R Bündchen folgendermaßen stricken:
1. und 3. R (Hinreihe): Knopfleiste stricken, 1 M re verschränkt, *1 M li, 1 M re verschränkt*, von * - * wiederholen, bis noch 4 M auf der N sind, Knopfleiste stricken.
2. und 4. R (Rückreihe): Knopfleiste stricken, 1 M li verschränkt, *1 M re, 1 M li verschränkt*, von * - * wiederholen, bis noch 4 M auf der N sind, Knopfleiste stricken.

RUMPF

5. R (Hinreihe): Knopfleiste mit Knopfloch stricken, nach Strickschrift über die nächsten 41 – 53 – 59 – 65 – 71 M (= Vorderteil), einen Maschenmarkierer auf die N hängen (= Seitennaht), 2 M re zusammenstricken, über die nächsten 44 – 56 – 62 – 68 – 74 M re (= Rückenteil), einen Maschenmarkierer auf die N hängen (= Seitennaht), Knopfleiste stricken.
Maschenanzahl gesamt: 94 – 118 – 130 – 142 – 154 M.

6. R (Rückreihe): Knopfleiste stricken, li M über das Rückenteil stricken, Strickschrift über das Vorderteil, Knopfleiste stricken.
7. R (Hinreihe): Knopfleiste stricken, Strickschrift über das Vorderteil stricken, re M über das Rückenteil, Knopfleiste stricken.
8. R (Rückreihe): Knopfleiste stricken, li M über das Rückenteil stricken, Strickschrift über das Vorderteil, Knopfleiste stricken.
Weiter hin und zurück stricken, Knopfleiste an den Seiten, Strickschrift über das Vorderteil und glatt re über das Rückenteil. Darauf achten, dass die Knopflöcher wie im Abschnitt ***Knopfloch*** gestrickt werden. Wenn insgesamt 4 – 5 – 5 – 5 – 5 Knopflöcher gestrickt sind, werden 8 – 8 – 10 – 12 – 14 R hin und zurück gestrickt. Der Rumpf soll dann ca. 11 – 13 – 16 – 19 – 23 cm ab Anschlag hoch sein. Die Arb zur Seite legen und zwei Ärmel stricken.

ÄRMEL

30 – 30 – 34 – 38 – 42 M mit dem Nspiel 2,5 mm anschlagen. 8 Rd Bündchen stricken, *1 M re verschränkt, 1 M li*, von * - * die gesamte Rd wiederholen. Zum Nspiel 3 mm wechseln.

ZUNEHMEN

4 Rd re stricken. Einen Maschenmarkierer mittig unter dem Ärmel (= Beginn der Rd) einhängen.
In der nächsten Rd: 1 M re, 1 M zunehmen, alle M re stricken, bis noch 1 M auf der N ist, 1 M zunehmen, 1 M re. Rund stricken und ***gleichzeitig*** in jeder 4. Rd zunehmen, bis 38 – 38 – 44 – 50 – 56 M auf der N sind. Re M in Rd stricken, bis der Ärmel ca. 12 – 13 – 15 – 18 – 21 cm lang ist. Ärmel zur Seite legen und den zweiten Ärmel genauso stricken.

PASSE

Jetzt werden die Ärmel und der Rumpf auf einer RundN zusammengesetzt und es wird hin und zurück mit Raglanabnahmen gestrickt. Es wird etwas eng, wenn man die Ärmel einstrickt, deshalb kann man eine extra lange RundN (mindestens 80 cm) mit weichem Seil verwenden und wie beschrieben stricken:
Nächste R (Hinreihe): Knopfleiste mit dem 5. – 6. – 6. – 6. – 6. Knopfloch stricken, Strickschrift über das Vorderteil, re M über die Hälfte der M des ersten Ärmels (darauf achten, dass die Unterseite des Ärmels zum Rumpf zeigt), * die Nadelspitze mit dem Seil vorsichtig zwischen den Maschen herausziehen, die N biegen und über die restlichen M vom Ärmel stricken, (die erste M muss fest gestrickt werden, damit es kein Loch gibt)*, re M über das Rückenteil, re M über die Hälfte vom zweiten Ärmel stricken, von * - * über die restlichen M vom Ärmel wiederholen und Knopfleiste stricken.

Maschenanzahl gesamt: 170 – 194 – 218 – 242 – 266 M.
Nächste R = Rückreihe: Knopfleiste stricken, li M über die Hälfte vom Ärmel, * die Nadelspitze mit dem Seil vorsichtig zwischen den Maschen herausziehen, die N biegen und li M über die restlichen M vom Ärmel stricken, (die erste M muss fest gestrickt werden, damit es kein Loch gibt)*, einen Maschenmarkierer auf die N hängen, li M über das Rückenteil, einen Maschenmarkierer auf die N hängen, li M über die Hälfte vom zweiten Ärmel stricken, von * - * über die restlichen M vom Ärmel wiederholen, einen Maschenmarkierer auf die N hängen, nach Strickschrift über das Vorderteil, Knopfleiste stricken.

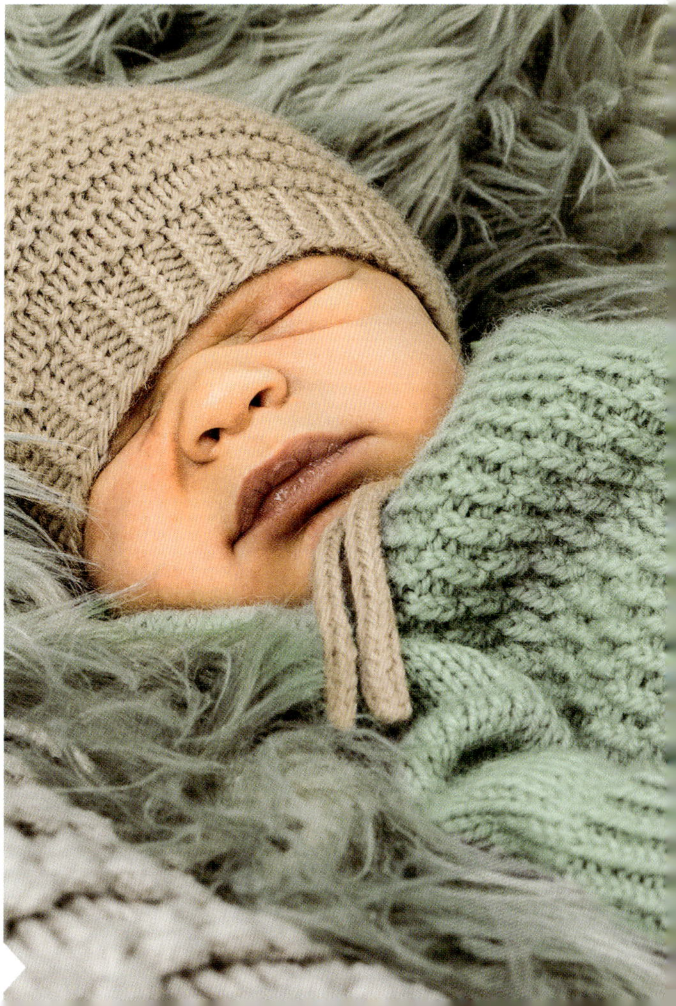

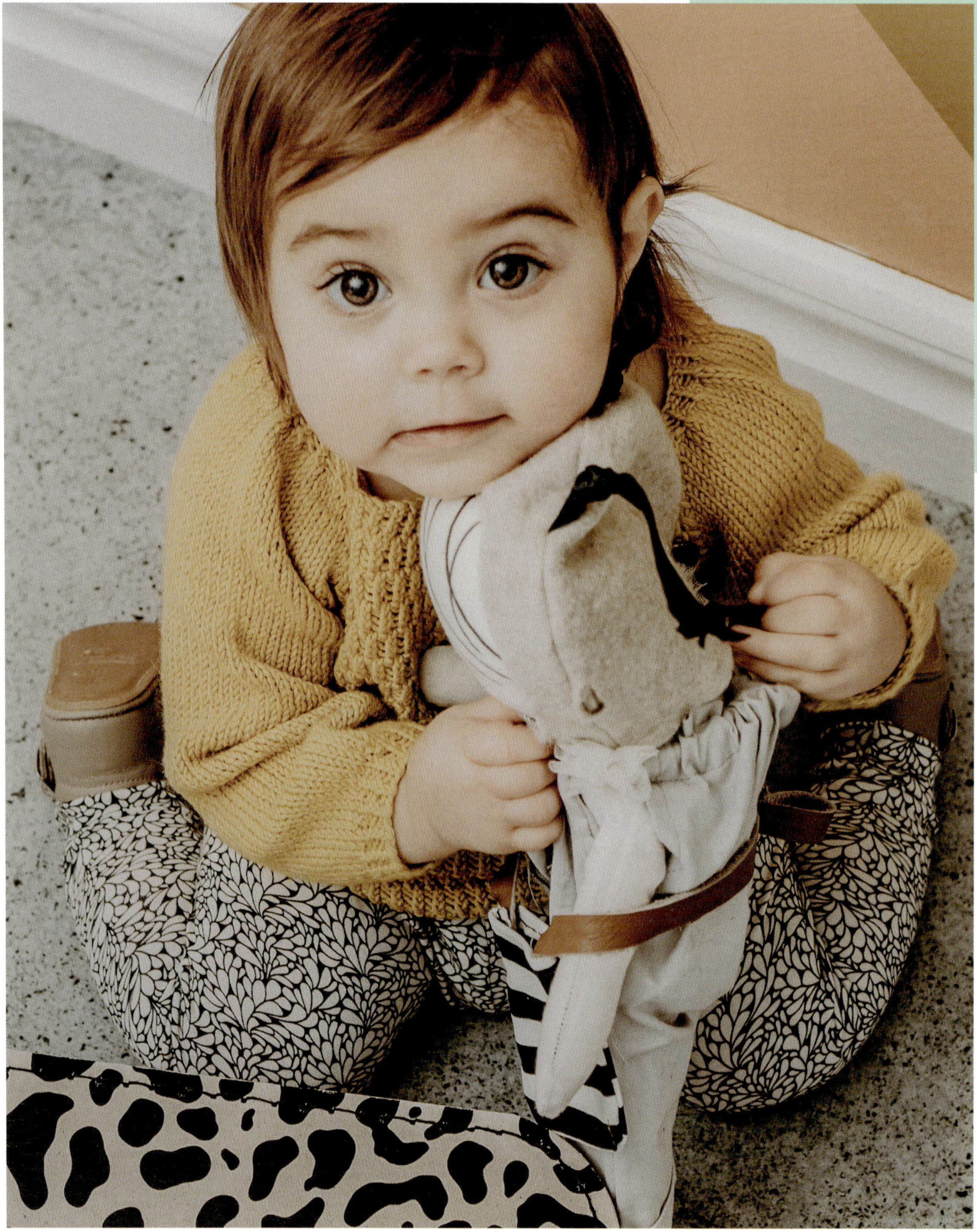

TIPP!

Um der Jacke einen spielerischen Ausdruck zu geben, kann man verschiedene zueinander passende Knöpfe aufnähen. Dafür Farben wählen, die zur Garderobe passen – dann kann die Jacke zu vielen Kleidungsstücken angezogen werden.

Jetzt wird an der Innenseite jeder Knopfleiste abgenommen und die Raglanabnahmen werden auf jeder Seite der Maschenmarkierer gestrickt. In jeder R der Hinreihe werden insgesamt 8 M abgenommen.

RAGLANABNAHMEN

Abnahmen vor einem Maschenmarkierer und der 2. Knopfleiste:
2 M re verschränkt zusammenstricken.
Abnahmen nach einem Maschenmarkierer und nach der 1. Knopfleiste:
2 M re zusammenstricken.

1. R (Hinreihe): Knopfleiste stricken, nach Strickschrift über das Vorderteil stricken, während ***gleichzeitig*** 1 M an jeder Seite vom Vorderteil abgenommen wird (2 M re oder 2 M li zusammenstricken). Darauf achten, dass die Strickschrift mit der vorherigen R übereinstimmt). Re M über den ersten Ärmel, das Rückenteil und den zweiten Ärmel stricken, während ***gleichzeitig*** 1 M an jeder Seite des Maschenmarkierers abgenommen wird, 2 M re verschränkt zusammen, Knopfleiste.
2. R (Rückreihe): Knopfleiste stricken, li M über alle M bis zum Vorderteil, nach Strickschrift über das Vorderteil, Knopfleiste stricken.
Die 1.–2. R 10 – 10 – 13 – 16 – 19 Mal wiederholen.
Maschenanzahl gesamt: 82 – 106 – 106 – 106 – 106 M.

HALS

Zur RundN 2,5 mm wechseln.

GRÖSSE: FRÜHCHEN – 0-1 – 3 MON

1. R (Hinreihe): Knopfleiste mit Knopfloch stricken, nach Strickschrift über die 19 – 31 – 31 M vom Vorderteil, *2 M re zusammen, 2 M li zusammen*, von * - * über die nächsten 12 M des ersten Ärmels (= 8 M abgenommen), nach Strickschrift über das Rückenteil, *2 M re zusammen, 2 M li zusammen*, von * - * über die M des anderen Ärmel wiederholen (= 8 M abgenommen), Knopfleiste stricken.

GRÖSSE: 6/9 – 12/18 MON

1. R (Hinreihe): Knopfleiste mit Knopfloch stricken, nach Strickschrift über die 31 M des Vorderteils, 2 M re zusammen, 2 M li zusammen, *1 M re verschränkt, 1 M li, 2 M re zusammen, 2 M li zusammen*, von * - * über die nächsten 6 M des ersten Ärmels wiederholen (= 6 M abgenommen), nach Strickschrift über das Rückenteil, 2 M re zusammen, 2 M li zusammen, *1 M re verschränkt, 1 M li, 2 M re zusammen, 2 M li zusammen*, von * - * über die M des zweiten Ärmels wiederholen (= 6 M abgenommen), Knopfleiste stricken.

ALLE GRÖSSEN

Maschenanzahl gesamt: 66 – 90 – 90 – 98 – 98 M.
2. R (Rückreihe): Knopfleiste stricken, nach Strickschrift über alle M bis zum letzten Maschenmarkierer, Knopfleiste stricken.
3. R (Hinreihe): Knopfleiste stricken, nach Strickschrift über alle M bis zum letzten Maschenmarkierer, Knopfleiste stricken.
4. R (Rückreihe): 4 M abketten, nach Strickschrift stricken, während ***gleichzeitig*** alle M der N abgekettet werden, die letzten 4 M re stricken, während abgekettet wird.

FERTIGSTELLEN

Alle losen Fäden vernähen und 8 – 9 – 9 – 9 -9 Knöpfe an der linken Knopfleiste annähen. Die Knöpfe mit einem festen Nähgarn statt mit Strickgarn annähen, damit sie fest sitzen.

HAND **SOCKEN**

Handsocken sind speziell für Frühchen und neugeborene Babys designt. Weil sie ohne Ferse gestrickt werden, können sie sowohl zum Wärmen der Hände als auch der Füße benutzt werden. Damit sie besonders luftig und wärmend sind, wird mit einer halben Nadelstärke mehr als empfohlen gestrickt.

GRÖSSEN
Frühchen – 0/3 – 3/6 Mon

KLEIDERGRÖSSE
Durchmesser: ca. 8 – 10 – 12 cm
Länge: ca. 13 – 16 – 18 cm

MASCHENPROBE
32 M = 10 cm (Muster mit N 3,5 mm)

NADELSTÄRKE
Nspiel 3,5 mm

GARNMENGE
ca. 50 – 50 – 50 g

EMPFOHLENES GARN
Dale Garn Baby Ull (100 % Merinowolle, Lauflänge 165 m/50 g),
Dale Garn Soft Merino (100 % Extrafeine Merinowolle, Lauflänge 187 m/50 g)

HIER VERWENDET
Dale Garn Soft Merino, 3007 helles Karamell

START
Mit dem Nspiel 3,5 mm 28 – 32 – 38 M locker anschlagen und auf 4 N verteilen. Die Handsocken werden rund gestrickt. Einen Maschenmarkierer zu Beginn der Rd einhängen.
1.–4. Rd: *1 M re verschränkt, 1 M li*, von * - * die gesamte Rd wiederholen.
5.–8. Rd: *1 M li, 1 M re verschränkt*, von * - * die gesamte Rd wiederholen.
1.-8. Rd wiederholen bis ca 12 – 15 – 17 cm ab Anschlag gemessen werden und enden mit einer 4. oder 8. Rd. In der folgenden Rd: 2 M re zusammen über die gesamte Rd stricken.
Nächste Rd: alle M re stricken.
Letzte Rd: 2 M re zusammen über die gesamte Rd stricken, Faden abschneiden und durch die restichen Maschen ziehen. Gut zusammenziehen und vernähen.

I-TÜPFELCHEN
Zur Verzierung kann man ein Band mit einer großen stumpfen Nadel auf Höhe der Ferse einziehen.

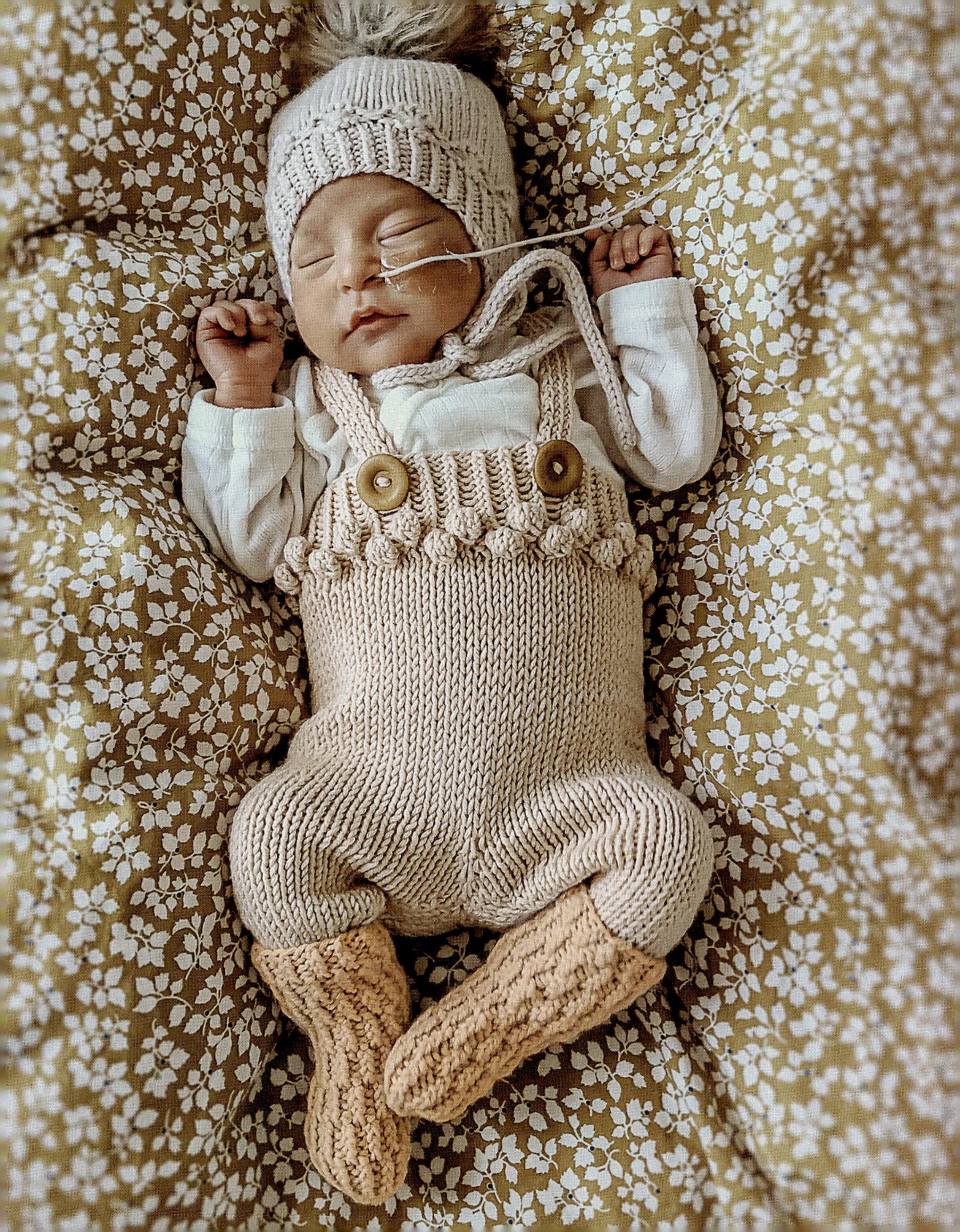

OH WIE KALT **FÄUST-LINGE**

Praktische Fäustlinge mit einem Clip sorgen dafür, dass die Kleinen nie mehr kalte Hände haben. Man kann sie nämlich nicht so leicht ausziehen, weil sie keinen Daumen haben.

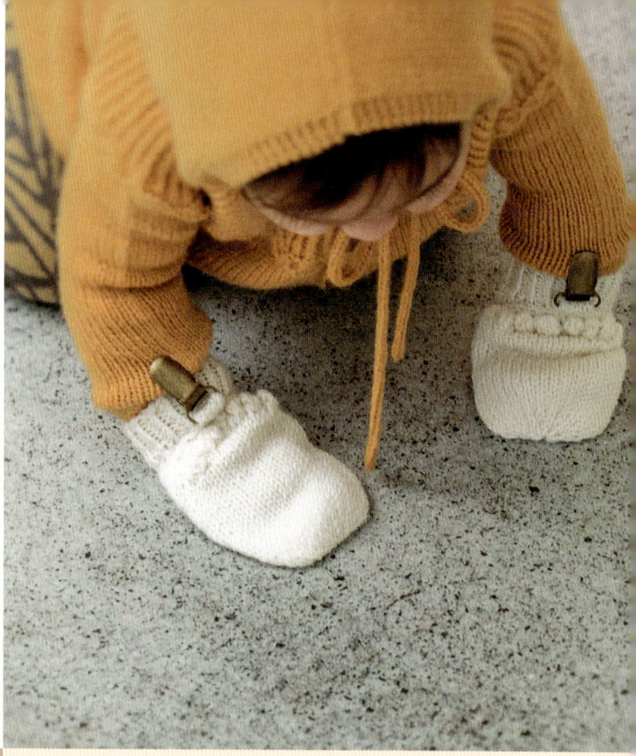

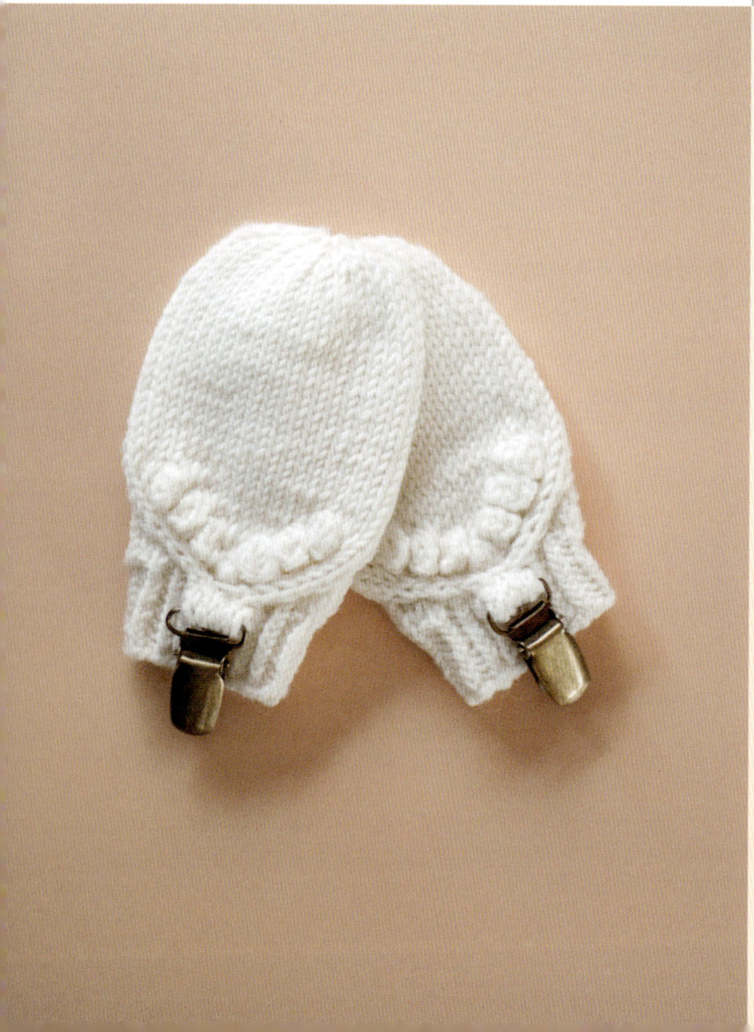

GRÖSSEN
0/6 – 6/12 Mon

KLEIDERGRÖSSE
Durchmesser: ca. 11 – 14 cm
Länge: ca. 11 – 13 cm

MASCHENPROBE
22 M = 10 cm (glatt rechts mit N 3,5 – 4 mm)

NADELSTÄRKE
Nspiel 3 mm und 3,5 mm
HilfsN 3,5 mm
HäkelN 3 mm

GARNMENGE
ca. 50 – 50 g

EMPFOHLENES GARN
Dale Garn Merino 22 (100 % Merinowolle, extrafein, Lauflänger 125 m/50 g)

HIER VERWENDET
Dale Garn Merino 22, 2021 Natur

ZUSÄTZLICH:
2 Clips

STRICKSCHRIFT A

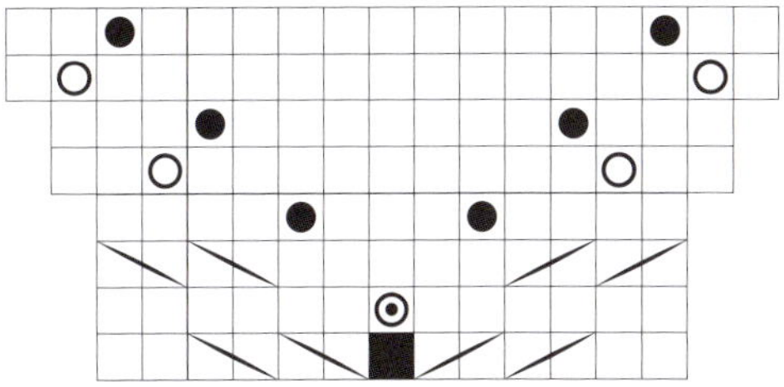

STRICKSCHRIFT B

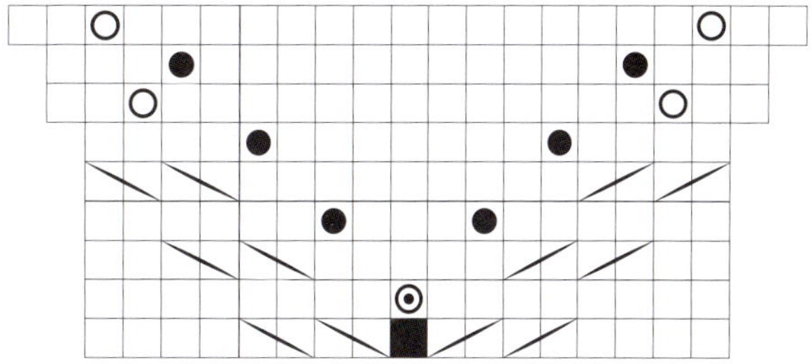

ZEICHENERKLÄRUNG

- ☐ re auf der rechten Seite, li auf der linken Seite
- ■ keine M, dieses Kästchen überspringen
- ○ Faden zwischen 2 M aufnehmen und re verschränkt stricken, um ein Loch zu vermeiden
- ● siehe Erklärung Seite 7
- ⊙ Faden zwischen 2 M aufnehmen und 1 Noppe in die neue M stricken, siehe Erklärung Seite 7
- ╱╱ 2 M auf die HilfsN hinter die Arb legen, 2 M re, die 2 M von der HilfsN re stricken
- ╲╲ 2 M auf die HilfsN vor die Arb legen, 2 M re, die 2 M von der HilfsN re stricken

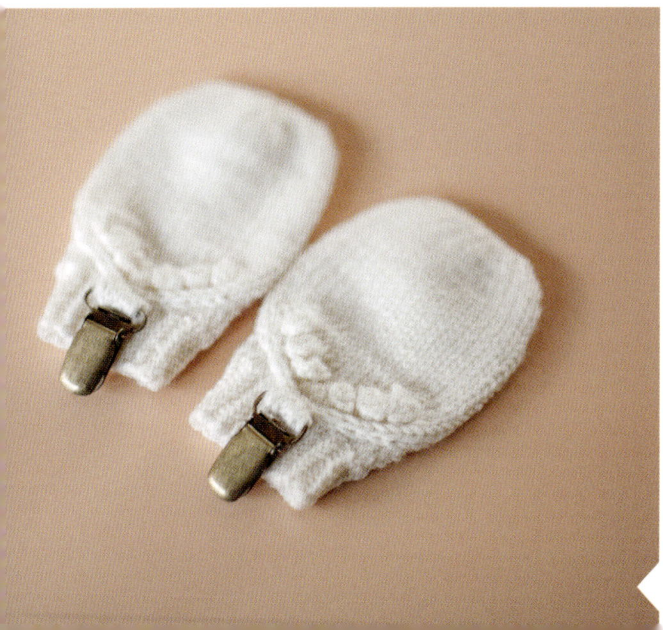

START

Mit dem Nspiel 3 mm 24 – 32 M anschlagen und die M auf 3 N verteilen. Die Handschuhe werden rund gestrickt. 10 Rd Bündchen stricken: *1 M re verschränkt, 1 M li*, von * - * die gesamte Rd wiederholen. Zum Nspiel 3,5 mm wechseln und die ersten 12 – 16 M auf die erste N geben und die restlichen M auf den anderen N verteilen (insgesamt 3 N ohne die, mit der gestrickt wird). Nach Strickschrift A – B über die erste N stricken und re M über die nächsten 2 N. Wenn die Strickschrift gestrickt ist, re M über alle M stricken, bis die Arb ca. 10 – 12 cm lang ist.

ABNEHMEN

1. Rd: 2 M re zusammenstricken, die gesamte d wiederholen.

2. Rd: alle M re stricken.

3. Rd: 2 M re zusammen über die gesamte d stricken, Faden abschneiden und durch die Maschen ziehen. Gut zusammenziehen und vernähen.

ÖSE FÜR DIE CLIPS

Mit einer Häkelnadel genau in der Mitte der Fäustlinge 5 Maschen aufnehmen, zwischen dem Bündchen und dem Beginn der Noppen. Die Maschen auf eine N des Nspiels 3 mm geben und folgendermaßen stricken:

1. R (Rückreihe): 1 M abheben wie zum li stricken (mit dem Faden vor der Arb), 4 M li stricken.

2. R (Hinreihe): 1 M abheben wie zum re stricken (mit dem Faden hinter der Arb), 4 M re stricken.

3. und 4. R: wie die 1. und 2. R stricken.

5. R (Rückreihe): alle M abketten.

Faden abschneiden und vernähen. Den Clip so einfädeln, dass er nach oben zeigt, bevor er gut festgenäht wird.

FÄUSTLINGE **MIT CLIPS**

Fäustlinge mit Clips in zwei verschiedenen Techniken. Einmal mit Krausrippen und Noppen und einmal schlicht mit Streifen.

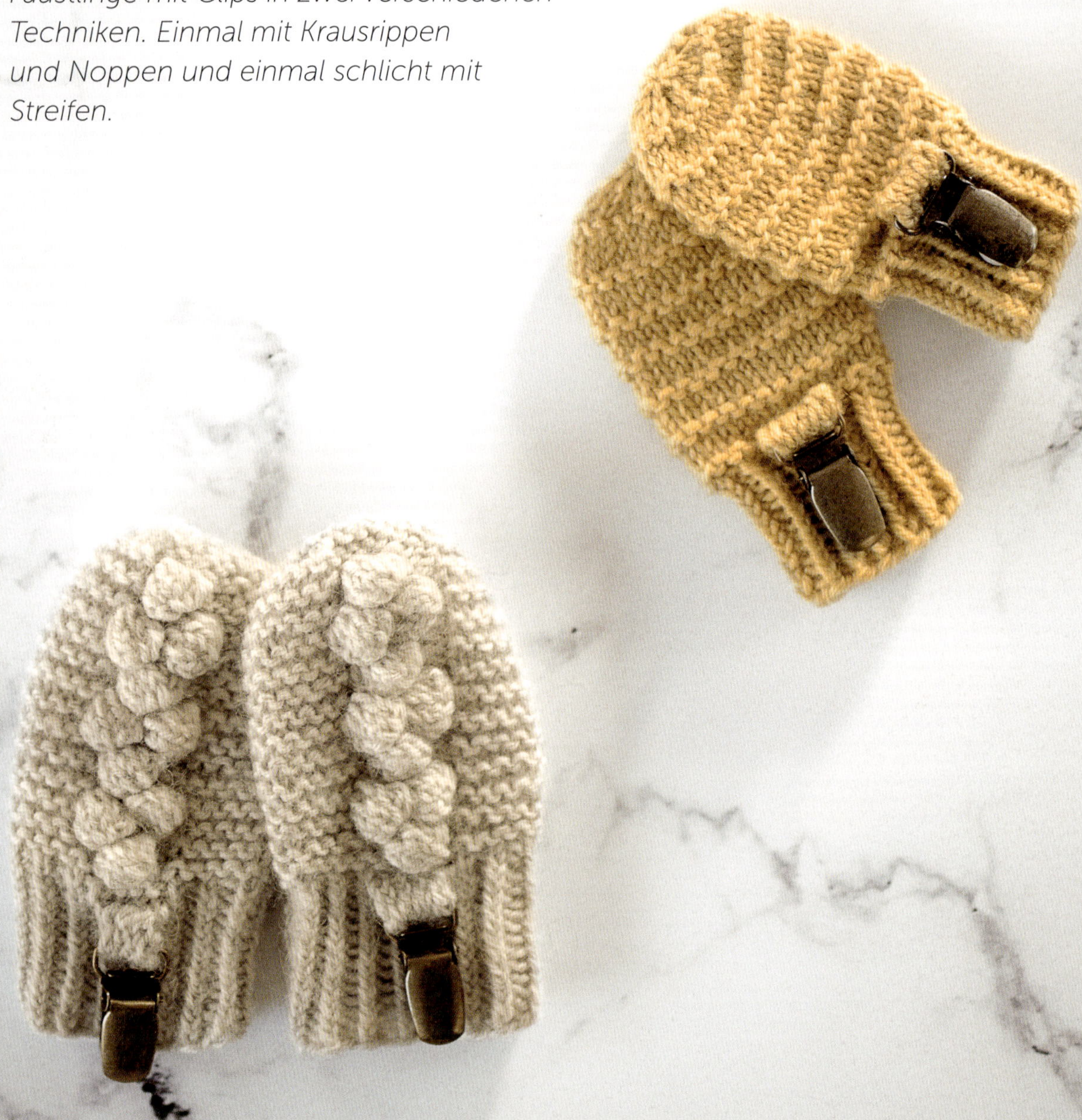

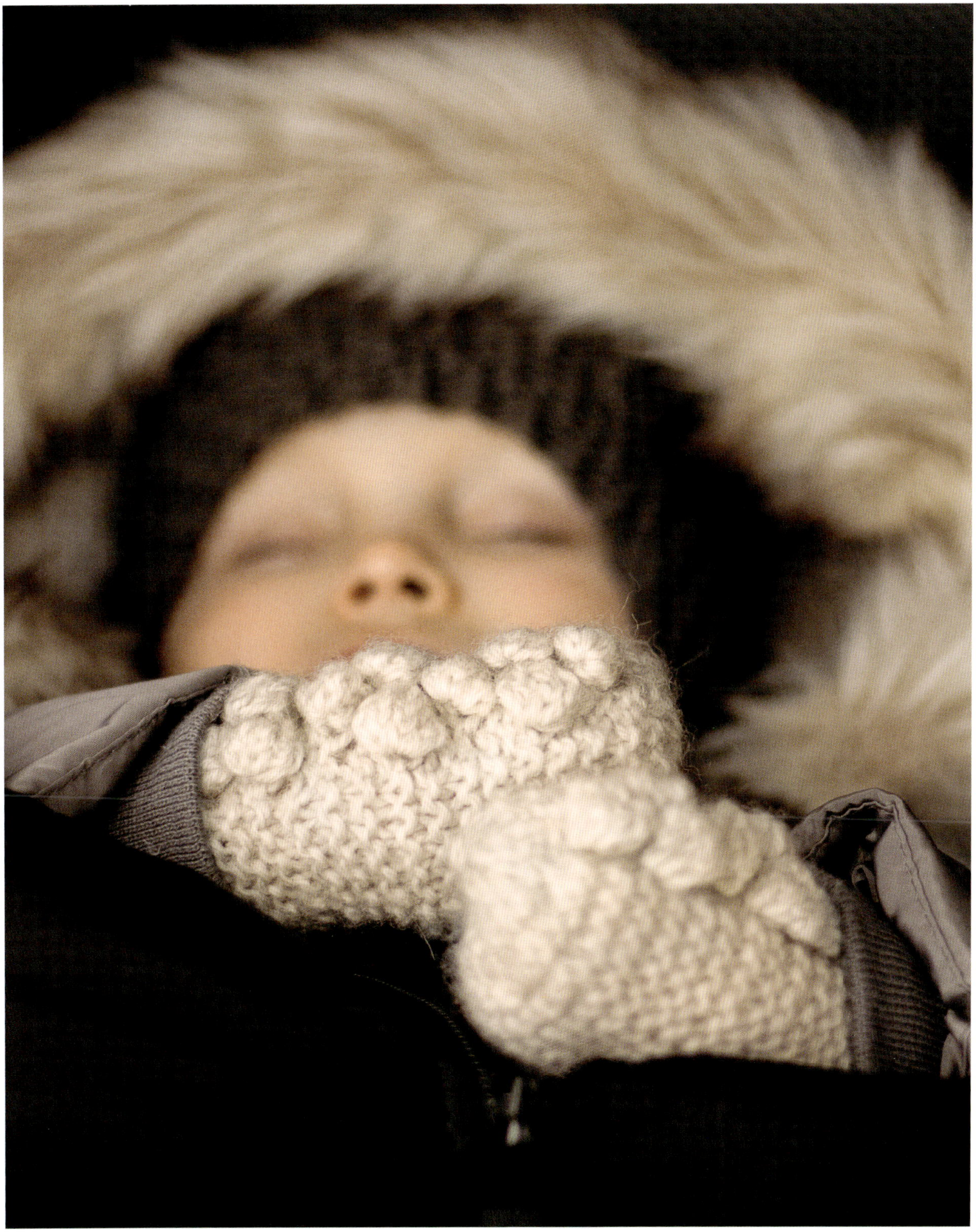

STRICKSCHRIFT

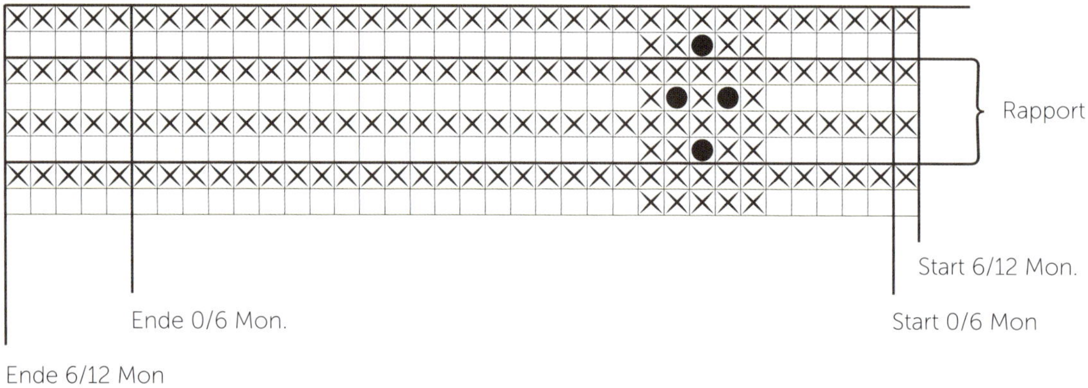

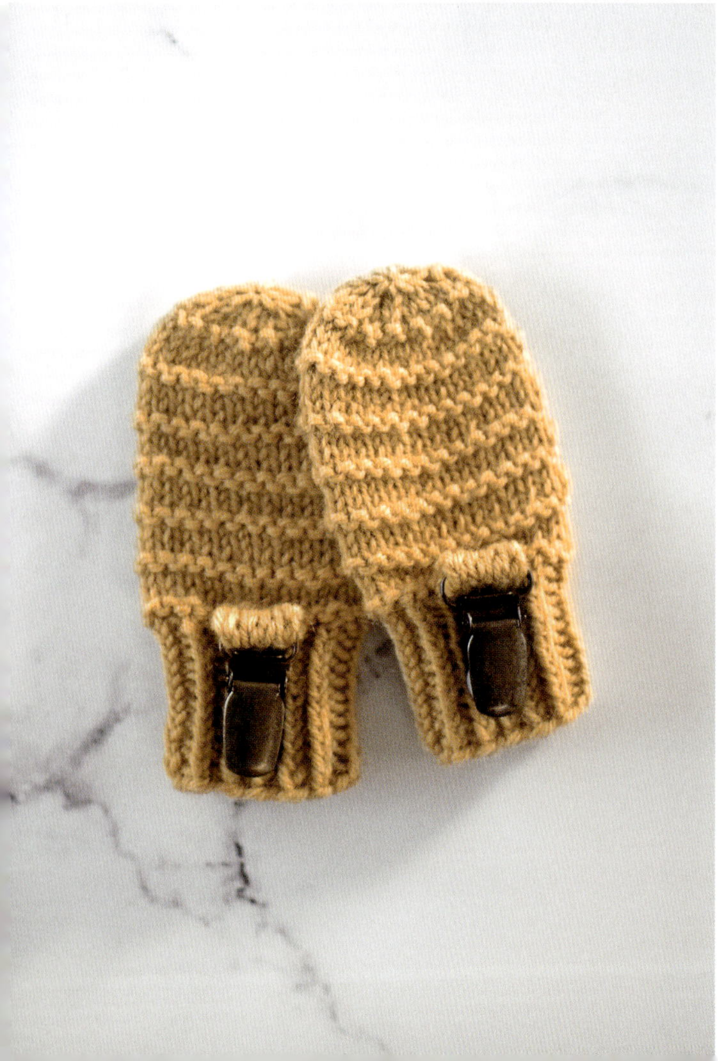

GRÖSSEN
0/6 – 6/12 Mon

KLEIDERGRÖSSE
Durchmesser: ca. 14 – 16 cm
Länge: ca. 11 – 13 cm

MASCHENPROBE
22 M = 10 cm (glatt rechts mit N 4 mm)

NADELSTÄRKE
Nspiel 3,5 und 4 mm
HäkelN 3,5 mm

GARNMENGE
ca. 50 – 50 g

EMPFOHLENES GARN
Dale Garn Merino 22 (100 % Merinowolle, extrafein, Lauflänger 125 m/50 g)

HIER VERWENDET
Fäustlinge mit Noppen: Dale Garn Merino 22, 2022 pudriges Beige
Fäustlinge mit Streifen: Dale Garn Merino 22, 2020 Maisgelb

ZUSÄTZLICH
2 Clips

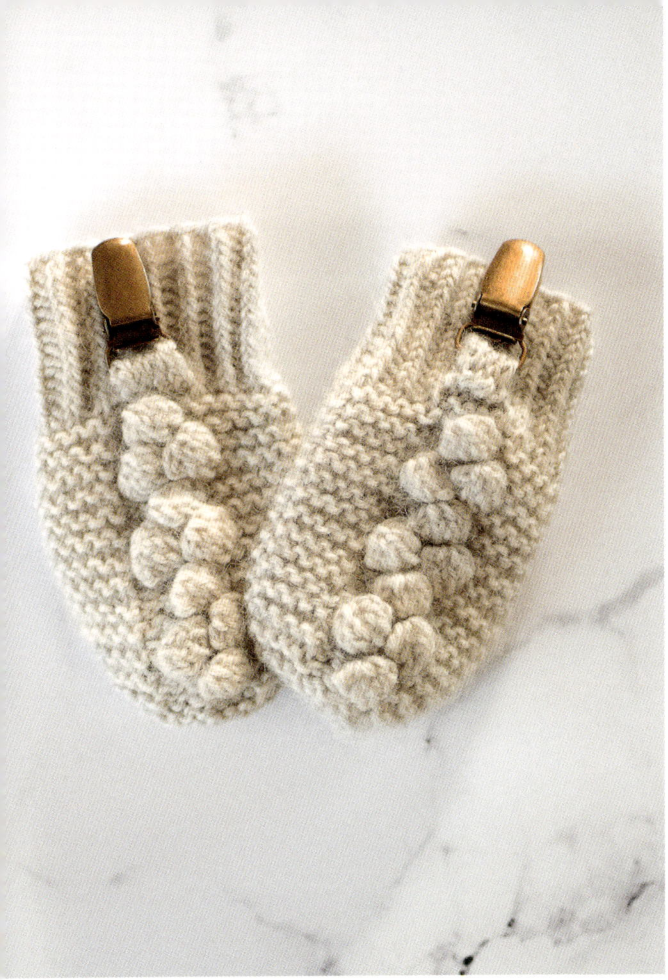

START (BEIDE VARIANTEN)
Mit dem Nspiel 3,5 mm 30 – 36 M anschlagen. Die Fäustlinge werden rund gestrickt. Bündchen folgendermaßen stricken: *1 M re verschränkt, 1 M li*, von * - * die gesamte Rd wiederholen (verschränkte M werden im hinteren Maschenbogen gestrickt statt im vorderen). 14 – 16 Rd Bündchen stricken. Zum Nspiel 4 mm wechseln.

↘ FÄUSTLINGE MIT NOPPEN

Die zwei ersten Reihen der Strickschrift stricken, den Rapport in der Höhe so oft wiederholen, bis der Fäustling ca. 12 – 14 cm lang ist, ab Anschlag gemessen. Strickschrift fertig stricken. Dann *1 Rd re M, 1 Rd li M stricken*, von * - * 3 Mal wiederholen (= 3 Krausrippen).
weiterstricken bei **ABNEHMEN.

↘ FÄUSTLINGE MIT STREIFEN

1. Rd: alle M li stricken.
2.–4. Rd: alle M re stricken.
Rd. 1–4 wiederholen, bis der Fäustling ca. 13 – 15 cm lang ist, ab Anschlag gemessen.
5. Rd: alle M li stricken.
weiterstricken bei **ABNEHMEN.

****ABNEHMEN**
1. Rd: 2 M re zusammenstricken über die gesamte Rd.
2.–4. Rd: alle M re stricken.
5. Rd: 2 M re zusammenstricken über die gesamte Rd, Faden abschneiden und durch die Maschen ziehen. Gut zusammenziehen und vernähen.

ÖSE FÜR DIE CLIPS
Mit einer Häkelnadel genau in der Mitte der Oberseite der Fäustlinge 5 M aufnehmen, zwischen dem Bündchen und dem Beginn der Noppe. Die M auf eine N des Nspiels 3 mm geben und folgendermaßen stricken:
1. R (Rückreihe): 1 M abheben wie zum li stricken (mit dem Faden vor der Arb), 4 M li stricken.
2. R (Hinreihe): 1 M abheben wie zum re stricken (mit dem Faden hinter der Arb), 4 M re stricken.
3. und 4. R: wie die 1. und 2. R stricken.
5. R (Rückreihe): alle M abketten.
Faden abschneiden und vernähen. Den Clip so einfädeln, dass er nach oben zeigt, bevor er gut festgenäht wird.

ZEICHENERKLÄRUNG

- ☐ re auf der rechten Seite, li auf der linken Seite
- ☒ li auf der rechten Seite, re auf der linken
- ● **Noppe:** siehe Erklärung Seite 7

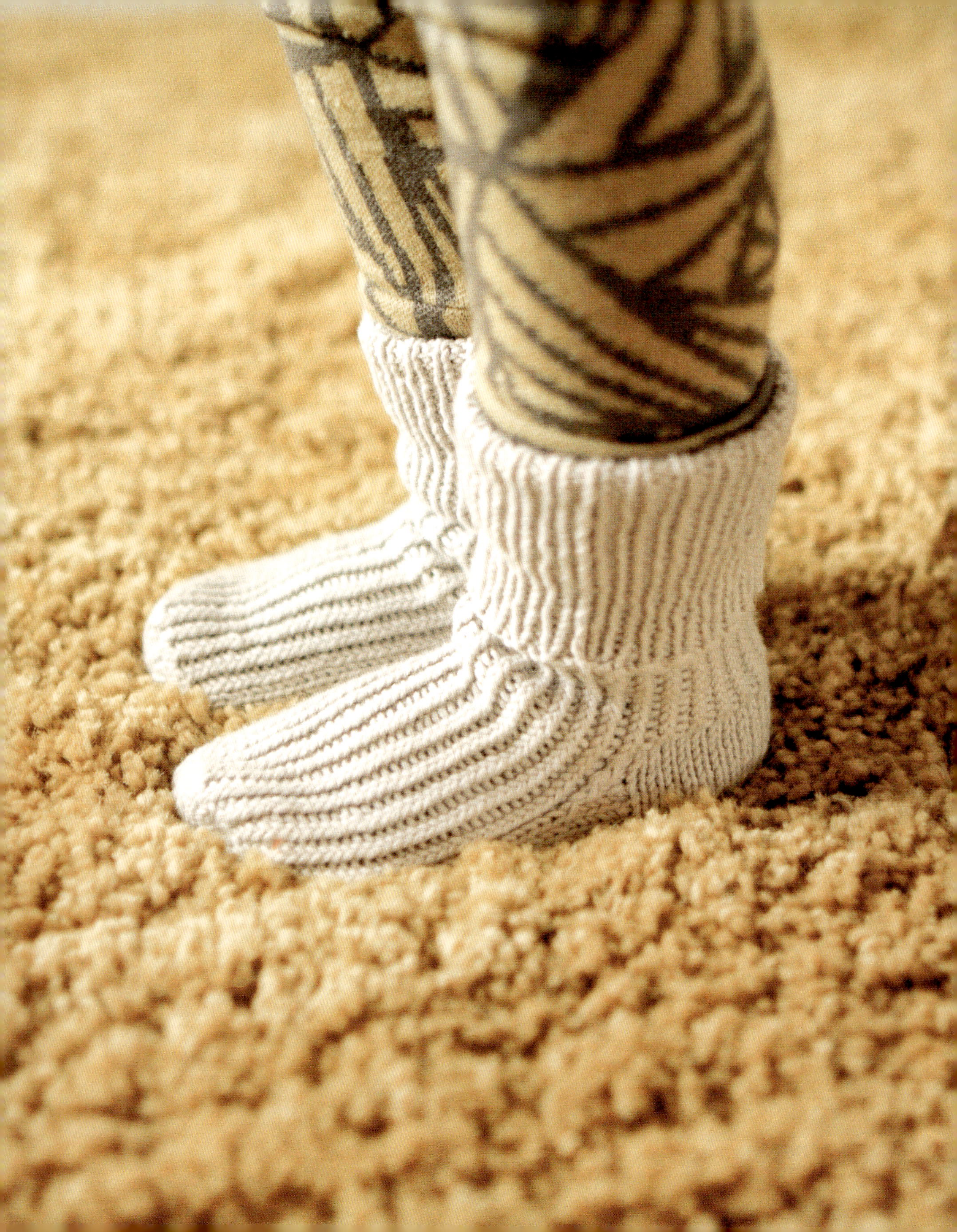

EINFACH GESTRICKTE **SOCKEN &** EINFACH GESTRICKTE **KNIESTRÜMPFE**

Einfach gestrickte Socken und Kniestrümpfe mit einem verschränkten Bündchen sind schöne Basis-Kleidungsstücke, die gut zu den anderen Modellen in diesem Buch passen.

GRÖSSEN
0/2 – 3/5 – 6/9 Mon – 1 – 2 – 3 /4 Jahre

FUSSLÄNGE
9 – 10 – 11 – 12 – 13 – 15 cm

MASCHENPROBE
27 M = 10 cm (glatt rechts mit N 3 mm)
32 M = 10 cm (Muster mit N 3 mm)

NADELSTÄRKE
Nspiel 3 mm
HilfsN 3 mm

GARNMENGE
ca. 50 – 50 – 50 – 50 – 100 – 100 g

EMPFOHLENES GARN
Dale Garn Lille Lerke (53 % Merinowolle, 47 % Baumwolle, Lauflänge 142 m/50 g), Dale Garn Baby Ull (100 % Merinowolle, Lauflänge 165 m/50 g), Dale Garn Soft Merino (100 % Extrafeine Merinowolle, Lauflänge 187 m/50 g)

HIER VERWENDET
Dale Garn Lille Lerke, 2425 Kitt

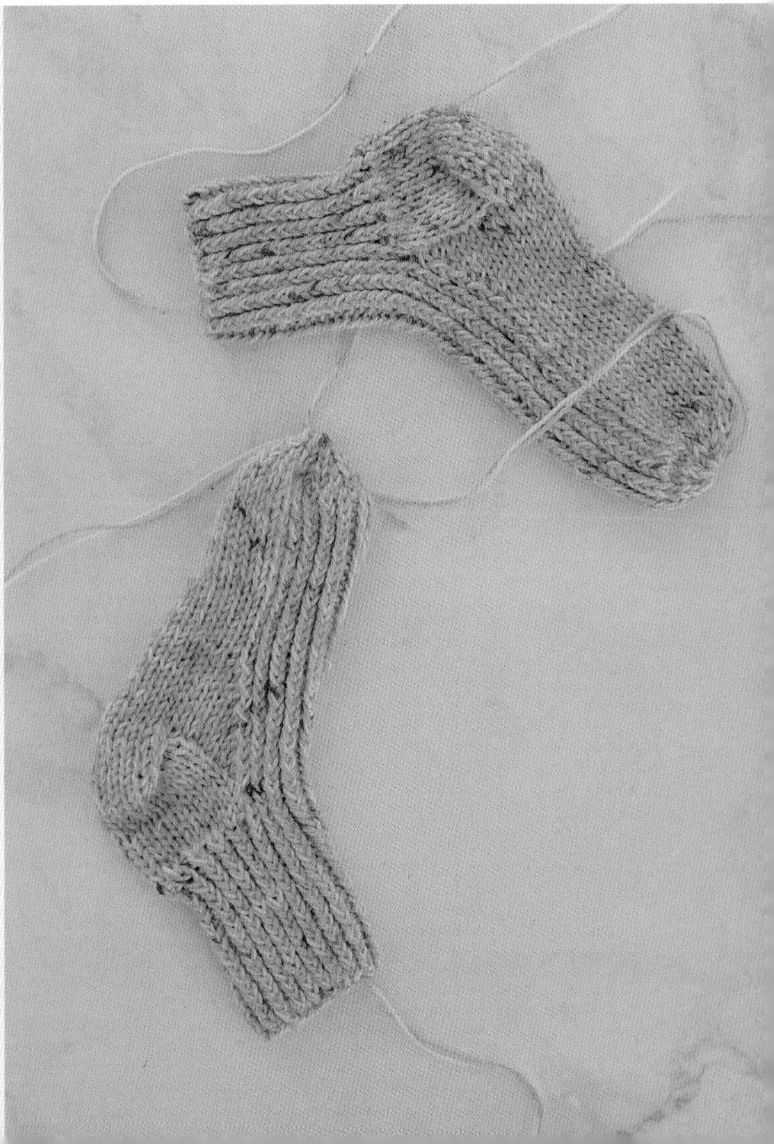

START

32 – 36 – 38 – 44 – 50 – 60 M mit dem Nspiel 3 mm anschlagen und auf 4 N verteilen.

EINFACH GESTRICKTE SOCKEN

Bündchen stricken: *1 M re verschränkt, 1 M li, von * - * über die gesamte Rd wiederholen. Stricken, bis die Socke ca. 6 – 7 – 8 – 9 – 10 – 10 cm lang ist. Weiterstricken bei ** ABNEHMEN FÜR DIE FERSE..

EINFACH GESTRICKTE KNIESTRÜMPFE

Bündchen stricken: *1 M re verschränkt, 1 M li, von * - * über die gesamte Rd wiederholen. Stricken, bis der Kniestrumpf ca. 9 – 11 – 13 – 15 – 17 – 20 cm lang ist. Weiterstricken bei ** ABNEHMEN FÜR DIE FERSE.

**** ABNEHMEN FÜR DIE FERSE**

Die nächsten 17 – 19 – 19 – 23 – 25 – 31 M auf eine N geben (= M für die Ferse), die restlichen 15 – 17 – 19 – 21 – 25 – 29 M auf eine HilfsN/einen Hilfsfaden geben, während die Ferse gestrickt wird. Glatt rechts hin und zurück über die M der Ferse stricken, bis die Ferse ca. 2 – 2 – 2,5 – 3 – 3 – 3,5 cm lang ist. Einen Maschenmarkierer in die mittM einhängen, von hier wird die Länge des Fußes gemessen. Die Abnahmen für die Ferse folgendermaßen stricken:

1. R (Hinreihe): 1 M auf die re N abheben (wie zum re stricken), re M über alle M der N, bis noch 5 – 6 – 6 – 7 – 7 – 9 M da sind, 2 M re verschränkt zusammen, Arb wenden.

2. R (Rückreihe): 1 M auf die re N abheben (wie zum li stricken), li M über alle M der N, bis noch 5 – 6 – 6 – 7 – 7 – 9 M da sind, 2 M li zusammen, Arb wenden.

3. R (Hinreihe): 1 M auf die re N abheben (wie zum re stricken), re M über alle M der N, bis noch 4 – 5 – 5 – 6 – 6 – 8 M da sind, 2 M re verschränkt zusammen, Arb wenden.

4. R (Rückreihe): 1 M auf die re N abheben (wie zum li stricken), li M über alle M der N, bis noch 4 – 5 – 5 – 6 – 6 – 8 M da sind, 2 M li verschränkt zusammen, Arb wenden.

So weiterarbeiten, bis nur noch 9 – 9 – 9 – 11 – 13 – 15 M auf der N sind. Jetzt wird in Rd weitergestrickt, während auf jeder Seite der Ferse M aufgenommen werden.

Über alle FersenM re M stricken, 5 – 6 – 6 – 7 – 7 – 9 M aufnehmen, die M von der HilfsN/dem Hilfsfaden zurück auf die N nehmen, einen Maschenmarkierer auf die N

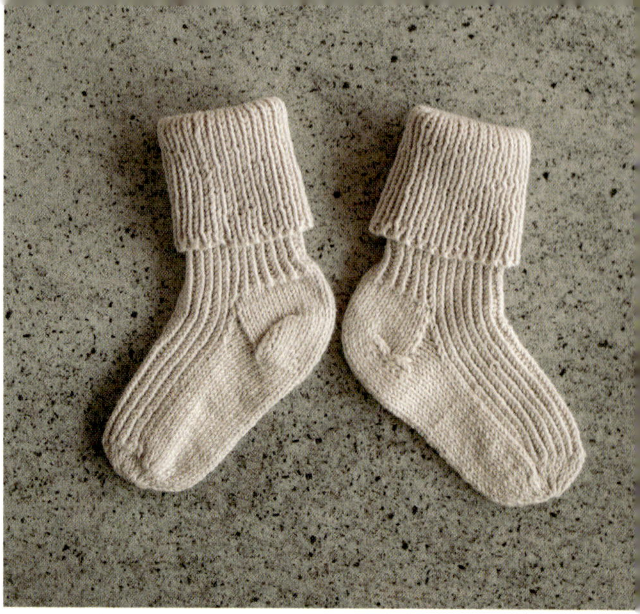

hängen, re verschränkte M über die re verschränkten M und li über die li M über die nächsten 13 – 14 – 15 M Oberseite des Fußes stricken, einen 2. Maschenmarkierer auf die N hängen, 5 – 6 – 6 – 7 – 7 – 9 M aufnehmen.

Maschenanzahl gesamt: 34 – 38 – 40 – 46 – 52 – 62 M. Weiter re M über die Ferse stricken, aber die M zwischen den Maschenmarkierern (Fußoberseite) re verschränkt über re verschränkt und li über li stricken. Daran denken, dass in der 1. R 2 M re zusammen abgenommen werden vor dem 1. Maschenmarkierer und 2 re verschränkt zusammengestrickt werden nach dem 2. Maschenmarkierer. Die Abnahmen in jeder 2. R insgesamt 3 Mal wiederholen = 28 – 32 – 34 – 40 – 46 – 56 M. Weiterstricken, bis der Fuß 9 – 10 – 11 – 12 – 13 – 15 cm lang ist, gemessen vom Maschenmarkierer in der Fersenmitte.

ABNEHMEN FÜR DIE SPITZE

1 Rd re M stricken. In der nächsten Rd abnehmen, indem über die gesamte Rd 2 M re zusammen gestrickt werden. Faden abschneiden und durch die restlichen M ziehen, gut zusammenziehen und Faden vernähen.

GRÖSSE: 0/2 – 3/5 – 6/9 MON

1 Rd re stricken. In der nächsten Rd 2 M re zusammen über die gesamte Rd stricken, Faden abschneiden und durch die M ziehen. Fest anziehen und vernähen.

GRÖSSE: 1 – 2 – 3 /4 JAHRE

2 Rd re stricken. In der nächsten Rd 2 M re zusammen über die gesamte Rd stricken. 1 Rd re stricken, Faden abschneiden und durch die M ziehen. Fest anziehen und vernähen.

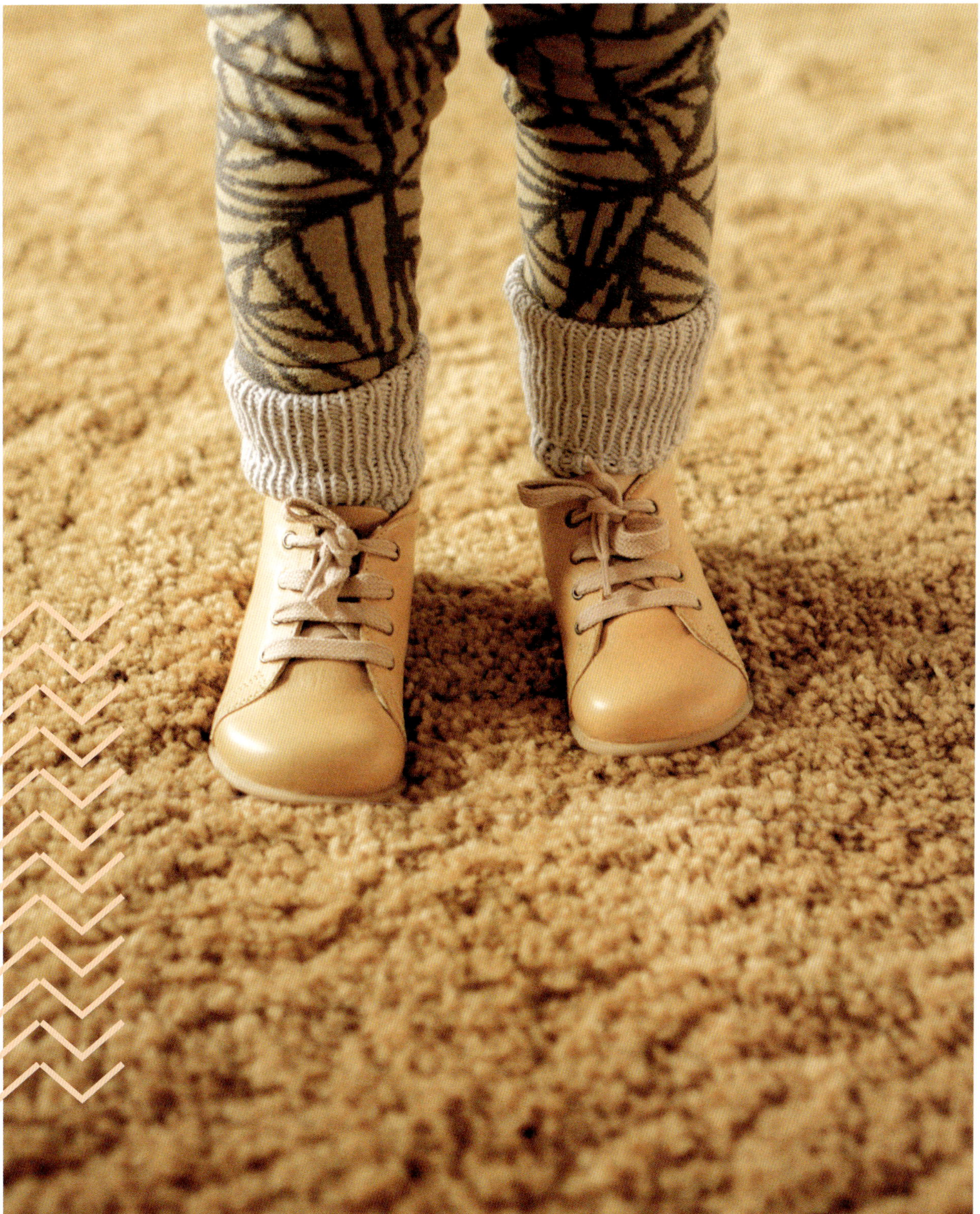

GESTREIFTE **MÜTZE**

Eine Mütze mit einem gestrickten Streifenmuster, die sich sowohl für Mädchen- als auch Jungenbabys eignet. Wenn Du das Geschlecht nicht weißt, wählst Du eine Farbe, die für beide passt.

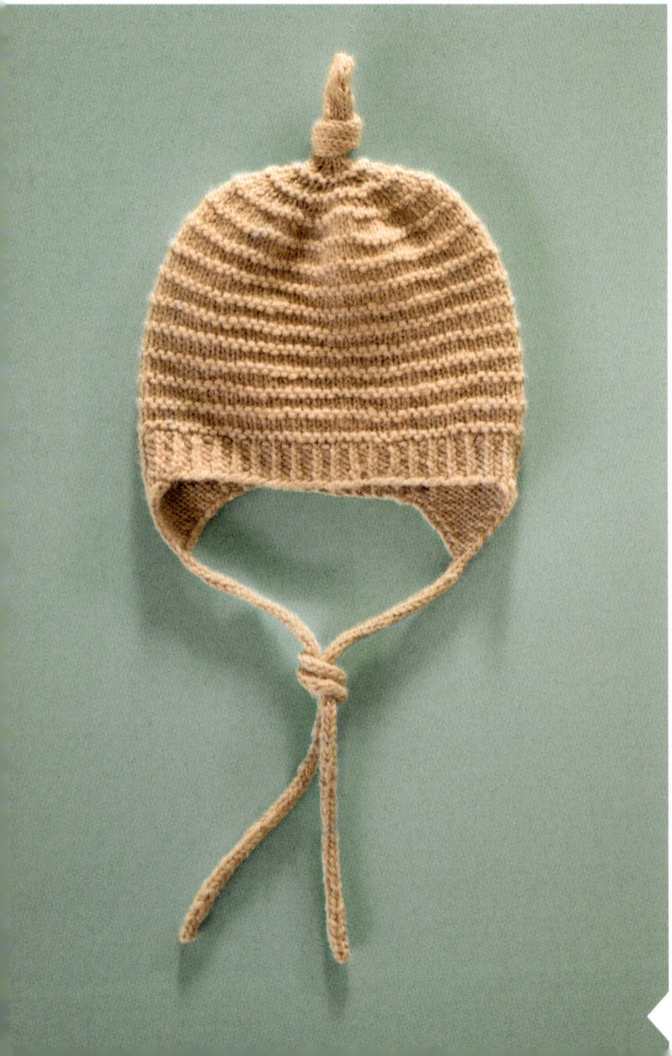

GRÖSSEN
Frühchen – 0-1 – 3 – 6/9 – 12/18 Mon

KLEIDERGRÖSSE
Umfang: ca. 26 – 28 – 32 – 36 – 38 cm
Höhe ohne Klappen: ca. 11 – 12 – 13 – 16 – 18 cm

MASCHENPROBE
27 M = 10 cm (glatt rechts mit N 3 mm)

NADELSTÄRKE
Nspiel 3 mm
30 – 40 cm lange RundN 3 mm

GARNMENGE
ca. 50 – 50 – 50 – 50/100 – 100 g

EMPFOHLENES GARN
Dale Garn Lille Lerke (53 % Merinowolle, 47 % Baumwolle, Lauflänge 142 m/50 g),
Dale Garn Baby Ull (100 % Merinowolle, Lauflänge 165 m/50 g),
Dale Garn Soft Merino (100 % Extrafeine Merinowolle, Lauflänge 187 m/50 g)

HIER VERWENDET
Dale Garn Baby Ull, 3033 helles Karamell

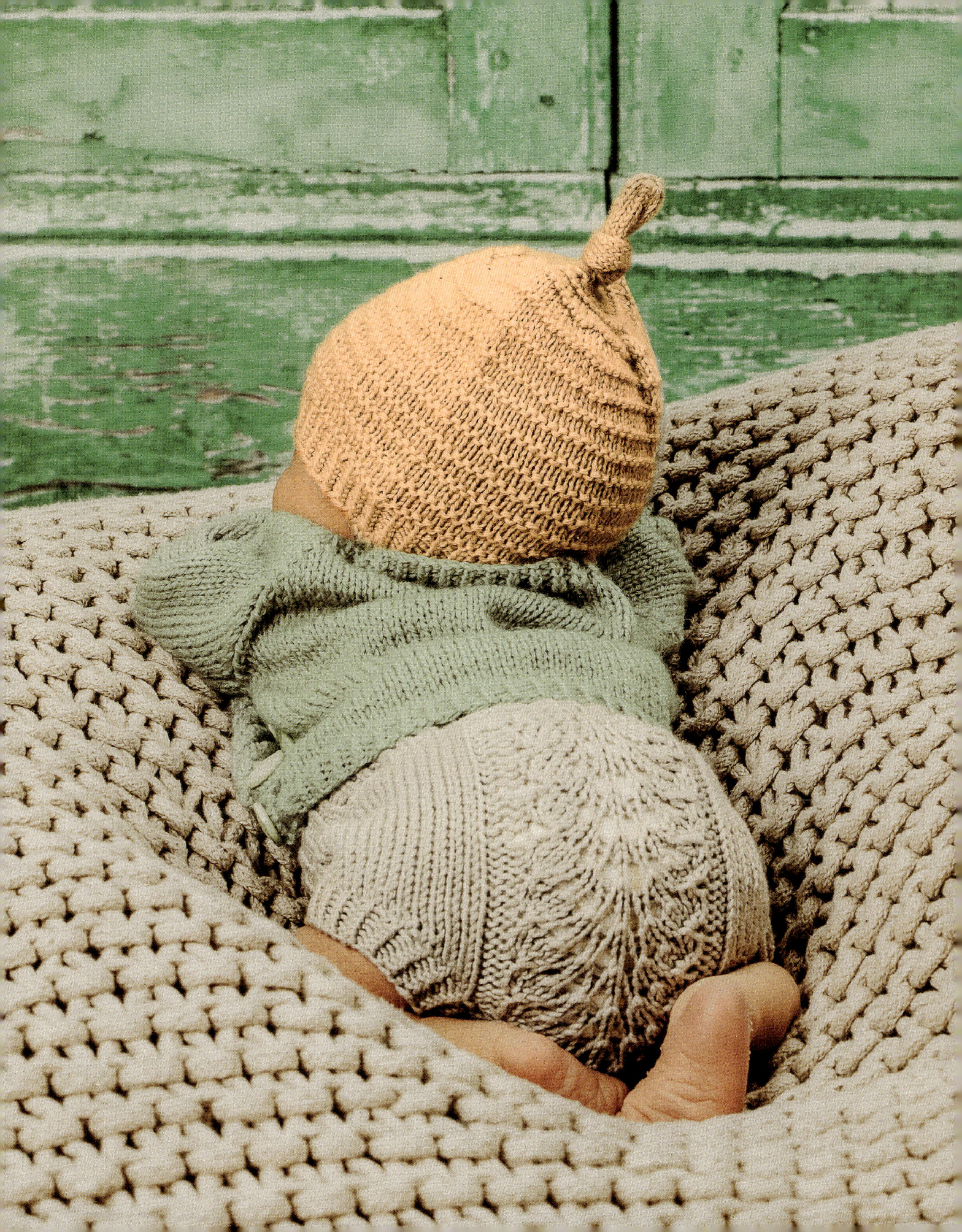

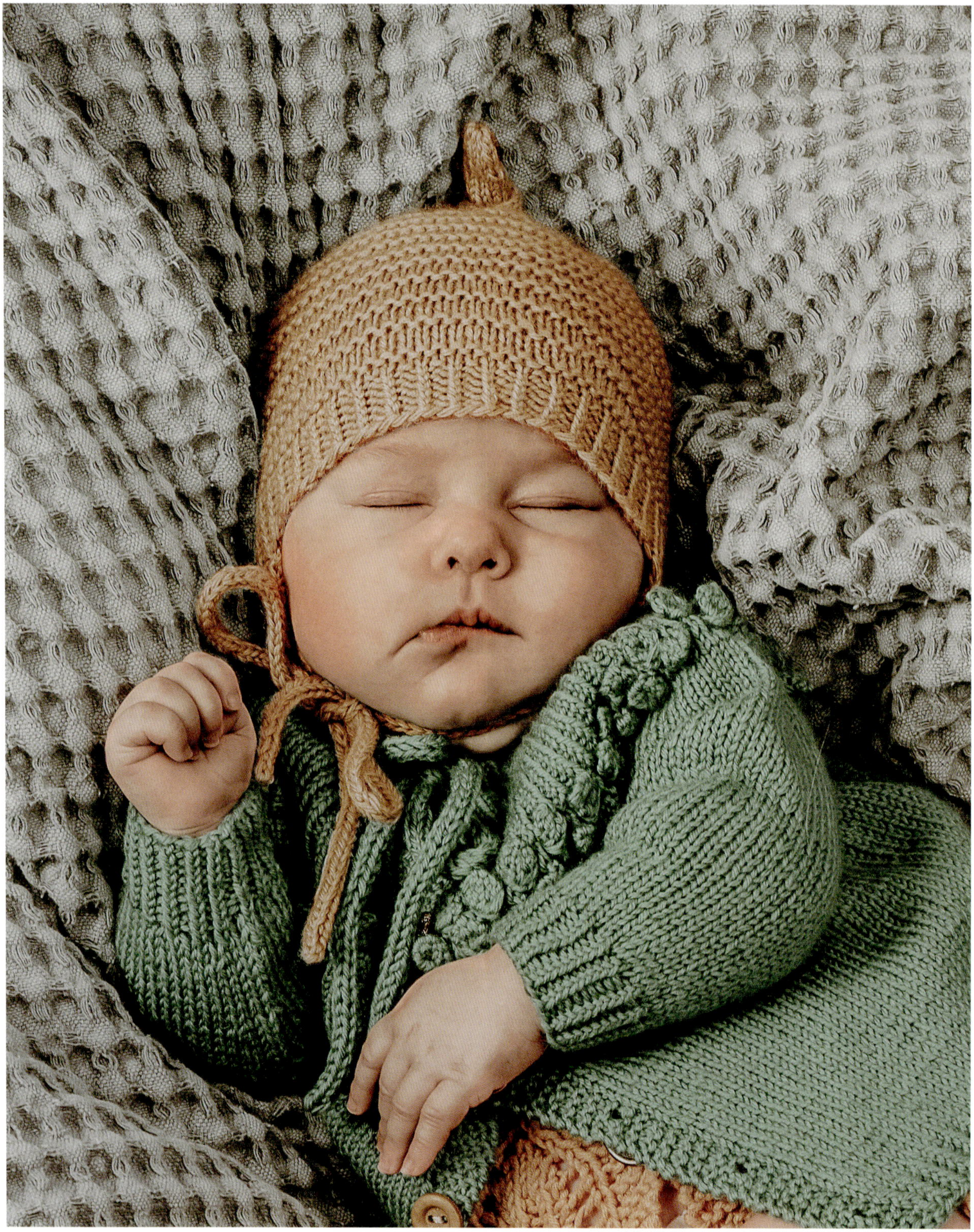

STRICKSCHRIFT

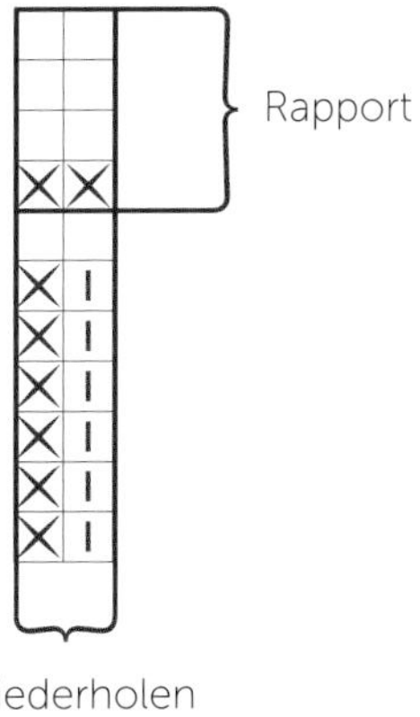

ZEICHENERKLÄRUNG

☐ re auf der rechten Seite, li auf der li Seite

☒ li auf der rechten Seite, re auf der li Seite

| re verschränkt auf der re Seite, li verschränkt auf der li Seite (aus dem hinteren Maschenbogen stricken statt aus dem vorderen)

START

Beginne mit dem Band und den Ohrenklappen, die hin und zurück auf einer N gestrickt werden. Wenn beide Klappen gestrickt sind, werden sie auf das Nspiel oder die kurze RundN (30 – 40 cm) übernommen. Die Mütze wird rund gestrickt.

BAND

3 M mit dem Nspiel 2,5 mm anschlagen und ein Band nach der Erklärung auf Seite 7 stricken. Wenn das Band ca. 23 cm lang ist, die nächsten 2 R folgendermaßen stricken: 1 R re, wenden und 1 R li stricken.

OHRENKLAPPEN

1. R (Hinreihe): 1 M abheben wie zum re stricken, 1 M zunehmen, re M stricken, bis noch 1 M auf der N ist, 1 M zunehmen, 1 M re.
2. R (Rückreihe): 1 M abheben wie zum li stricken (mit dem Faden vor der Arb), li M über die gesamte N stricken. Die 1. und 2. R wiederholen, bis 15 M auf der N sind. 1 R re stricken, Faden abschneiden, aber ca. 70 cm stehen lassen (dieses Stück wird dazu benutzt, neue Maschen zwischen den Klappen aufzunehmen, wenn auf der RundN gestrickt wird). Eine zweite Klappe mit Band stricken.

MÜTZE

Ab jetzt wird die Mütze rund gestrickt auf einem Nspiel 3 mm oder einer kurzen RundN 3 mm. 8 – 9 – 11 – 12 – 13 – 14 M anschlagen, re M über die erste Ohrenklappe stricken, den Faden der Klappe zusammen mit dem Strickfaden verwenden, um 32 – 36 – 44 – 52 – 56 M anzuschlagen (= vordere Mitte), re M über die zweite Klappe stricken, wieder mit den zwei Fäden 8 – 9 – 11 – 13 – 14 M anschlagen.
Maschenanzahl gesamt: 78 – 84 – 96 – 108 – 114 M.
Einen Maschenmarkierer hinten in der Mitte einhängen, um den Beginn der Rd zu markieren. Es wird rund nach Strickschrift gestrickt. Das Bündchen nach den ersten 7 Rd der Strickschrift stricken. Anschließend 8 – 9 – 10 – 12 – 14 Mal den Rapport in der Höhe stricken, oder so oft, bis die Mütze ca. 9 – 10 – 11 – 13 – 16 cm hoch ist (gemessen ab dem Maschenmarkierer hinten).

ABNEHMEN

1. Rd: alle M li stricken.
2. Rd: alle M re stricken.
3. Rd: 2 M re zusammenstricken über die gesamte Rd.
4. Rd: alle M re stricken.
Maschenanzahl gesamt: 39 – 42 – 48 – 54 – 57 M.
5.–8. Rd: wie die 1.–4. Rd stricken.
Maschenanzahl gesamt: 20 – 21 – 24 – 27 – 29 M.
9.–10. Rd: wie die 1. und 2. Rd stricken.
11. Rd: 0 – 1 – 0 – 1 – 1 M re, 2 M re zusammenstricken über die gesamte Rd.
Maschenanzahl gesamt: 10 – 11 – 12 – 14 – 15 M.
12. Rd: re M stricken und dabei gleichmäßig verteilt abnehmen (immer 2 M re zusammenstricken), bis noch 10 M auf der N sind.

KNOTEN ALS ABSCHLUSS

Der Knoten oben wird gestrickt, indem die letzten 10 M re in Rd gestrickt werden, bis die Arb ca. 8 – 8 – 9 – 9 – 9 cm lang ist. Faden abschneiden, durch die M ziehen und vernähen. Einen Knoten wie auf dem Bild machen. Alle Fäden vernähen.

GESTREIFTE **JACKE**

Eine Jacke mit einer Knopfleiste an der Seite in einem Unisex-Design, das gleich gut zu Mädchen und Jungen passt. Ein hübscher Effekt sind verschiedene Knöpfe, die farblich zur Garderobe passen.

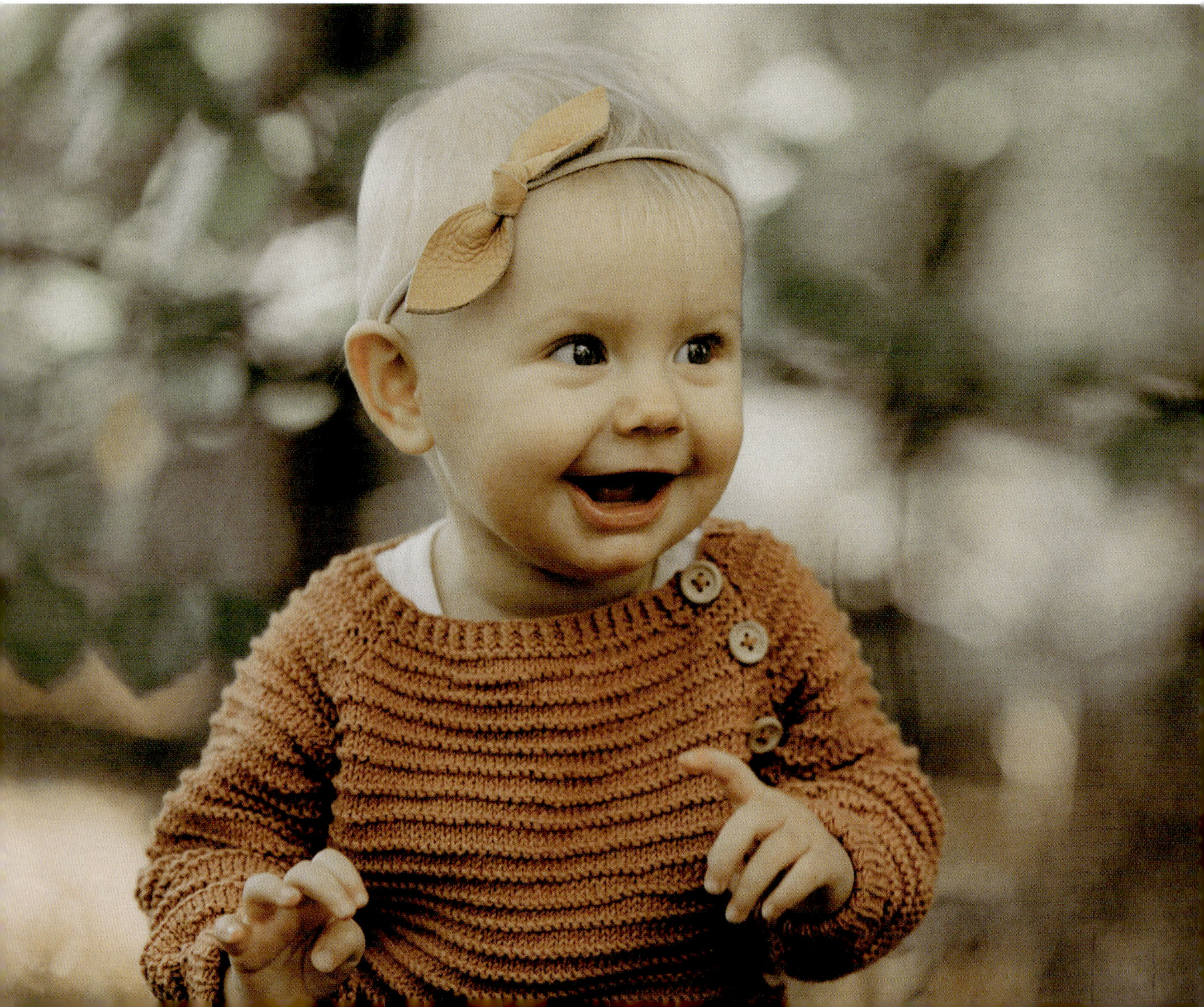

STRICKSCHRIFT A

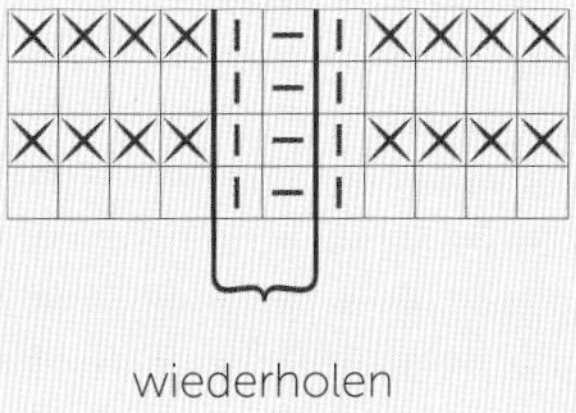

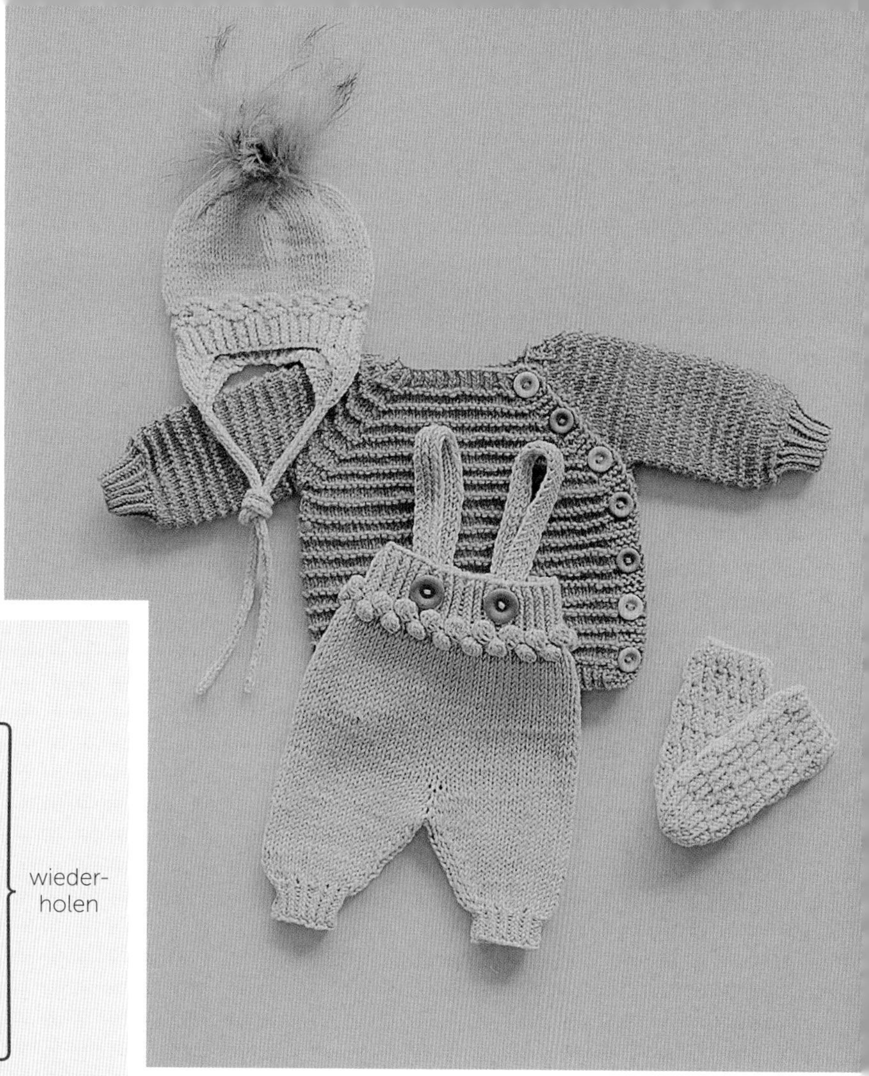

STRICKSCHRIFT B

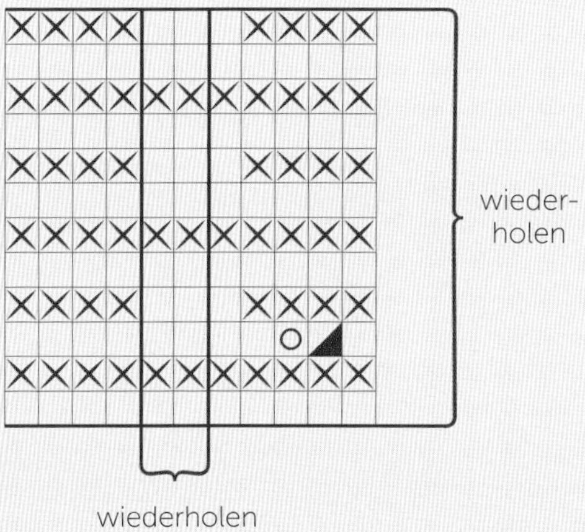

ZEICHENERKLÄRUNG

- ☐ re auf der rechten Seite, li auf der linken Seite
- ☒ li auf der rechten Seite, re auf der li Seite
- | re verschränkt in der Hinreihe, li verschränkt in der Rückreihe (wird durch den hinteren Maschenbogen statt durch den vorderen gestrickt)
- – li verschränkt in der Hinreihe, re verschränkt in der Rückreihe (wird durch den hinteren Maschenbogen statt durch den vorderen gestrickt).
- O◢ 2 M re zusammen, 1 Umschlag zwischen 2 M (= Knopfloch)

GRÖSSEN
Frühchen – 0/3 – 6/9 – 12/18 Mon – 2/3 Jahre

KLEIDERGRÖSSE
Oberweite: ca. 33 – 42 – 51 – 60 – 64 cm
Länge: ca. 18 – 21 – 29 – 32 – 37 cm

MASCHENPROBE
27 M = 10 cm (glatt rechts mit N 3 mm)

NADELSTÄRKE
Nspiel 2 mm und 3 mm
80 cm RundN 3 mm

GARNMENGE
ca. 100 – 100 – 150 – 200 – 250 g

EMPFOHLENES GARN
Dale Garn Lille Lerke (53 % Merinowolle, 47 % Baumwolle, Lauflänge 142 m/50 g),
Dale Garn Baby Ull (100 % Merinowolle, Lauflänge 165 m/50 g),
Dale Garn Soft Merino (100 % Extrafeine Merinowolle, Lauflänge 187 m/50 g)

HIER VERWENDET
Dale Garn Baby Ull, 3033 helles Karamell
Dale Garn Lille Lerke, 3046 Zimt

ZUSÄTZLICH
Knöpfe

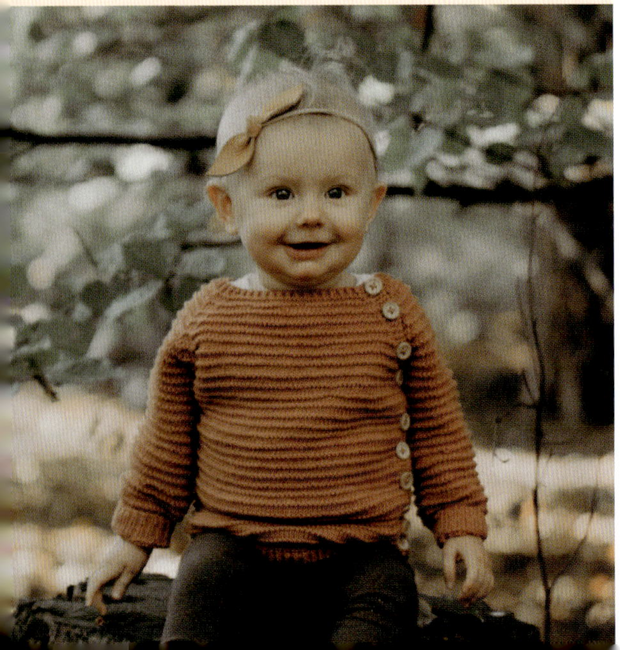

Die Jacke wird von unten nach oben gestrickt mit einer Knopfleiste und Raglanabnahmen.

TIPPS ZUM ZUNEHMEN
1 M zunehmen, indem der Faden zwischen 2 M aufgenommen und re verschränkt gestrickt wird, um ein Loch zu vermeiden.

KNOPFLEISTE
Die äußeren 4 M auf jeder Seite ergeben die Knopfleiste. Diese M werden als Krausrippe gestrickt (in Hin- und Rückreihen re).

KNOPFLOCH
Die Knopflöcher werden auf der rechten Seite des Vorderteils in jeder 12. R von rechts gestrickt. Das bedeutet, dass es 6 Krausrippen zwischen zwei Knopflöchern gibt. Die Knopflöcher werden folgendermaßen über die 4 M der Knopfleiste gestrickt: 1 M re, 2 M re zusammen, 1 Umschlag, 1 M re stricken.

RUMPF
102 – 118 – 150 – 166 – 182 M mit der RundN 3 mm anschlagen.
1.–4. R: Verschränktes Bündchen nach Strickschrift A stricken. Weiter hin und zurück nach Strickschrift B stricken, bis insgesamt 4 – 5 – 7 – 8 – 9 Rapporte in der Höhe gestrickt sind. Der Rumpf soll dann ca. 12 – 15 – 20 – 23 – 25 cm lang sein, ab Anschlag gemessen. Die Arb zur Seite legen und zwei Ärmel stricken.

ÄRMEL
28 – 30 – 38 – 42 – 46 M mit dem Nspiel 2 mm anschlagen. 10 – 10 – 12 – 14 – 16 Rd verschränktes Bündchen stricken: *1 M re verschränkt, 1 M li*, von * - * die gesamte Rd wiederholen.
Einen Maschenmarkierer mitten unter dem Ärmel einhängen. Zum Nspiel 3 mm wechseln.
1. Rd: 1 – 4 – 5 – 3 – 7 M re stricken, 1 M zunehmen, * 3 – 2 – 3 – 3 – 3 M re, 1 M zunehmen*, von * - * die gesamte Rd wiederholen.
Maschenanzahl gesamt: 38 – 44 – 50 – 56 – 60 M.
2. Rd: über alle M li M stricken.
3.–5. Rd: über alle M re M stricken.
Die 2.–5. Rd so oft wiederholen, bis der Ärmel ca. 12 – 14 – 18 – 22 – 25 cm lang ist. 1 Rd li M und 2 Rd re M stricken. Ärmel zur Seite legen und den zweiten Ärmel genauso stricken.

PASSE

Jetzt werden die Ärmel und der Rumpf auf einer RundN zusammengesetzt und es wird hin und zurück mit Raglanabnahmen gestrickt. Es wird etwas eng, wenn man die Ärmel einstrickt, deshalb kann man eine extra lange RundN (mindestens 80 cm) mit weichem Seil verwenden und wie beschrieben stricken:

Nächste R (Hinreihe): Knopfleiste stricken, 45 – 53 – 69 – 77 – 85 M re stricken (= Vorderteil), einen Maschenmarkierer auf die N hängen (= Seite), re M über die Hälfte der M des ersten Ärmels (darauf achten, dass die Unterseite vom Ärmel zum Rumpf zeigt), die Nadelspitze mit der gestrickt wird, vorsichtig als lange Schlinge zwischen den M herausziehen. Die N biegen und über die restlichen M des Ärmels stricken, (die erste M muss fest gestrickt werden, damit es kein Loch gibt). Einen Maschenmarkierer auf die N hängen, re M über die 49 – 57 – 73 – 81 – 89 M vom Rückenteil stricken, einen Maschenmarkierer auf die N hängen, re M über die Hälfte des zweiten Ärmels stricken, die Nadelspitze und das Seil vorsichtig als lange Schlinge zwischen den M herausziehen, die restlichen M des Ärmels und die Knopfleiste stricken.

Nächste R (Rückreihe): alle M re stricken.

Maschenanzahl gesamt: 178 – 206 – 250 – 278 – 302 M.

RAGLANABNAHMEN

Jetzt wird zwischen den Knopfleisten abgenommen und die Raglanabnahmen werden auf jeder Seite der Maschenmarkierer gestrickt. In jeder R der Hinreihe werden 8 M abgenommen.

1. R (Hinreihe): Knopfleiste stricken, 2 M re zusammen, re M (über das Vorderteil) bis auf 3 M vor dem ersten Maschenmarkierer, 2 M re verschränkt zusammen, 2 M re, 2 M re zusammen, re M (über den Ärmel) bis auf 3 M vor dem nächsten Maschenmarkierer, 2 M re verschränkt zusammen, 2 M re, 2 M re zusammen, re M (über das Rückenteil) bis auf 3 M vor dem nächsten Maschenmarkierer, 2 M re verschränkt zusammen, 2 M re, 2 M re zusammen, re M (über den Ärmel) bis auf 2 M vor der Knopfleiste, Knopfleiste stricken.

2. R (Rückreihe): Knopfleiste stricken, li M über alle M bis zur Knopfleiste, Knopfleiste stricken.

3. R (Hinreihe): Knopfleiste stricken, 2 M re zusammen, re M (über das Vorderteil) bis auf 3 M vor dem nächsten Maschenmarkierer, 2 M re verschränkt zusammen, 2 M re, 2 M re zusammen, re M (über den Ärmel) bis auf 3 M vor dem nächsten Maschenmarkierer, 2 M re verschränkt zusammen, 2 M re, 2 M re zusammen, re M (über das Rückenteil) bis auf 3 M vor dem nächsten Maschenmarkierer, 2 M re verschränkt zusammen, 2 M re, 2 M re zusammen, re M (über den Ärmel) bis auf 2 M vor der Knopfleiste, 2 M re verschränkt zusammen, Knopfleiste stricken.

4. R (Rückreihe): alle M re stricken.

5. R (Hinreihe): wie die 3. R stricken.

6. R (Rückreihe): wie die 2. R stricken.

7. R (Hinreihe): wie die 3. R stricken.

8. R (Rückreihe): wie die 4. R stricken.

9.–12. R: wie die 5.–8. R stricken.

Die 1.–12. R 1 – 1 – 2 – 2 – 3 Mal wiederholen.

Maschenanzahl gesamt: 82 – 110 – 106 – 134 – 110 M.

HALS

1. R (Hinreihe): Knopfleiste mit Knopfloch stricken, re M über das Vorderteil, während ***gleichzeitig*** gleichmäßig verteilt 0 – 7 – 4 – 10 – 0 M abgenommen werden, * 2 M re zusammen*, von * - * über den ersten Ärmel wiederholen, re M über das Rückenteil, während ***gleichzeitig*** gleichmäßig verteilt 1 – 8 – 5 – 11 – 1 M abgenommen werden, * 2 M re zusammen*, von * - * über den zweiten Ärmel wiederholen, Knopfleiste stricken.

Maschenanzahl gesamt: 67 – 75 – 83 – 93 – 97 M.

Zur RundN 2 mm wechseln.

2. R (Rückreihe): Knopfleiste stricken, 1 M li verschränkt, *1 M re, 1 M li verschränkt*, von * - * bis zur Knopfleiste wiederholen, Knopfleiste stricken.

3. R (Hinreihe): Knopfleiste stricken, 1 M re verschränkt, *1 M li, 1 M re verschränkt*, von * - * bis zur Knopfleiste wiederholen, Knopfleiste stricken.

4. R (Rückreihe): wie die 2. R stricken.

5. R (Hinreihe): 4 M abketten, Bündchen stricken, während ***gleichzeitig*** alle M der N abgekettet werden, die 4 letzten M re stricken, während ***gleichzeitig*** abgekettet wird.

Faden abschneiden, alle losen Fäden vernähen und Knöpfe an der linken Knopfleiste annähen.

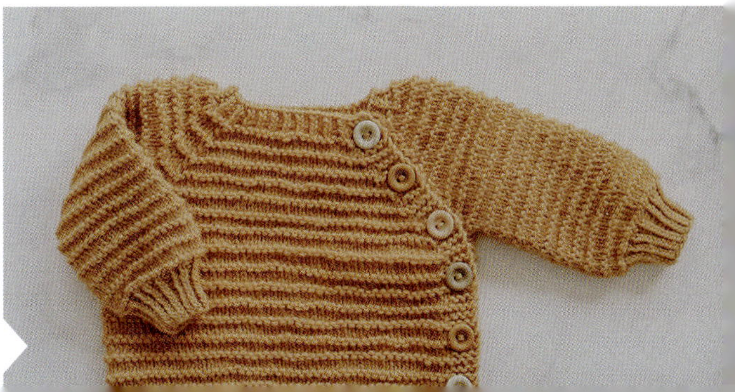

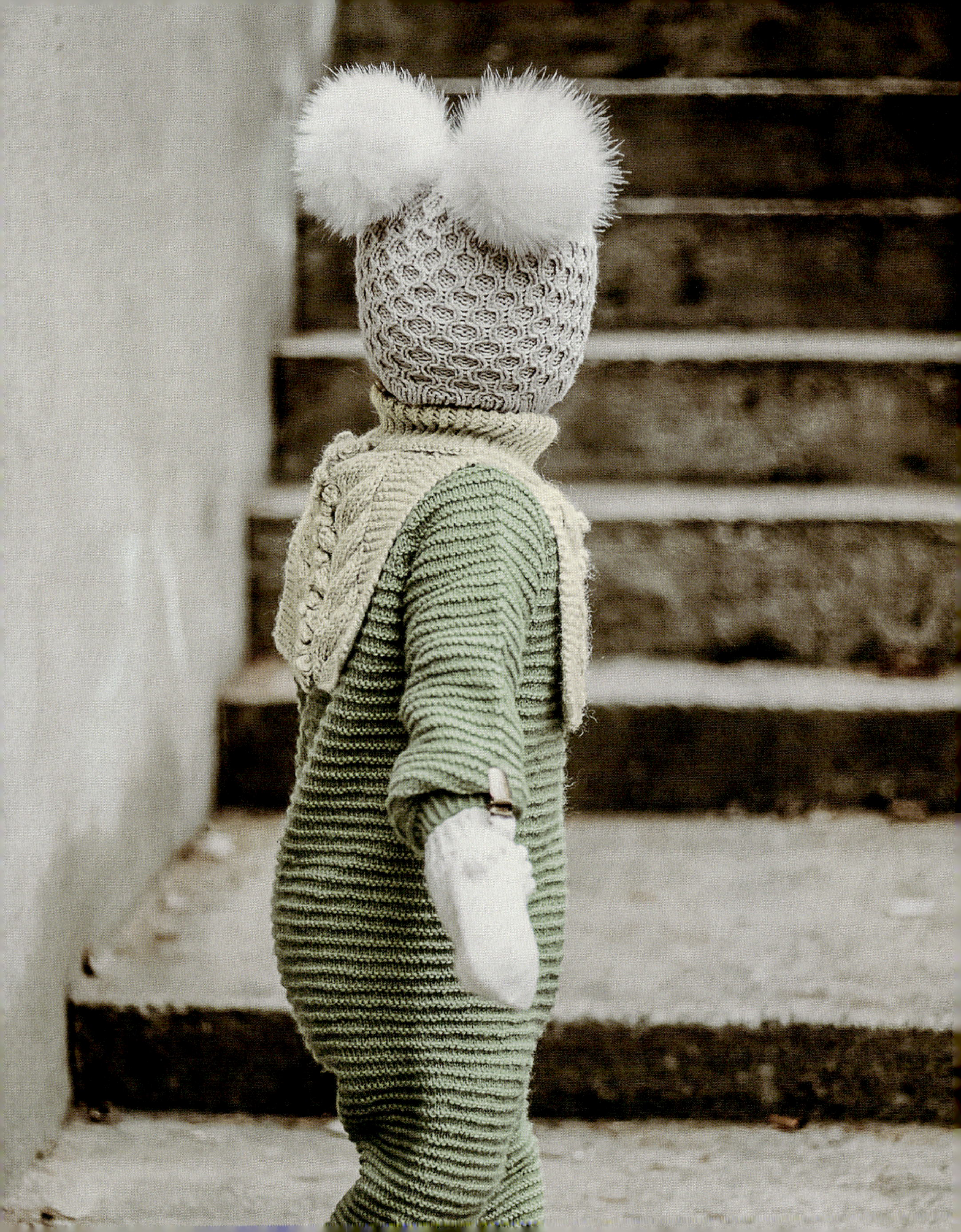

GESTREIFTER **ANZUG**

Ein Anzug mit seitlicher Knopfleiste in einem Unisex-Design, das gleich gut zu Mädchen und Jungen, groß oder klein, passt.

GRÖSSEN
Frühchen – 0/3 – 6/9 – 12/18 Mon – 2/3 Jahre

KLEIDERGRÖSSE
Oberweite: ca. 33 – 42 – 51 – 60 – 64 cm
Länge: ca. 38 – 50 – 56 – 66 – 80 cm

MASCHENPROBE
27 M = 10 cm (glatt rechts mit N 3 mm)

NADELSTÄRKE
Nspiel 2 mm und 3 mm
80 cm RundN 3 mm

GARNMENGE
ca. 150 – 150 – 250 – 300 – 400/450 g

EMPFOHLENES GARN
Dale Garn Baby Ull (100 % Merinowolle, Lauflänge 165 m/50 g),
Dale Garn Soft Merino (100 % Extrafeine Merinowolle, Lauflänge 187 m/50 g)

HIER VERWENDET
Dale Garn Soft Merino, 3010 Jadegrün
Dale Garn Soft Merino, 3002 Hellgrau meliert
Dale Garn Baby Ull, 3033 helles Karamell

ZUSÄTZLICH
Knöpfe

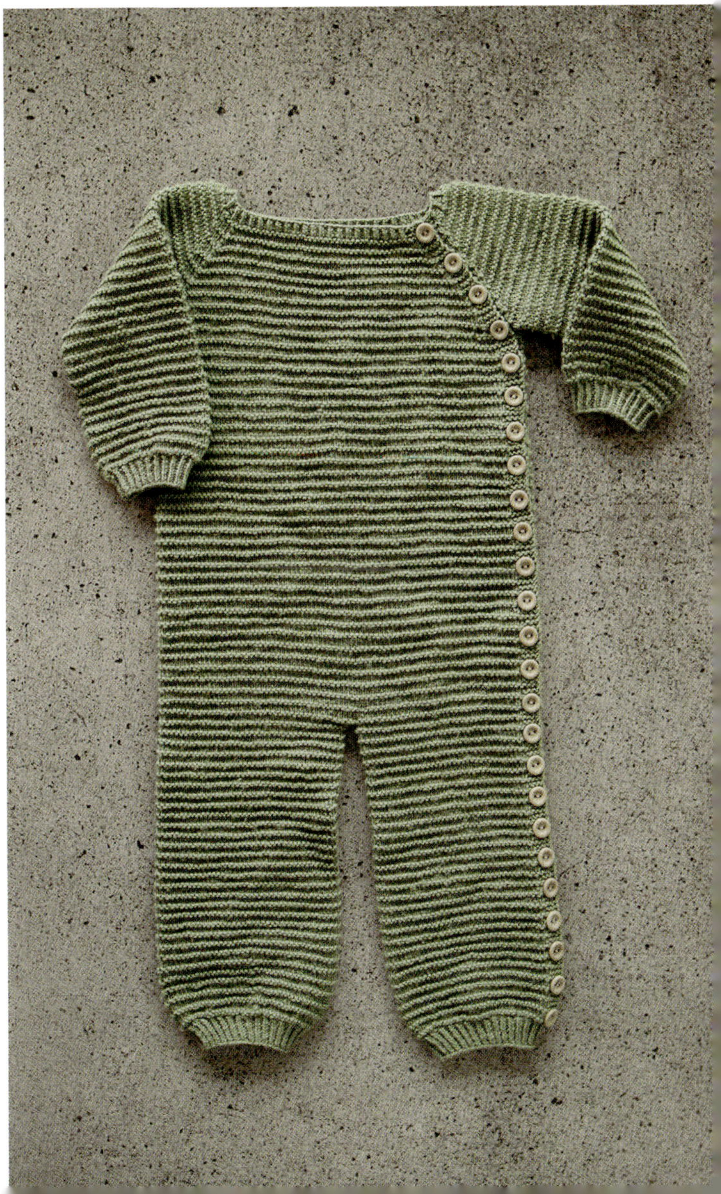

STRICKSCHRIFT A1

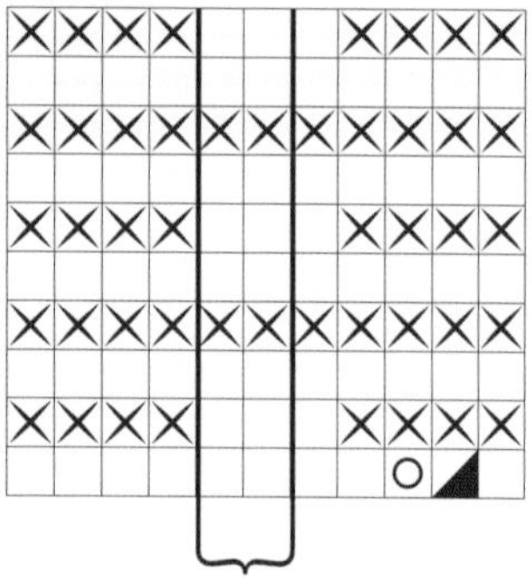

STRICKSCHRIFT A2

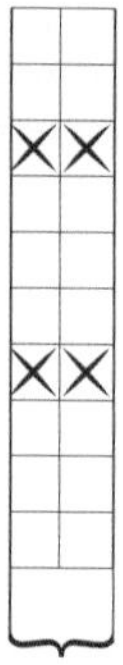

STRICKSCHRIFT B1

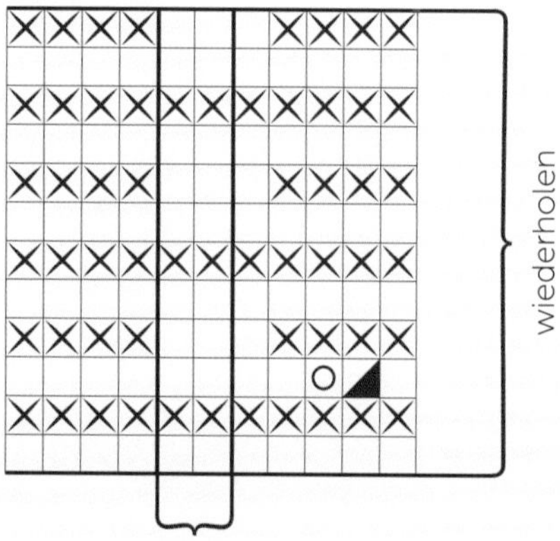

STRICKSCHRIFT B2

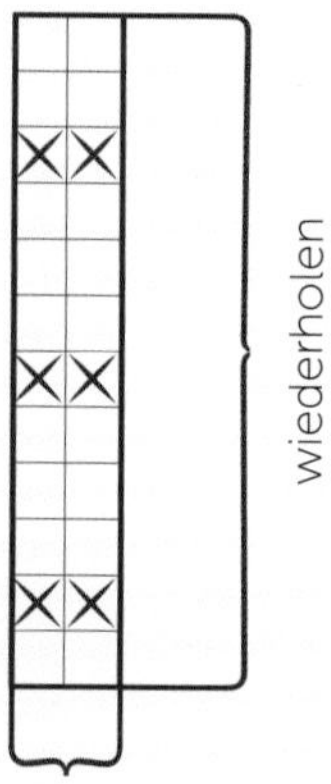

ZEICHENERKLÄRUNG

- ☐ re auf der rechten Seite, li auf der linken Seite
- ☒ li auf der rechten Seite, re auf der li Seite
- ○◢ 2 M re zusammen, 1 Umschlag zwischen 2 M (= Knopfloch)

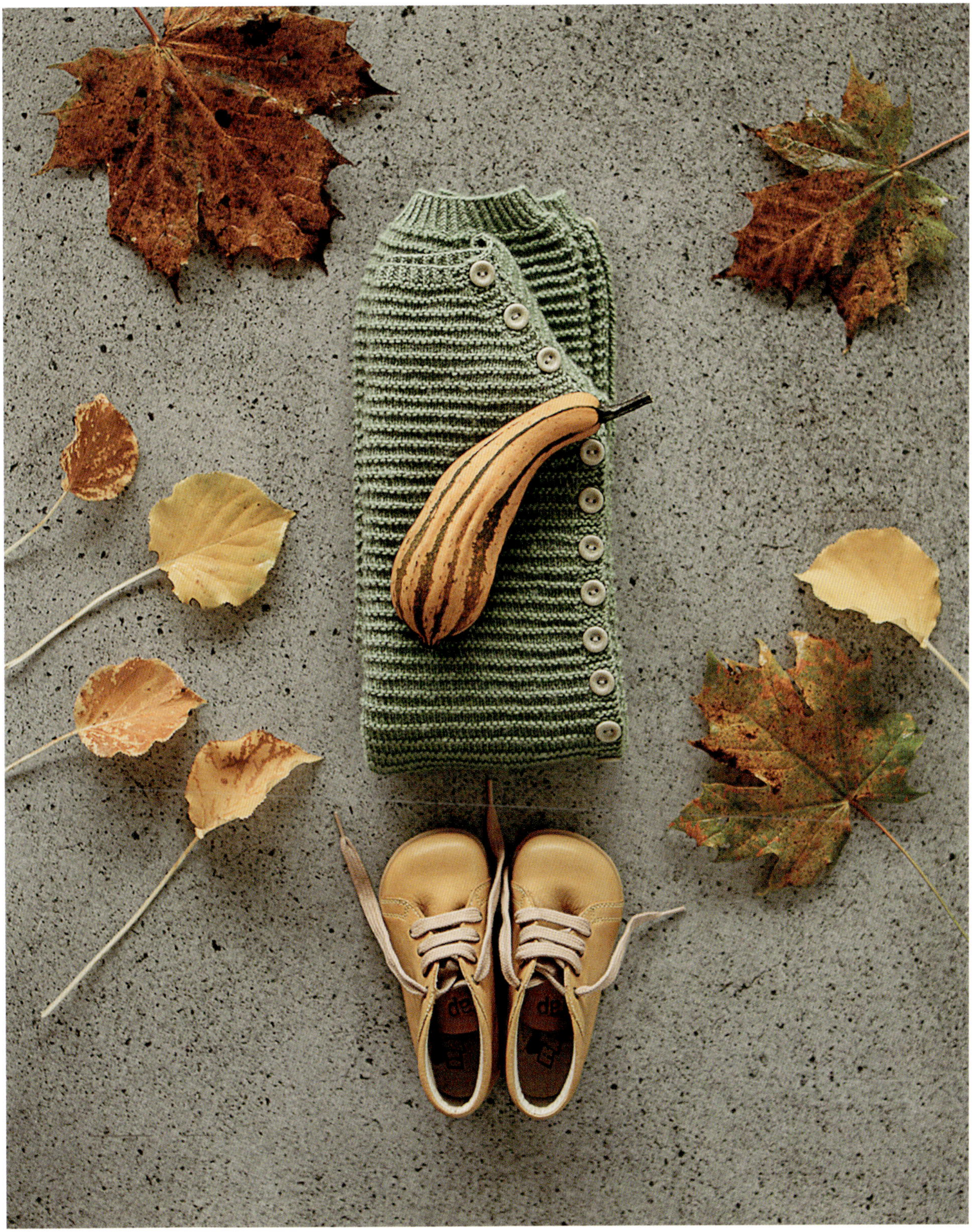

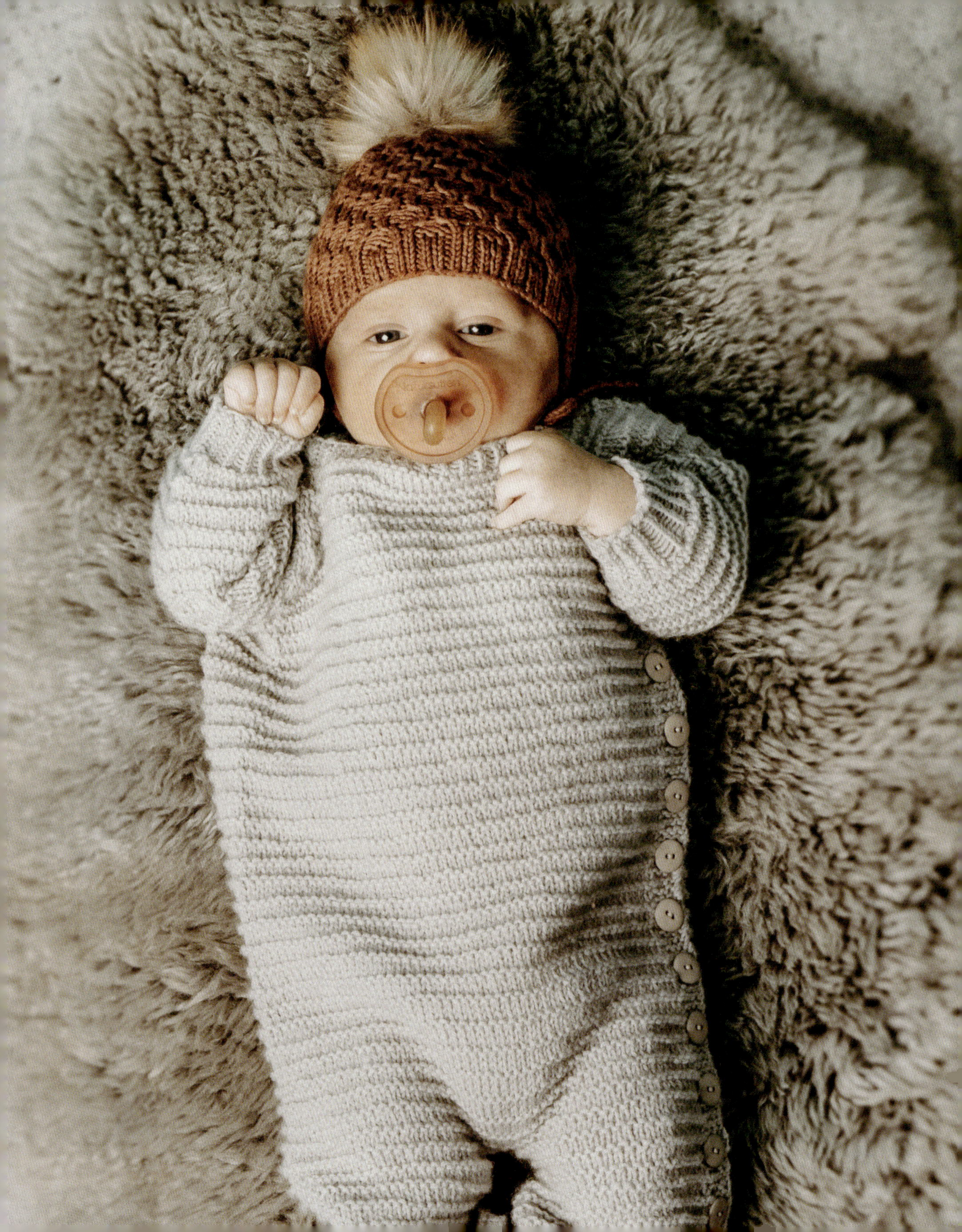

Der Anzug wird von unten nach oben gestrickt mit einer Knopfleiste an der Seite und Raglanabnahmen im Vorderteil.

TIPPS ZUM ZUNEHMEN

1 M zunehmen, indem der Faden zwischen 2 M aufgenommen und re verschränkt gestrickt wird, um ein Loch zu vermeiden.

KNOPFLEISTE

Die äußeren 4 M auf jeder Seite ergeben die Knopfleiste. Diese M werden als Krausrippe gestrickt (in Hin- und Rückreihen in jeder Reihe re).

KNOPFLOCH

Die Knopflöcher werden entlang des Vorderteils in jeder 12. R von rechts gestrickt. Das bedeutet, dass es 6 Krausrippen zwischen zwei Knopflöchern gibt. Die Knopflöcher werden folgendermaßen über die 4 M der Knopfleiste gestrickt: 1 M re, 2 M re zusammen, 1 Umschlag, 1 M re stricken.

LINKES BEIN (MIT KNOPFLEISTE)

36 – 42 – 54 – 60 – 66 M mit dem Nspiel 2 mm anschlagen und rund stricken. Ein verschränktes Bündchen über 10 – 10 – 12 – 14 – 16 Rd stricken: *1 M re verschränkt, 1 M li*. Weiter hin und zurück stricken und zum Nspiel 3 mm wechseln.

Nächste R (Hinreihe): Knopfleiste stricken, 2 M re, *1 M zunehmen (Tipps zum Zunehmen lesen), 3 M re*, von * - * über die gesamte R wiederholen, 4 neue M anschlagen (= Knopfleiste).

Maschenanzahl gesamt: 52 – 60 – 76 – 84 – 92 M.

Nächste R (Rückreihe): alle M re stricken.

Nach Strickschrift A1 stricken.

Strickschrift B1 3 – 4 – 6 – 8 – 10 Mal wiederholen, oder so oft, bis das Bein ca. 13 – 15 – 21 – 27 – 33 cm lang ist. Die Arb zur Seite legen und das rechte Bein folgendermaßen stricken:

RECHTES BEIN

36 – 42 – 54 – 60 – 66 M mit dem Nspiel 2 mm anschlagen und rund stricken. Ein verschränktes Bündchen über 10 – 10 – 12 – 14 – 16 Rd stricken: *1 M re verschränkt, 1 M li*. Zum Nspiel 3 mm wechseln.

Nächste d: *1 M zunehmen, 3 M re*, von * - * über die d wiederholen.

Maschenanzahl gesamt: 48 – 56 – 72 – 80 – 88 M.

Nächste d: alle M li stricken.

Nach Strickschrift A2 stricken.

Strickschrift B2 3 – 4 – 6 – 8 – 10 Mal wiederholen, oder so oft, bis das Bein ca. 13 – 15 – 21 – 27 – 33 cm lang ist.

RUMPF

Jetzt werden die Beine auf einer RundN zusammengenommen. Es wird etwas eng, wenn man die ersten Rd strickt, deshalb kann man eine extra lange RundN (mindestens 80 cm) mit weichem Seil verwenden und wie beschrieben stricken:

Nächste R (Hinreihe): über die ersten 24 – 28 – 36 – 40 – 44 M vom linken Bein nach Strickschrift B1 stricken, 1 M anschlagen, weiter über die 24 – 28 – 36 – 40 – 44 M vom rechten Bein stricken, die Nadelspitze der N, mit der gestrickt wird, und das Seil vorsichtig zwischen 2 M herausziehen. Die N biegen und über die restlichen M vom rechten Bein stricken, (die 1. M muss fest gestrickt werden, damit es kein Loch gibt). Das Seil der Nadel als Schlinge lassen und einige Reihen hin und zurück stricken, dann das Seil wieder einziehen und hin und zurück stricken. 1 M zunehmen und die letzten 28 – 32 – 40 – 44 – 48 M vom linken Bein stricken.

Maschenanzahl gesamt: 102 – 118 – 150 – 166 – 182 M.

Nächste R (Rückreihe): Nach Strickschrift B1 über alle M der N stricken. Dann weiter hin und zurück stricken nach Strickschrift B1, bis die Arb ca. 29 – 41 – 47 – 57 – 66 cm lang ist, ab Anschlag gemssen. Den angefangenen Rapport beenden. Die Arb zur Seite legen und 2 Ärmel stricken.

ÄRMEL

28 – 30 – 38 – 42 – 46 M mit dem Nspiel 2 mm anschlagen. Ein verschränktes Bündchen rund stricken (Stricktipps für verschränkte M auf Seite 7 lesen). 10 – 10 – 12 – 14 – 16 Rd Bündchen stricken: *1 M re verschränkt, 1 M li*. Einen Maschenmarkierer mitten unter dem Ärmel einhängen. Zum Nspiel 3 mm wechseln.

1. Rd: 1 – 4 – 5 – 3 – 7 M re stricken, 1 M zunehmen, * 3 – 2 – 3 – 3 – 3 M re, 1 M zunehmen*, von * - * die gesamte R wiederholen.

Maschenanzahl gesamt: 38 – 44 – 50 – 56 – 60 M.

2. Rd: über alle M li M stricken.

3.–5. Rd: über alle M re M stricken.

Die 2.–5. Rd so oft wiederholen, bis der Ärmel ca. 12 – 14 – 18 – 22 – 25 cm lang ist. 1 Rd li M und 2 Rd re M stricken. Ärmel zur Seite legen und den zweiten Ärmel genauso stricken.

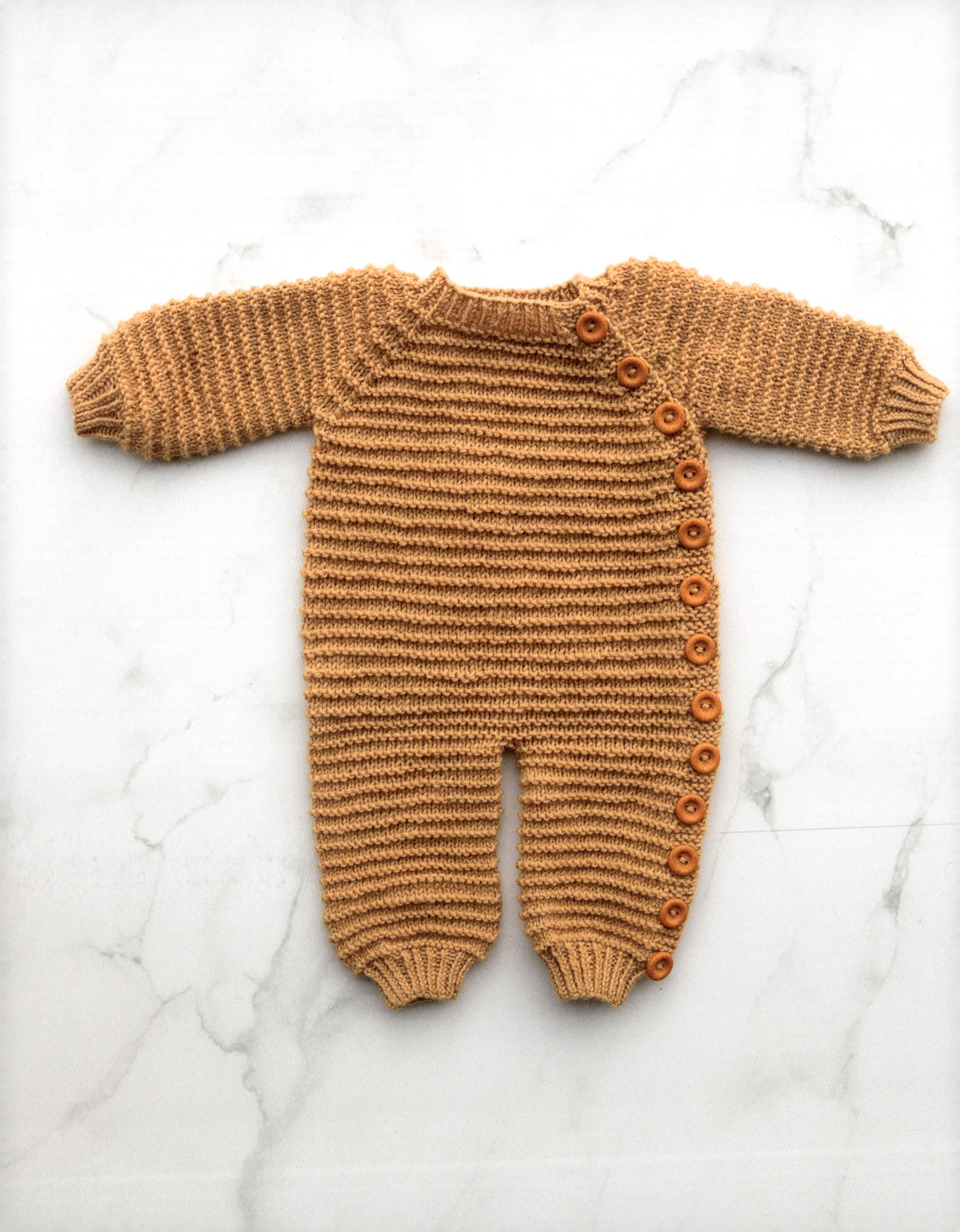

PASSE

Jetzt werden die Ärmel und der Rumpf auf einer RundN zusammengesetzt und es wird hin und zurück mit Raglanabnahmen gestrickt. Es wird etwas eng, wenn man die Ärmel einstrickt, deshalb kann man eine extra lange RundN (mindestens 80 cm) mit weichem Seil verwenden und wie beschrieben stricken:

Nächste R (Hinreihe): Knopfleiste stricken, 45 – 53 – 69 – 77 – 85 M re stricken (= Vorderteil), einen Maschenmarkierer auf die N hängen (= Seite), re M über die Hälfte der M des ersten Ärmels (darauf achten, dass die Unterseite vom Ärmel zum Rumpf zeigt), die Nadelspitze, mit der gestrickt wird, vorsichtig als lange Schlinge zwischen den M herausziehen. Die N biegen und über die restlichen M des Ärmels stricken. Einen Maschenmarkierer auf die N hängen, re M über die 49 – 57 – 73 – 81 – 89 M vom Rückenteil stricken, einen Maschenmarkierer auf die N hängen, re M über die Hälfte des zweiten Ärmels stricken, die Nadelspitze und das Seil vorsichtig als lange Schlinge zwischen den M herausziehen, die restlichen M des Ärmels und die Knopfleiste stricken.

Nächste R (Rückreihe): alle M re stricken.

Maschenanzahl gesamt: 178 – 206 – 250 – 278 – 302 M.

RAGLANABNAHMEN

Jetzt wird neben den Knopfleisten abgenommen und die Raglanabnahmen auf jeder Seite der Maschenmarkierer werden gestrickt. In jeder Hinreihe werden 8 M abgenommen.

1. R (Hinreihe): Knopfleiste mit Knopfloch stricken, 2 M re zusammen, re M (über das Vorderteil) bis auf 3 M vor dem ersten Maschenmarkierer, 2 M re verschränkt zusammen, 2 M re, 2 M re zusammen, re M (über den Ärmel) bis auf 3 M vor dem nächsten Maschenmarkierer, 2 M re verschränkt zusammen, 2 M re, 2 M re zusammen, re M (über das Rückenteil) bis auf 3 M vor dem nächsten Maschenmarkierer, 2 M re verschränkt, 2 M re, 2 M re zusammen, re M (über den Ärmel) bis auf 2 M vor der Knopfleiste, 2 M re verschränkt zusammen, Knopfleiste stricken.

2. R (Rückreihe): Knopfleiste stricken, li M über alle M bis zur Knopfleiste, Knopfleiste stricken.

3. R (Hinreihe): Knopfleiste stricken, 2 M re zusammen, re M (über das Vorderteil) bis auf 3 M vor dem ersten Maschenmarkierer, 2 M re verschränkt zusammen, 2 M re, 2 M re zusammen, re M (über den Ärmel) bis auf 3 M vor dem nächsten Maschenmarkierer, 2 M re verschränkt zusammen, 2 M re, 2 M re zusammen, re M (über das Rückenteil) bis auf 3 M vor dem nächsten Maschenmarkierer, 2 M re verschränkt, 2 M re, 2 M re zusammen, re M (über den Ärmel) bis auf 2 M vor der Knopfleiste, 2 M re verschränkt zusammen, Knopfleiste stricken.

4. R (Rückreihe): alle M re stricken.

5. R (Hinreihe): wie die 3. R stricken.

6. R (Rückreihe): wie die 2. R stricken.

7. R (Hinreihe): wie die 3. R stricken.

8. R (Rückreihe): wie die 4. R stricken.

9.–12. R: wie die 5.–8. R stricken.

Die 1.–12. R 1 – 1 – 2 – 2 – 3 Mal wiederholen.

Maschenanzahl gesamt: 82 – 110 – 106 – 134 – 110 M.

HALS

1. R (Hinreihe): Knopfleiste mit Knopfloch stricken, re M über das Vorderteil, während ***gleichzeitig*** gleichmäßig verteilt 0 – 7 – 4 – 10 – 0 M abgenommen werden, * 2 M re zusammen*, von * - * über den ersten Ärmel wiederholen, re M über das Rückenteil, während ***gleichzeitig*** gleichmäßig verteilt 1 – 8 – 5 – 11 – 1 M abgenommen werden, * 2 M re zusammen*, von * - * über den zweiten Ärmel wiederholen, Knopfleiste stricken.

Maschenanzahl gesamt: 67 – 75 – 83 – 93 – 97 M.

Zur RundN 2 mm wechseln.

2. R (Rückreihe): Knopfleiste stricken, 1 M li verschränkt, *1 M re, 1 M li verschränkt*, von * - * bis zur Knopfleiste wiederholen, Knopfleiste stricken.

3. R (Hinreihe): Knopfleiste stricken, 1 M re verschränkt, *1 M li, 1 M re verschränkt*, von * - * bis zur Knopfleiste wiederholen, Knopfleiste stricken.

4. R (Rückreihe): wie die 2. R stricken.

5. R (Hinreihe): 4 M abketten, Bündchen stricken, während ***gleichzeitig*** alle M der N abgekettet werden, die 4 letzten M re stricken, während ***gleichzeitig*** abgekettet wird.

Faden abschneiden, alle losen Fäden vernähen und Knöpfe an der linken Knopfleiste annähen.

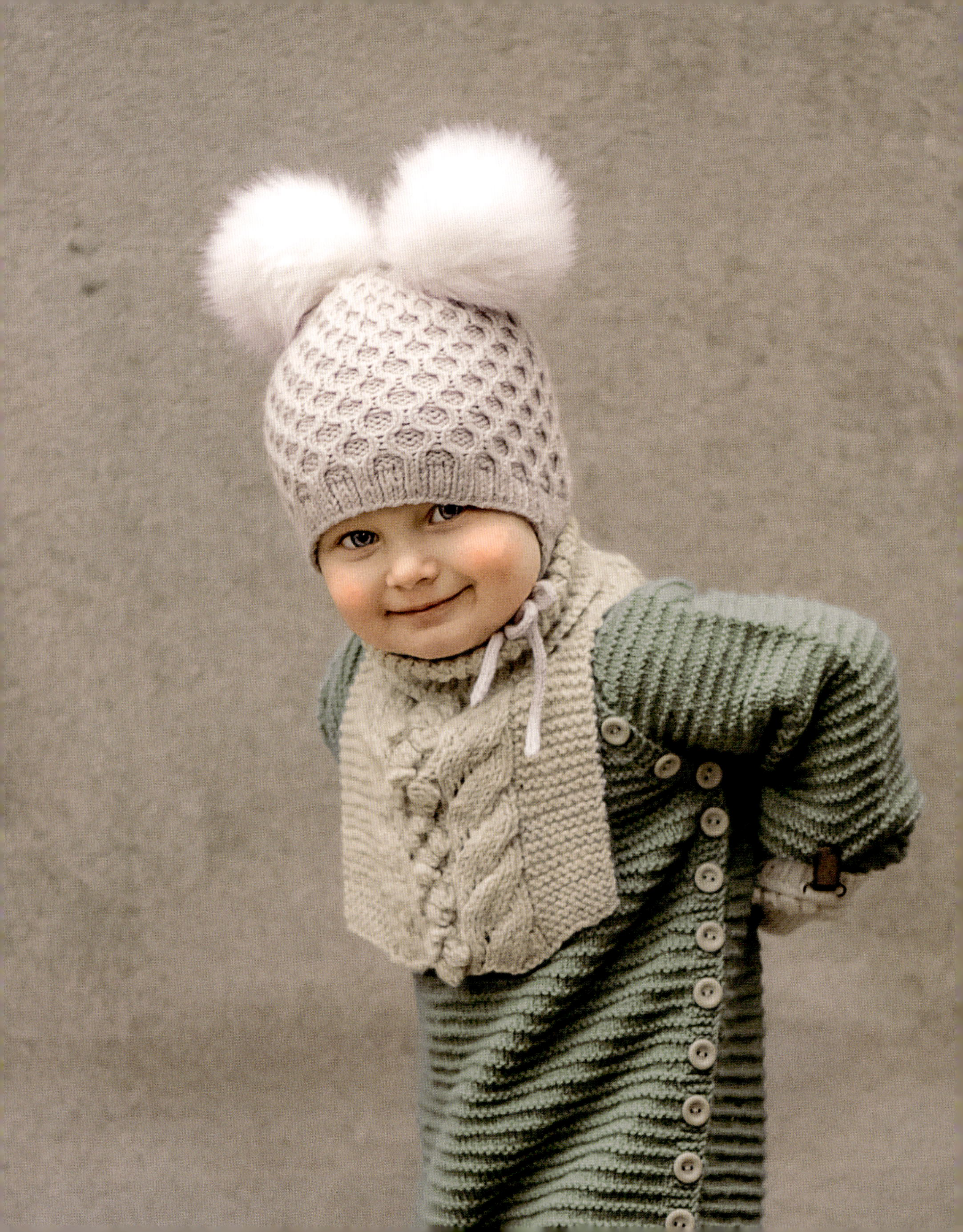

HALSKRAGEN MIT **NOPPEN &** HALSKRAGEN MIT **PATENTMUSTER**

Smarte Kleidungsstücke für das Kindergartenkind in zwei Techniken, einmal mit Noppen oder schlicht im Patentmuster. Wenn Kinder empfindlich bei kratzigem Garn sind, lieber mit einem Mischgarn aus Merinowolle und Baumwolle stricken, wie zum Beispiel Lerke von Dale Garn.

GRÖSSEN
6/12 Mon – 1/ 2 – 3/5 Jahre

KLEIDERGRÖSSE
Breite: ca. 17 – 19 – 21 cm
Länge Hals: ca. 12 – 16 – 20 cm

MASCHENPROBE
22 M = 10 cm (glatt rechts mit N 3 mm)

NADELSTÄRKE
Nspiel 4 mm
30–40 cm RundN 4 mm

GARNMENGE
ca. 50–100 g

EMPFOHLENES GARN
Dale Garn Lerke (53 % Merinowolle, 47 % Ägyptische Baumwolle, Lauflänge 115 m/50 g),
Dale Garn Merino 22 (100 % Merinowolle, extrafein, Lauflänger 125 m/50 g)

HIER VERWENDET
Halskragen mit Noppen: Dale Garn Merino 22, 2022 pudriges Beige
Halskragen mit Patentmuster: Dale Garn Merino 22, 2020 Maisgelb

STRICKSCHRIFT

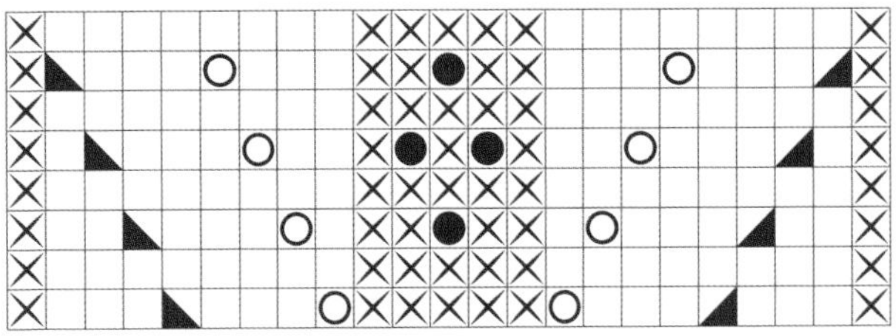

23 M

ZEICHENERKLÄRUNG

- ☐ re auf der rechten Seite, li auf der linken Seite
- ☒ li auf der rechten Seite, re auf der li Seite
- ◣ 2 M re verschränkt
- ◢ 2 M re zusammen
- ○ 1 Umschlag
- ● **Noppe:** siehe Erklärung Seite 7

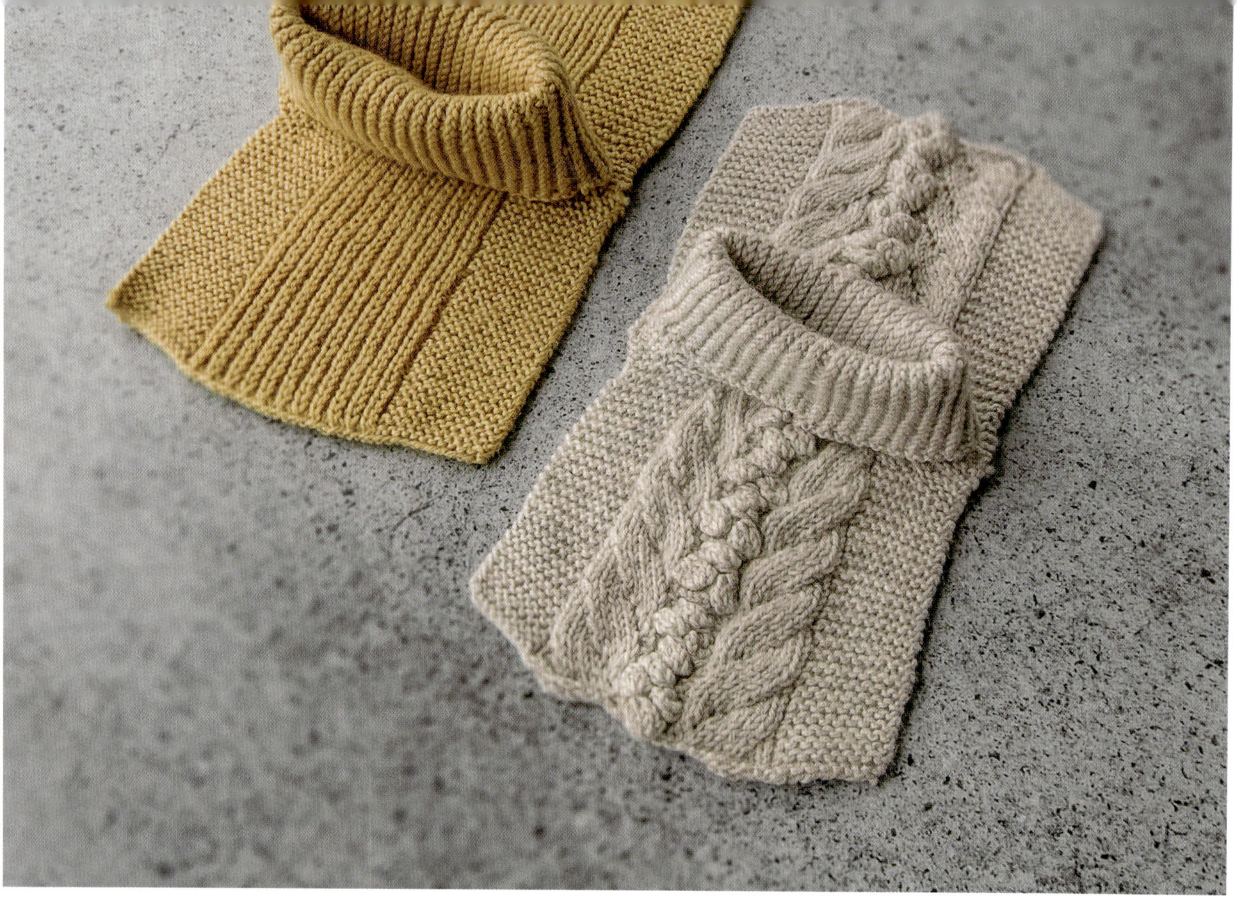

START – BEIDE VARIANTEN
37 – 43 – 45 M mit dem Nspiel 4 mm oder einer kleinen RundN anschlagen. Vorder- und Rückenteil werden hin und zurück gestrickt, bevor sie auf eine RundN übernommen werden. Der Hals wird rund gestrickt und oben abgekettet.

↘ VORDERTEIL – HALSKRAGEN MIT NOPPEN

1. R (Hinreihe): 7 – 10 – 11 M re stricken, nach Strickschrift über die nächsten 23 M, 7 – 10 – 11 M re.
2. R (Rückreihe): 7 – 10 – 11 M re stricken, nach Strickschrift über die nächsten 23 M, 7 – 10 – 11 M re.
Die 1. und 2. R wiederholen, bis die Strickschrift 5 – 6 – 7 Mal in der Höhe gestrickt ist. Das Vorderteil zur Seite legen und das Rückenteil gleich stricken. Dann bei ** BÜNDCHEN HALS weiterstricken.

↘ VORDERTEIL – HALSKRAGEN MIT PATENTMUSTER

1. R (Hinreihe): alle M re stricken.
2. R (Rückreihe): 7 – 10 – 11 M re stricken, 1 M li, *1 re M eine R tiefer einstechen, 1 M li*, von * - * wiederholen, bis noch 7 – 10 – 11 M auf der N sind, diese M re stricken.
Die 1. und 2. R wiederholen, bis die Arb ca. 11 – 13 – 15 cm hoch ist. Dann bei ** BÜNDCHEN HALS weiterstricken.

**** BÜNDCHEN HALSKRAGEN – BEIDE VARIANTEN**
Zum Nspiel 3,5 mm oder einer kleinen RundN wechseln und ein verschränktes Bündchen stricken, * 1 M re verschränkt, 1 M li verschränkt*, von * - * über das Vorderteil und Rückenteil wiederholen. Der Hals wird rund gestrickt bis die Arb ca. 12 – 16 – 20 cm hoch ist. Locker abketten, Faden abschneiden und alle Fäden vernähen.

NOPPEN
Noppen nach der Erklärung auf Seite 7 stricken.

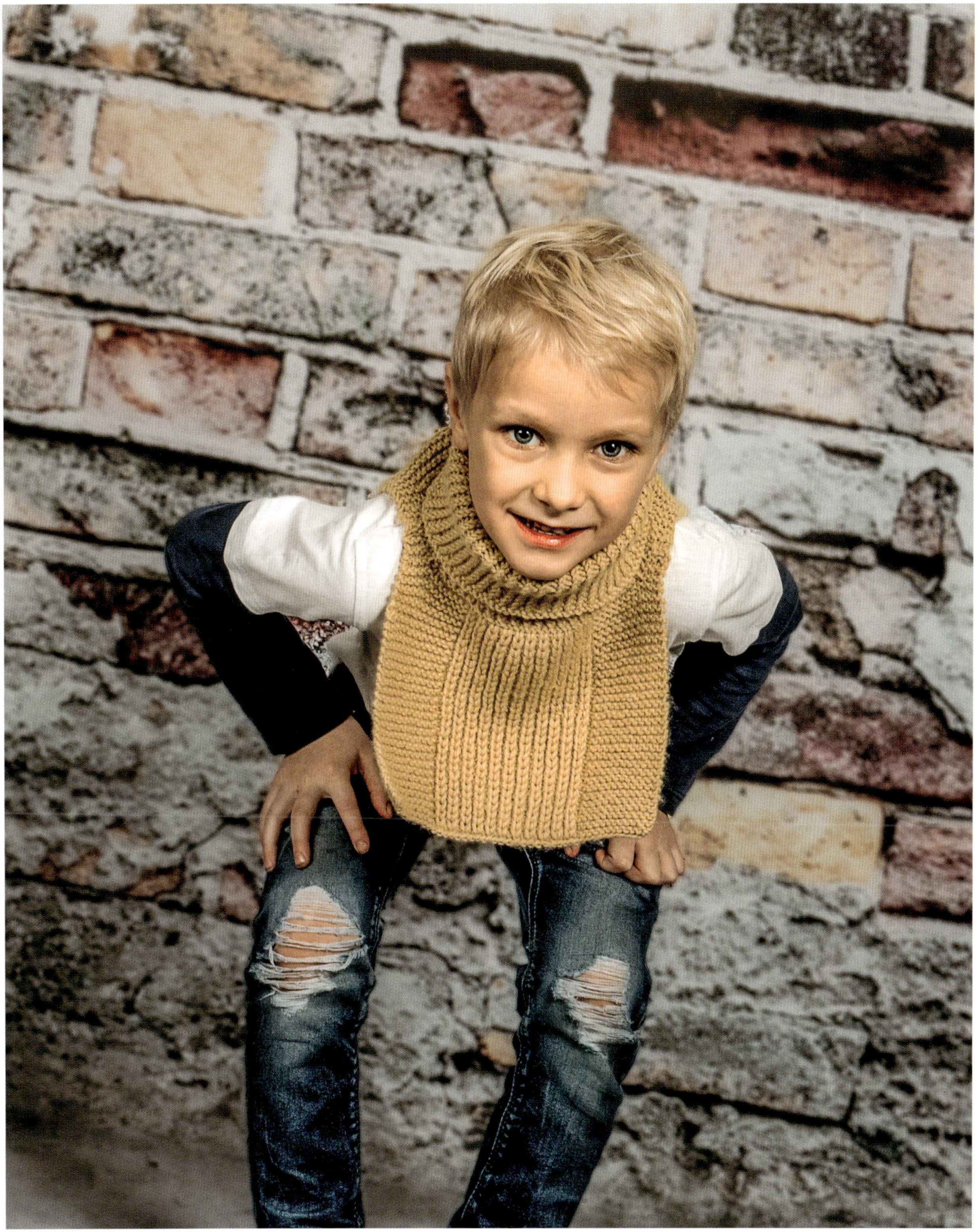

HALSKRAGEN VERSCHRÄNKT

Dieser Halskragen wird mit einem Mischgarn aus Merinowolle und Baumwolle gestrickt, das sich am Hals sehr kuschelig anfühlt.

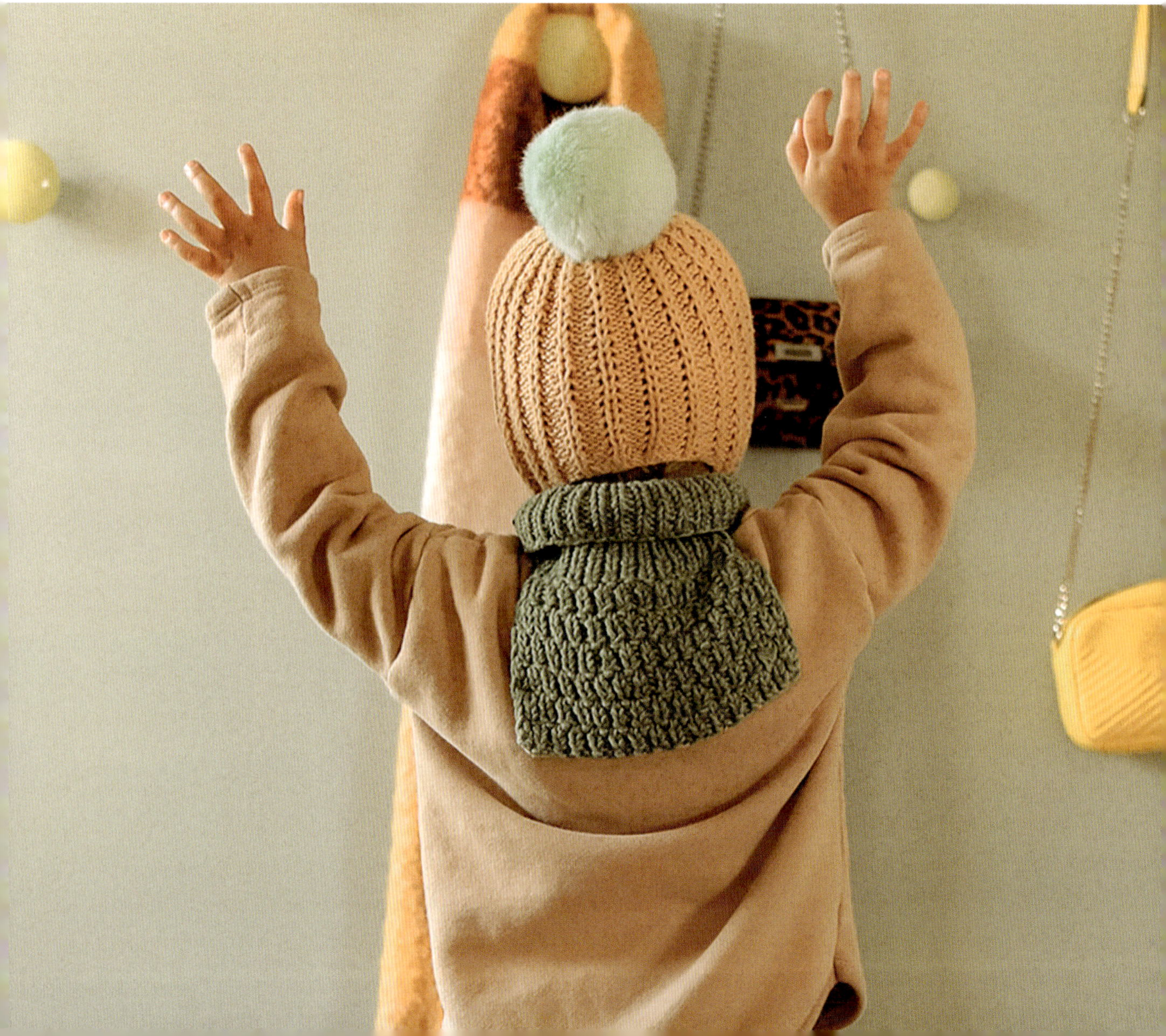

GRÖSSEN
6/12 Mon – 2/3 – 4/8 Jahre

KLEIDERGRÖSSE
Breite: ca. 17 – 19 – 21 cm
Länge Hals: ca. 12 – 16 – 20 cm

MASCHENPROBE
18 M = 10 cm (glatt rechts mit N 5 mm)

NADELSTÄRKE
Nspiel 5 mm
30–40 cm RundN 4,5 mm

GARNMENGE
ca. 50–100 g

EMPFOHLENES GARN
Dale Garn Lerke Pluss (53 % Merinowolle, 47 % Ägyptische Baumwolle, Lauflänge 80 m/50 g).

HIER VERWENDET
Dale Garn Lerke Pluss, 8112 Smaragdgrün

STRICKSCHRIFT

I	X	I
I	X	I
I	X	I
I	X	I
X	I	X
X	I	X
X	I	X
X	I	X

wiederholen

ZEICHENERKLÄRUNG

I re auf der rechten Seite, li auf der linken Seite (wird im hinteren Maschenbogen statt im vorderen gestrickt)

X re auf der rechten Seite, re auf der li Seite

VORDERTEIL
33 – 37 – 41 M mit dem Nspiel 5 mm oder einer kleinen RundN anschlagen. Vorder- und Rückenteil werden hin und zurück gestrickt, bevor sie auf eine RundN übernommen werden. Der Hals wird rund gestrickt und oben abgekettet.
1. R (Hinreihe): 1 M abheben wie zum re stricken, nach Strickschrift stricken, bis noch 1 M auf der N ist, 1 M re.
2. R (Rückreihe): 1 M abheben wie zum li stricken (mit dem Faden vor der Arb), nach Strickschrift stricken, bis noch 1 M auf der N ist, 1 M li.
Die 1. und 2. R wiederholen, bis der Rapport 3 – 4 – 5 Mal in der Höhe gestrickt ist. Das Vorderteil zur Seite legen und das Rückenteil gleich stricken.

BÜNDCHEN HALSKRAGEN
Zum Nspiel 4,5 mm oder einer kleinen RundN wechseln und ein verschränktes Bündchen stricken, * 1 M re verschränkt, 1 M li verschränkt*, von * - * über das Vorderteil und Rückenteil wiederholen. Der Hals wird rund gestrickt bis die Arb ca. 12 – 16 – 20 cm hoch ist. Locker abketten, Faden abschneiden und alle Fäden vernähen.

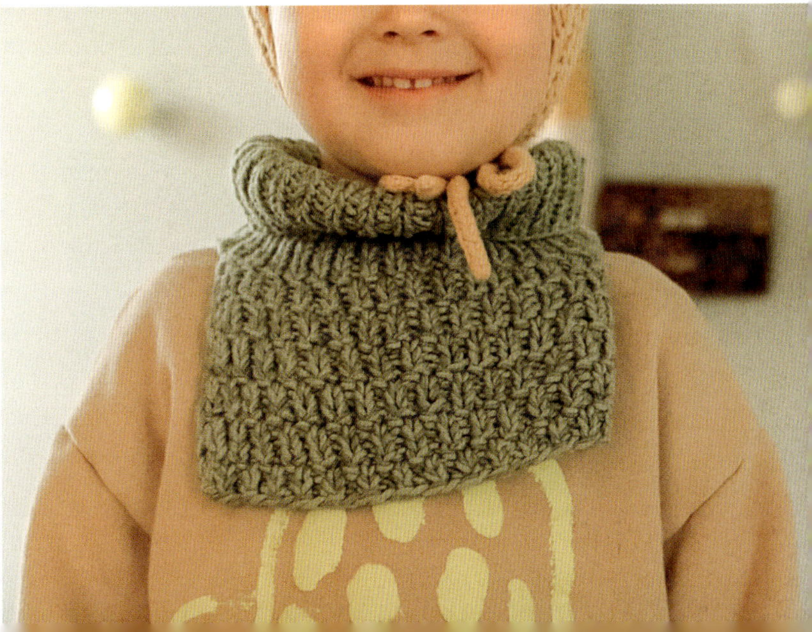

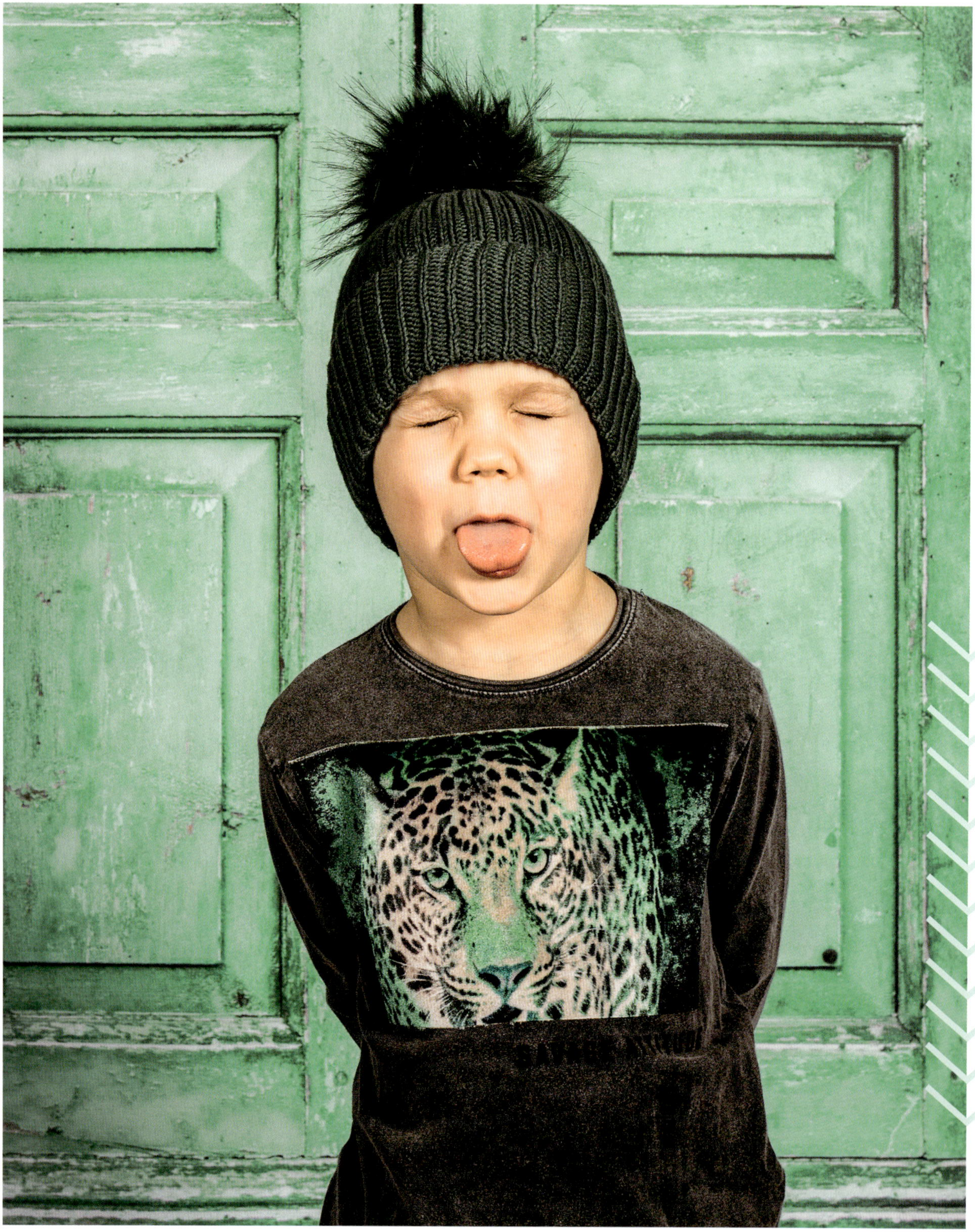

MÜTZE IM RIPPENMUSTER

Eine einfache und klare Mütze mit einer doppelten Kante am unteren Rand. Prima für die etwas größeren Kindergartenkinder.

GRÖSSEN
6/9 – 12/18 Mon – 2/4 – 4/8 Jahre

KLEIDERGRÖSSE
Umfang: ca. 33 – 37 – 39 – 41 cm
Länge (mit doppeltem Rand): ca. 17 – 18 – 19 – 20 cm

MASCHENPROBE
22 M = 10 cm (glatt rechts mit N 3,5 mm)
30 M = 10 cm (Muster mit N 3,5 mm)

NADELSTÄRKE
Nspiel 3 und 3,5 mm
30–40 cm lange RundN 3,5 mm

GARNMENGE
ca. 100 – 100 – 100 – 100 g

EMPFOHLENES GARN
Dale Garn Lerke (53 % Merinowolle, 47 % Ägyptische Baumwolle, Lauflänge 115 m/50 g),
Dale Garn Merino 22 (100 % Merinowolle, extrafein, Lauflänger 125 m/50 g)

HIER VERWENDET
Dale Garn Lerke, 8112 Smaragdgrün
Dale Garn Lerke, 3046 Zimt

ZUSÄTZLICH
eventuell ein oder zwei Bommel

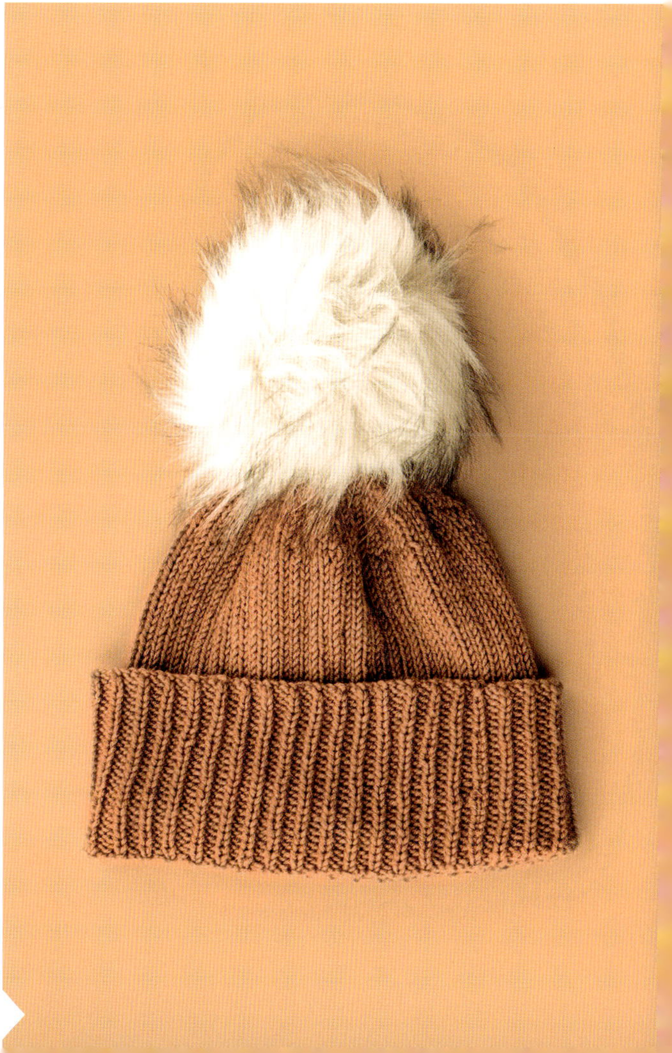

STRICKSCHRIFT

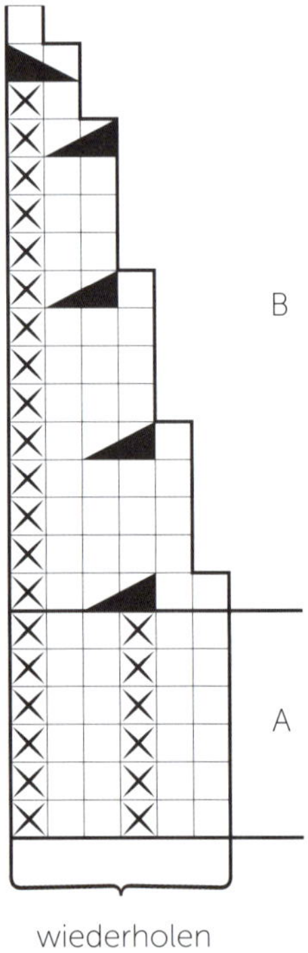

ZEICHENERKLÄRUNG

- re auf der rechten Seite, li auf der li Seite
- li auf der rechten Seite, re auf der li Seite.
- 2 M re zusammen
- 2 M re verschränkt zusammen

START

108 – 114 – 120 – 120 M mit dem Nspiel 3,5 mm oder einer kurzen RundN anschlagen. Die Mütze wird rund gestrickt von unten nach oben mit Abnahmen oben. Einen Maschenmarkierer hinten in der Mitte einhängen, um den Beginn der Rd zu markieren. Das Bündchen nach Strickschrift A stricken, bis es ca. 7 – 8 – 9 – 10 cm vom Anschlag an hoch ist. 2 Rd re M stricken. Wenn die Mütze fertig ist, wird der untere Teil umgeschlagen. Weiter rund nach Strickschrift A stricken, bis die Mütze ca. 19 – 22 – 24 – 26 cm ab Anschlag hoch ist.

ABNEHMEN

Die Abnahmen nach Strickschrift B stricken. Wenn die Strickschrift gestrickt ist, sollen es insgesamt 18 – 19 – 20 – 20 M sein. In der nächsten Rd werden immer 2 M re zusammengestrickt (die erste M re stricken, wenn es eine ungerade Maschenzahl ist). Faden abschneiden, durch die M ziehen und vernähen.

TIPP!

Die Mütze mit einem oder zwei Bommeln verzieren, die oben mit festem Nähgarn gut angenäht werden. Ein Bommel mit Druckknopf ist praktisch beim Waschen der Mütze.

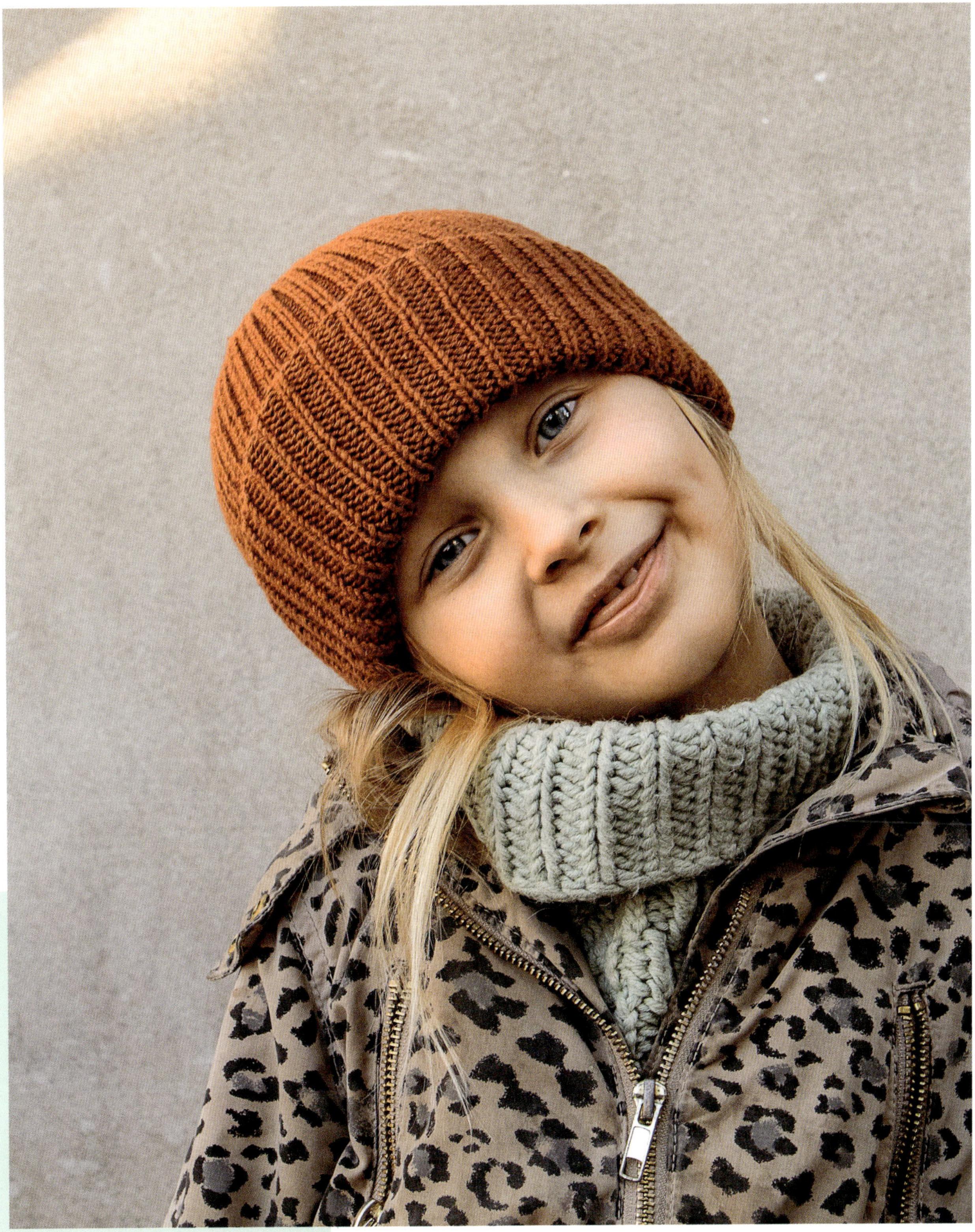

STRUMPFHOSE IM RIPPENMUSTER

Diese Strumpfhose ist ein Alltagsklassiker in der Wintergarderobe. In der Taille ein Gummiband oder ein gestricktes Band einziehen.

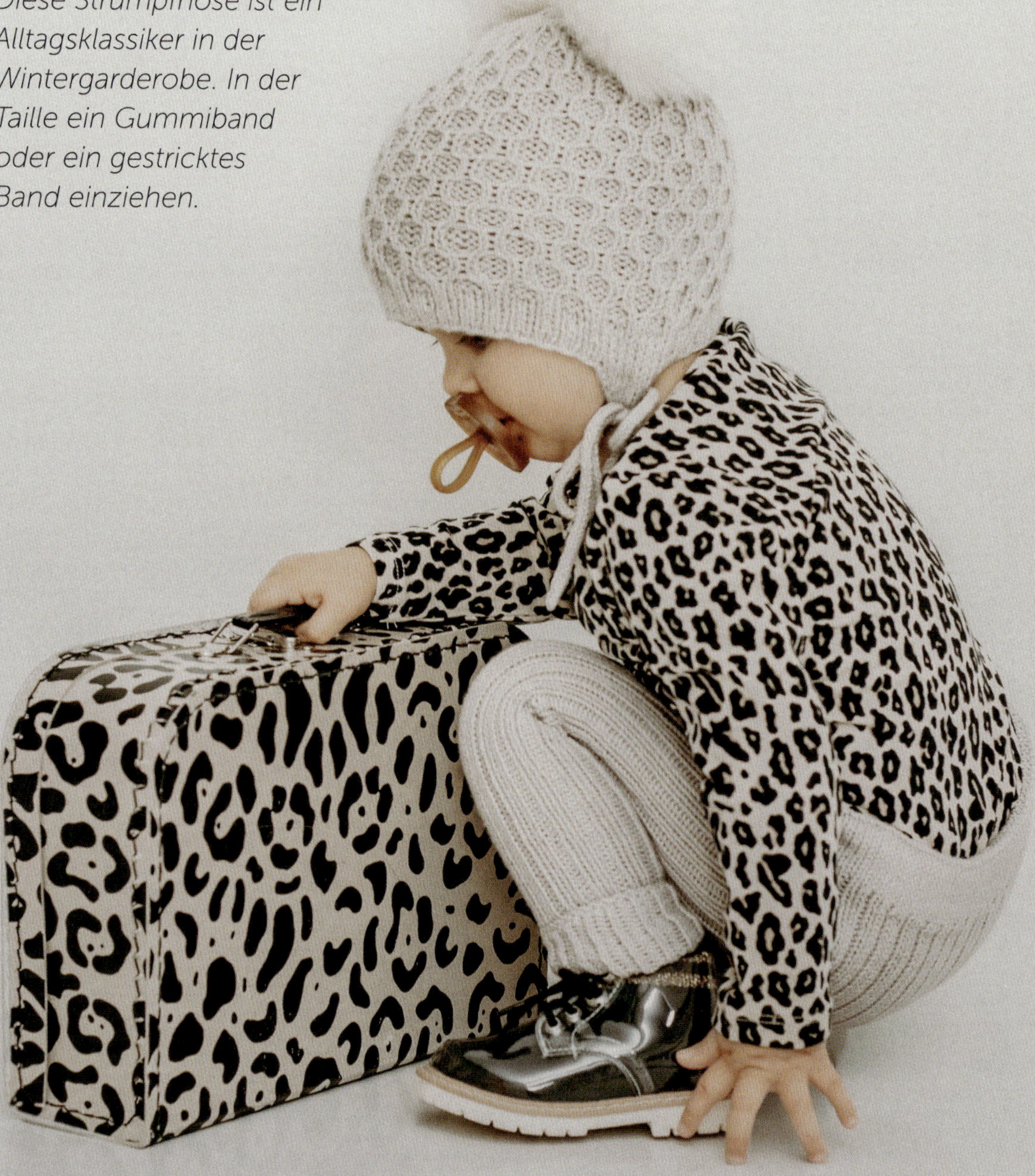

GRÖSSEN
Frühchen – 0-1 – 3 – 6/9 – 12/18 Mon – 2/3 – 4/5 Jahre

KLEIDERGRÖSSE
Taillenumfang: ca. 33 – 38 – 44 – 49 – 55 – 55 – 60 cm
Innere Beinlänge: ca. 11 – 14 – 18 – 23 – 28 – 34 – 45 cm

MASCHENPROBE
22 M = 10 cm (glatt rechts mit N 3,5 mm)

NADELSTÄRKE
Nspiel 3 mm und 3,5 mm
30–40 cm RundN 3,5 mm
HilfsN 3,5 mm

GARNMENGE
ca. 50 – 100 – 100 – 150 – 150 – 200 – 200 g

EMPFOHLENES GARN
Dale Garn Lerke (53 % Merinowolle, 47 % Ägyptische Baumwolle, Lauflänge 115 m/50 g),

HIER VERWENDET
Dale Garn Lerke, 2425 Kitt

ZUSÄTZLICH
eventuell kleine Knöpfe

ZEICHENERKLÄRUNG

☐ re M auf der rechten Seite, li M auf der linken Seite

☒ li M auf der rechten Seite, re M auf der linken Seite

■ dies ist keine M, dieses Kästchen übergehen

○ **Vor dem Maschenmarkierer:** den Faden zwischen 2 M aufnehmen, indem die N von vorne eingestochen wird und der Faden nach rechts verdreht wird, so dass eine Schlaufe entsteht. Diese Schlaufe auf die linke N geben und sie nach der Anleitung so stricken, als wenn es eine Masche wäre.
Nach dem Maschenmarkierer: den Faden zwischen 2 Maschen aufnehmen, indem die Nadel von hinten eingestochen wird und der Faden nach links verdreht wird, so dass eine Schlaufe entsteht. Diese Schlaufe auf die linke Nadel geben und sie nach der Anleitung so stricken, als wenn es eine Masche wäre.

STRICKSCHRIFT A

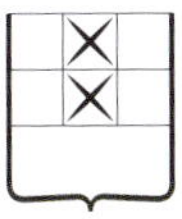

wiederholen

STRICKSCHRIFT B

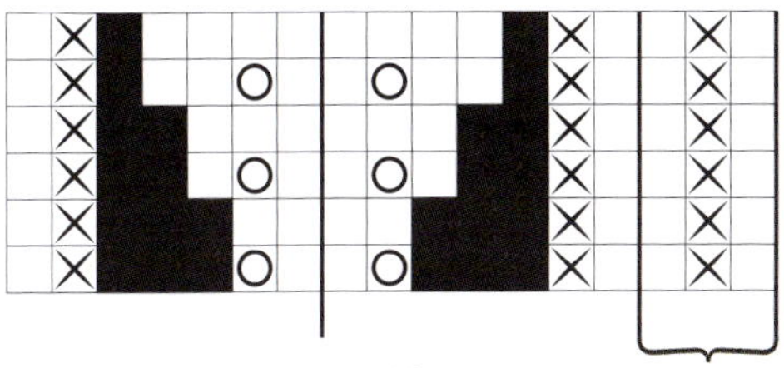

Maschenmarkierer

wiederholen

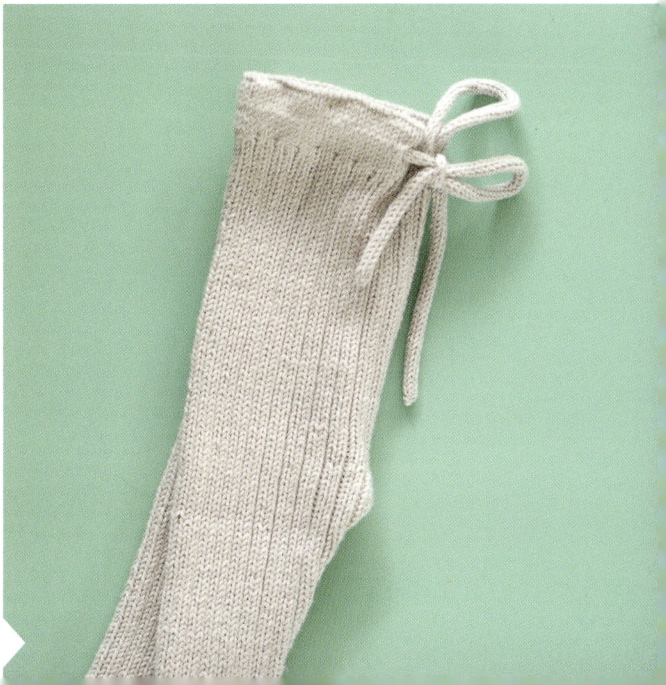

START

72 – 84 – 96 – 108 – 120 – 120 – 132 M mit der RundN 3 mm anschlagen. Es wird von oben nach unten rund gestrickt. 10 R re M stricken. Einen Maschenmarkierer auf die N hängen (= Beginn der Rd). 1 Rd li M und 4 Rd re M stricken. **In der nächsten Rd werden die Löcher für das Band folgendermaßen gestrickt:** 11 – 14 – 16 – 19 – 21 – 21 – 24 M re, 2 M re zusammen, 1 Umschlag (= 1. Loch für das Band), 9 – 9 – 11 – 11 – 13 – 13 – 13 M re, 2 M re zusammen, 1 Umschlag (= 2. Loch für das Band), 12 – 15 – 17 – 20 – 22 – 22 – 25 M re, einen Maschenmarkierer zwischen 2 M auf die N hängen (= linke Seite), re M über alle M stricken. 5 Rd re M stricken.

MUSTER

Zur RundN 3,5 mm wechseln und nach Strickschrift A rund stricken, bis die Arb ca. 14 – 15 – 17 - 19 – 20 – 21 – 22 cm lang ist vom Maschenmarkierer nach unten gemessen (wo der Rand umgeschlagen wird). Die 2 mittM vorne finden und einen Maschenmarkierer dazwischen einhängen, ebenso im Rückenteil. Jetzt wird in jeder 2. R 1 M auf jeder Seite der Maschenmarkierer zugenommen, vorne und hinten (= 4 zugenommene M pro Rd).

1.–6. Rd: nach Strickschrift B stricken.

GRÖSSE: 12/18 MON – 2/3 – 4/5 JAHRE

Die 1.–6. d 1 Mal wiederholen.

Maschenanzahl gesamt: 84 – 96 – 108 – 120 – 144 – 144 – 156 M.

FÜR DIE BEINE DIE ARBEIT TEILEN

Jetzt wird die Arb in das linke und das rechte Bein geteilt. Die ersten 18 – 21 – 24 – 27 – 30 – 30 – 33 M auf 2 N vom Nspiel 3,5 mm verteilen, die nächsten 6 – 6 – 6 – 6 – 12 – 12 – 12 M auf eine HilfsN/einen Hilfsfaden geben (= mittlere M zwischen den Beinen am Vorderteil). Die nächsten 36 – 42 – 48 – 54 – 60 – 60 – 66 M auf eine HilfsN/ einen Hilfsfaden geben (= linkes Bein), die nächsten 6 – 6 – 6 – 6 – 12 – 12 – 12 M auf eine HilfsN/einen Hilfsfaden geben (= mittlere M zwischen den Beinen am Rückenteil), die restlichen 18 – 21 – 24 – 27 – 30 – 30 – 33 M auf 2 N vom Nspiel 3,5 mm verteilen. Den Faden abschneiden und das rechte Bein von der Innenseite her stricken.

RECHTES BEIN

Einen Maschenmarkierer an der Innenseite des Beines einhängen, Rundenbeginn.

1. Rd: 2 M li zusammen, 2 M re, * 1 M li, 2 M re*, von * - * wiederholen bis auf 2 M vor dem Maschenmarkierer, 2 M li zusammenstricken.

2.–4. Rd: 1 M li, * 2 M re, 1 M li*, von * - * die gesamte Rd wiederholen.

5. Rd: 2 M re zusammen, 1 M re, 1 M li, *2 M re, 1 M li*, von * - * wiederholen bis auf 3 M vor dem Maschenmarkierer, 1 M re, 2 M re verschränkt zusammenstricken.

6.–8. Rd: 2 M re, *1 M li, 2 M re*, von * - * die gesamte Rd wiederholen.

9. Rd: 2 M re zusammen, 1 M li, *2 M re, 1 M li*, von * - * wiederholen bis auf 2 M vor dem Maschenmarkierer, 2 M re verschränkt zusammenstricken.

10.–12. Rd: *1 M re, 1 M li, 1 M re*, von * - * die gesamte Rd wiederholen.

Die 1.–12. Rd 1 – 1 – 2 – 2 – 2 – 2 – 3 Mal wiederholen.

Maschenanzahl gesamt: 24 – 30 – 30 – 36 – 42 – 42 – 42 M.

Nach Strickschrift A ohne Abnahmen weiterstricken, bis das Bein ca. 8 – 11 – 15 – 20 – 25 – 31 – 42 cm lang ist.

BÜNDCHEN

30 Rd Bündchen stricken: *1 M re verschränkt, 1 M li verschränkt*, von * - * die gesamte Rd wiederholen. Locker abketten, das Bündchen umschlagen und eventuell 2 kleine Knöpfe auf jeder Seite annähen. Das linke Bein genauso stricken.

ZUSAMMENNÄHEN IM SCHRITT

Die M von Vorder- und Rückenteil jeweils auf eine N des Nspiels aufnehmen und mit Maschenstich zusammennähen. Faden abschneiden und alle Fäden vernähen.

FERTIGSTELLEN

Den oberen Rand in der Taille nach innen umfalten und von links festnähen. Dadurch entsteht ein Tunnel für das Bindeband. Wenn es lieber ein Gummiband sein soll, erst das Gummiband zusammennähen, bevor der Tunnel genäht wird. Dafür ein 33 – 37 – 41 – 46 – 50 – 55 – 59 cm langes Gummiband abschneiden und die beiden Enden mit der Nähmaschine zu einem Kreis zusammennähen. Das Gummiband in den umgefalteten Rand legen und den Rand von links festnähen. Alle Fäden vernähen.

BINDEBAND FÜR DIE TAILLE

3 M mit dem Nspiel 2,5 mm anschlagen und ein Band nach der Erklärung auf Seite 7 stricken. Wenn das Band ca. 80 – 85 – 90 – 95 – 100 – 105 – 105 cm lang ist, den Faden abschneiden und durch die 3 M ziehen. Faden vernähen und das Band in den Tunnel einziehen.

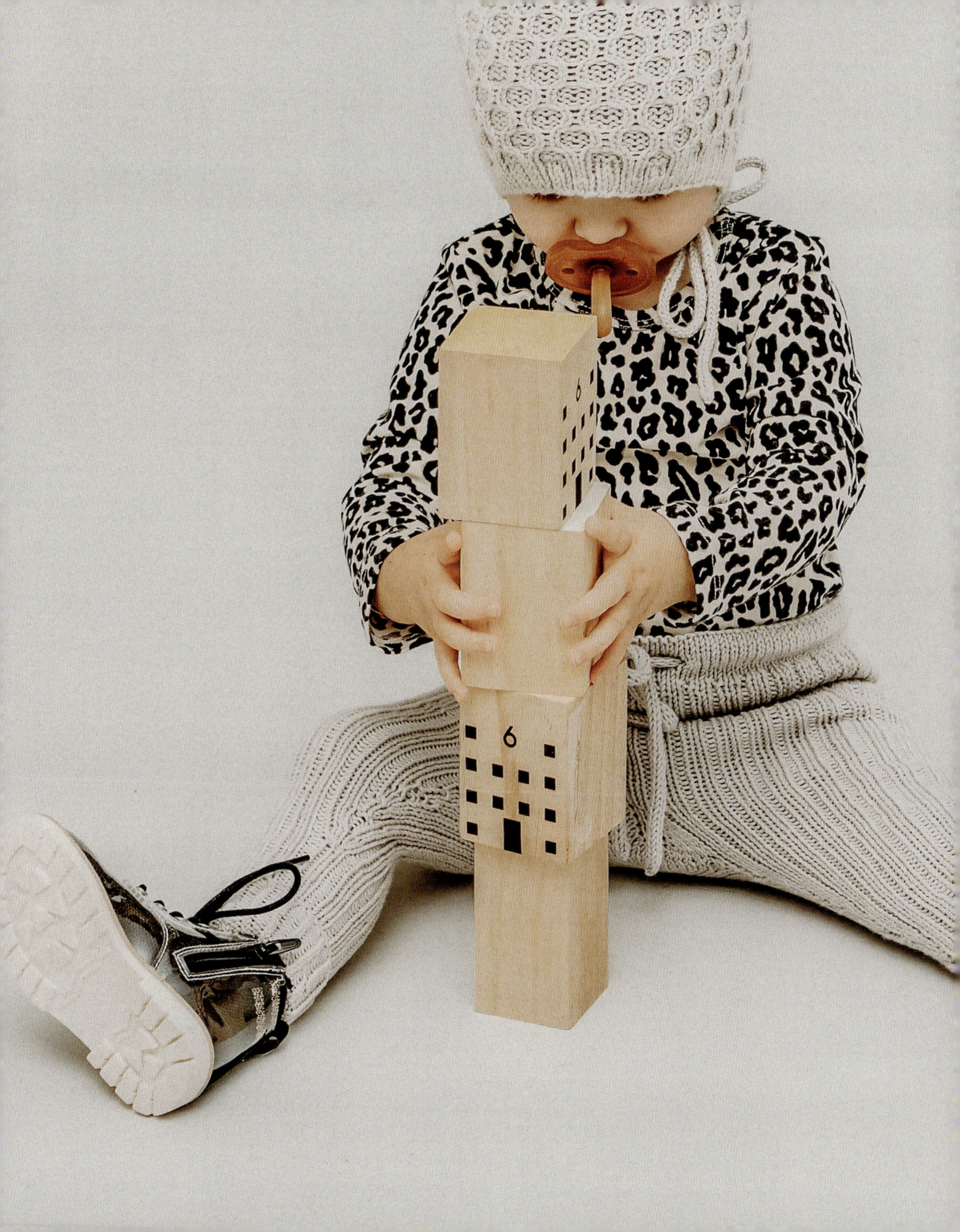

GESTRICKTES **KLEIDOBERTEIL**

Mit dieser Anleitung ist ein Kleid an ein paar Abenden gestrickt. Das gestrickte Oberteil wird mit der Nähmaschine an einen neu gekauften Rock oder einen Rock aus dem Kleiderschrank angenäht.

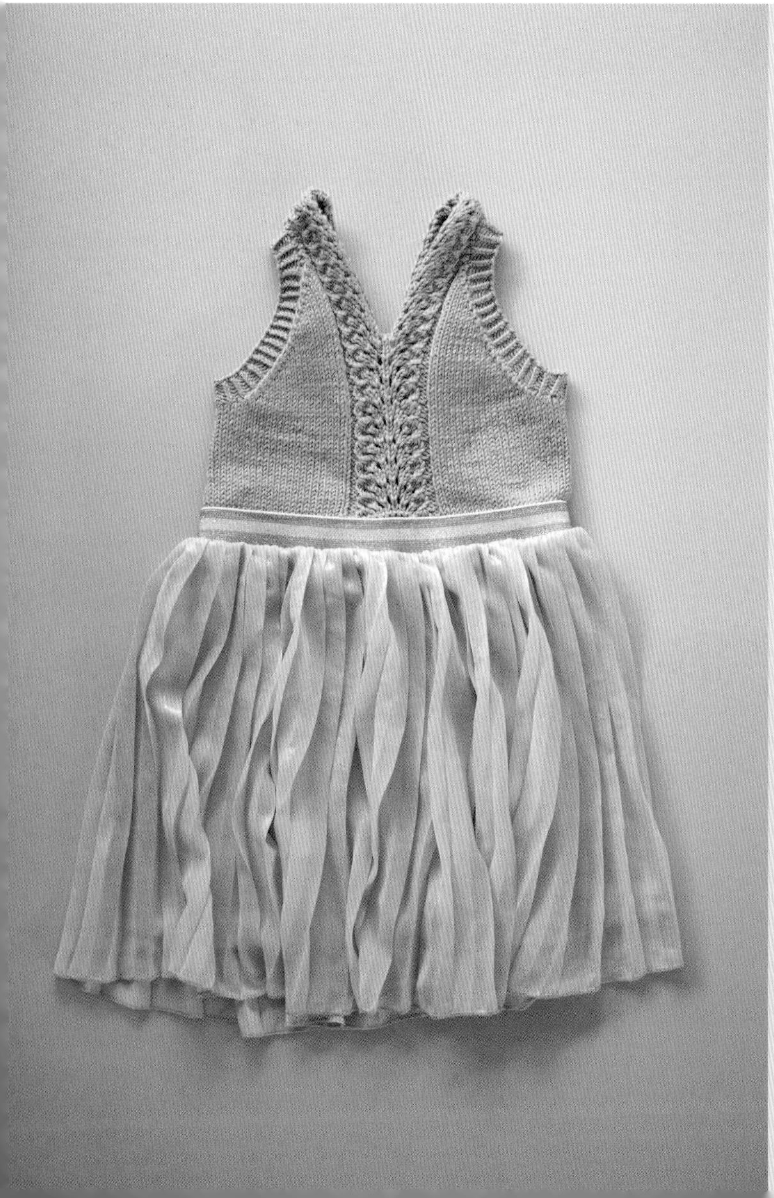

GRÖSSEN
12/18 Mon – 2/3 – 4/5 Jahre

KLEIDERGRÖSSE
Oberweite: ca. 48 – 52 – 55 cm
Länge kurzes Modell: ca. 24 – 26 – 29 cm
Länge langes Modell: ca. 29 – 34 – 38 cm

MASCHENPROBE
22 M = 10 cm (glatt rechts mit N 3,5 mm)

NADELSTÄRKE
Nspiel 3 mm
40 cm RundN 3,5 mm
HilfsN 3,5 mm

GARNMENGE
ca. 100 – 150 – 150/200 g

EMPFOHLENES GARN
Dale Garn Lerke (53 % Merinowolle, 47 % Ägyptische Baumwolle, Lauflänge 115 m/50 g),

HIER VERWENDET
Dale Garn Lerke, 3033 helles Karamell
Dale Garn Lerke, 2425 Kitt
Dale Garn Lerke, 8146 Pistazie

MATERIAL
Ein fertiger Rock, der an das gestrickte Oberteil angenäht wird

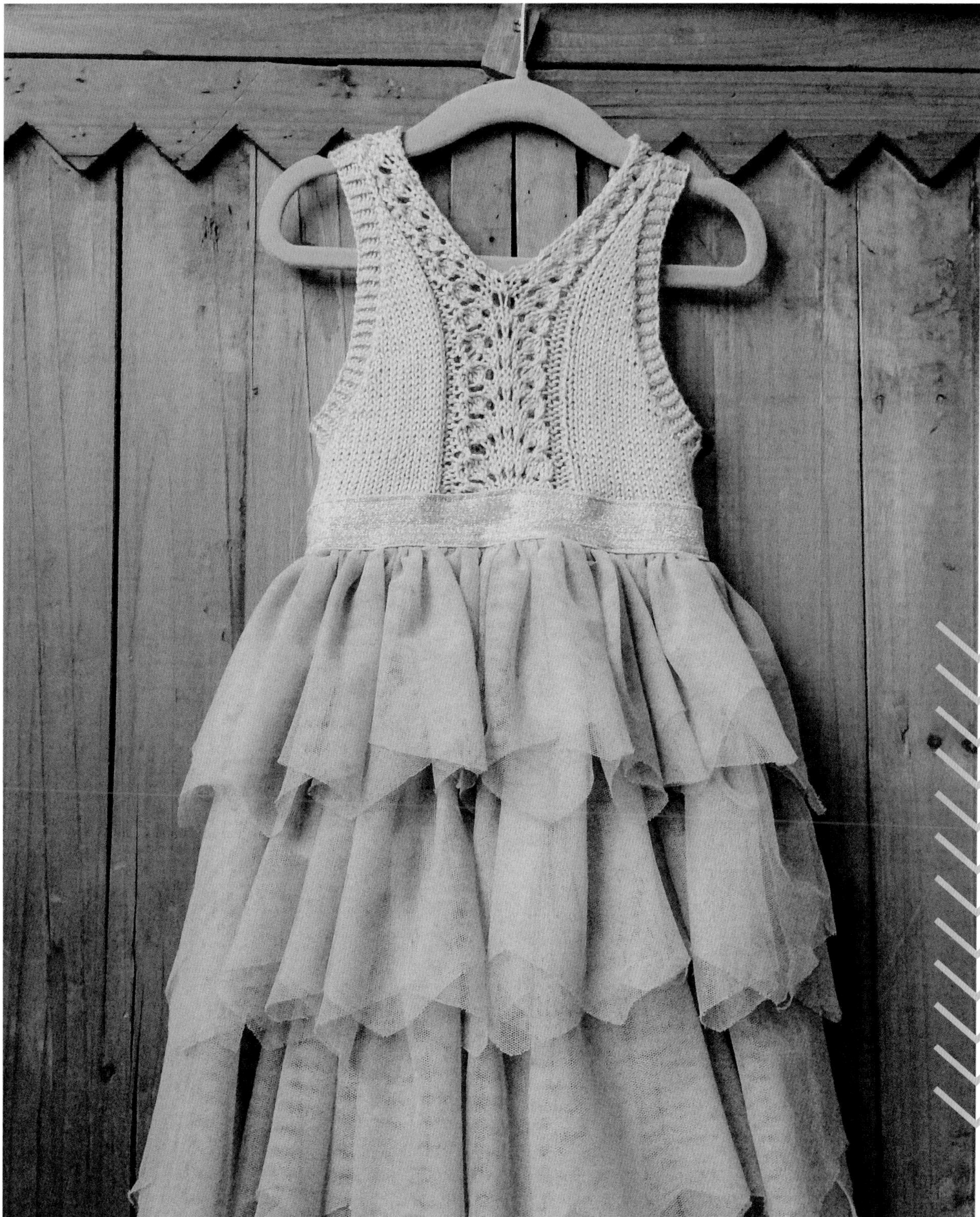

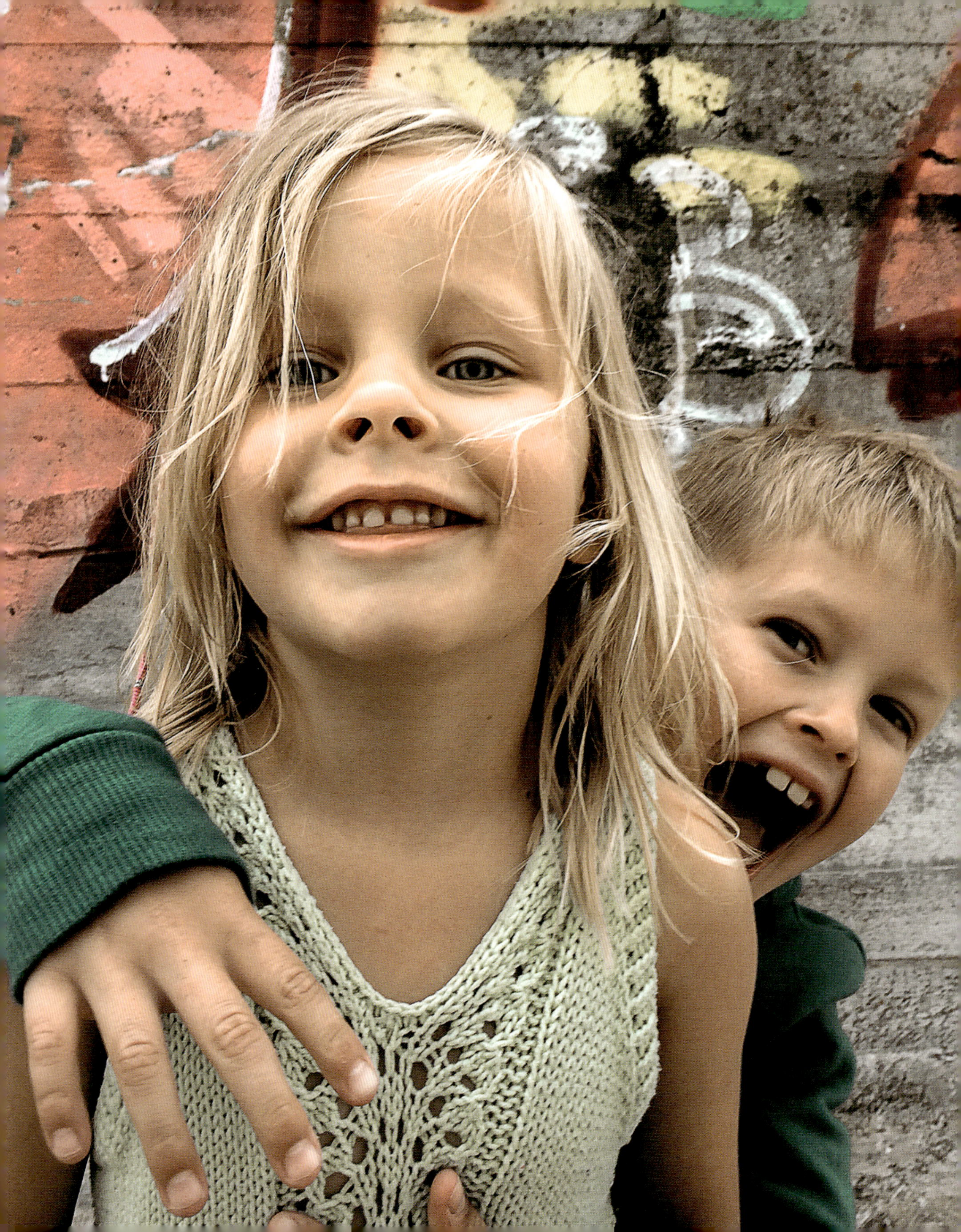

STRICKSCHRIFT 1

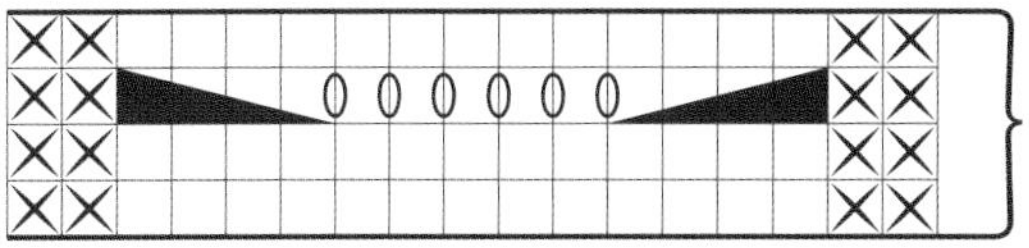

wieder-
holen

STRICKSCHRIFT 2

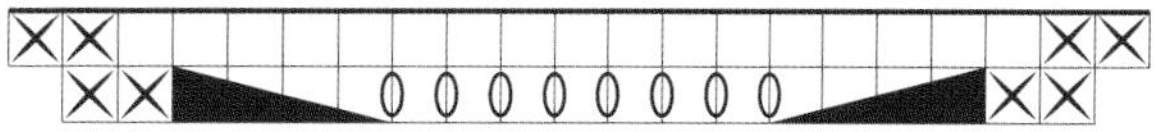

STRICKSCHRIFT 4

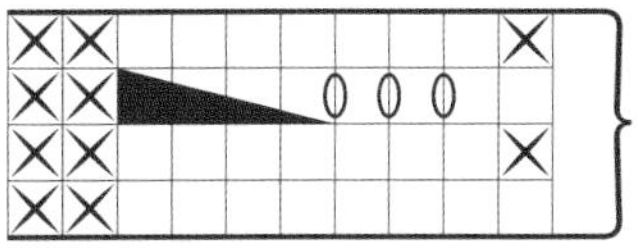

wieder-
holen

STRICKSCHRIFT 3

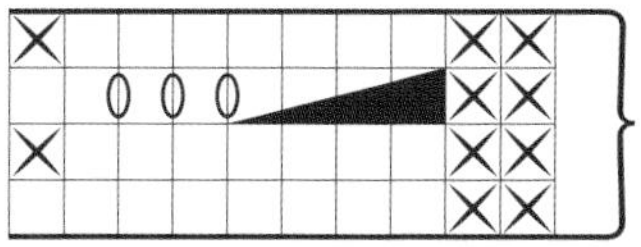

wieder-
holen

ZEICHENERKLÄRUNG

re auf der rechten Seite, li auf der linken Seite

li auf der rechten Seite, re auf der li Seite

ein Umschlag zwischen 2 M

4 M re zusammen

4 M re verschränkt zusammen

START

Das Oberteil wird in Runden von unten nach oben gestrickt.
106 – 114 – 122 M mit der RundN 3,5 mm anschlagen.
1. Rd: alle M re stricken.
2. Rd: alle M li stricken.
Die 1. und 2. Rd 2 Mal wiederholen.
Einen Maschenmarkierer zu Beginn der Rd auf die N hängen. Re M über die ersten 21 – 23 – 25 M stricken, nach Strickschrift 1 über die nächsten 17 M (= Lochmuster im Rückenteil), 36 – 40 – 44 M re, nach Strickschrift 1 über die nächsten 17 M (= Lochmuster im Vorderteil), 15 – 17 – 19 M re.

↘ KURZES MODELL

Den Rapport der Strickschrift 1 insgesamt 4 Mal in der Höhe stricken. Weiterstricken bei ** BEIDE VARIANTEN..

↘ LANGES MODELL

Den Rapport der Strickschrift 1 insgesamt 8 – 9 – 10 Mal in der Höhe stricken. Weiterstricken bei ** BEIDE VARIANTEN.

**** BEIDE VARIANTEN**

In Vorder- und Rückenteil aufteilen.

VORDERTEIL

Vorder- und Rückenteil werden hin und zurück gestrickt.
1. R (Hinreihe): 6 M abketten, 15 – 17 – 19 M re stricken, nach Strickschrift 1 über die nächsten 17 M (= Lochmuster im Rückenteil), 15 – 17 – 19 M re, 6 M abketten. 15 – 17 – 19 M re, nach Strickschrift 1 über die nächsten 17 M (= Lochmuster im Vorderteil), 15 – 17 – 19 M re.
2. R (Rückreihe): Arb wenden und 1 M re stricken, 14 – 16 – 18 M li, einen Maschenmarkierer auf die N hängen, nach Strickschrift 1 über die mittleren 17 M, einen Maschenmarkierer auf die N hängen, 14 – 16 – 18 M li, 1 M re.
3. R (Hinreihe): 1 M re stricken, 2 M re zusammen, alle M re bis zum Maschenmarkierer, nach Strickschrift 1 über die mittleren 17 M, re M bis noch 3 M auf der N sind, 1 M locker abheben (wie zum re stricken), 1 M re, die abgehobene M über die re M heben, 1 M re.
4. R (Rückreihe): 1 M re stricken, li M bis zum Maschenmarkierer, nach Strickschrift 1 über die mittleren 17 M, li M bis noch 1 M auf der N ist, 1 M re.

↘ KURZES MODELL

Die 3. und 4. R wiederholen, bis insgesamt 5 – 6 – 7 Rapporte von Strickschrift 1 in der Höhe gestrickt sind (auch den mitzählen, der vor der Teilung in Vorder- und Rückenteil gestrickt wurde). Weiterstricken bei *** FORTSETZUNG VORDERTEIL.

↘ LANGES MODELL

Die 3. und 4. R wiederholen, bis insgesamt 11 – 13 – 15 Rapporte von Strickschrift 1 in der Höhe gestrickt sind (auch den mitzählen, der vor der Teilung in Vorder- und Rückenteil gestrickt wurde). Weiterstricken bei *** FORTSETZUNG VORDERTEIL.

***** FORTSETZUNG VORDERTEIL**

5. R (Hinreihe): 1 M re stricken, 2 M re zusammen, re M bis zum Maschenmarkierer, 2 M li, 6 M re, 1 Umschlag, 1 M re, 1 Umschlag, 6 M re, 2 M li, re M bis noch 3 M auf der N sind, 1 M locker abheben, 1 M re, die abgehobene M über die re M heben, 1 M re.

6. R (Rückreihe): 1 M re stricken, li M bis zum Maschenmarkierer, 2 M re, 15 M li (die Umschläge der vorherigen R li verschränkt stricken, um Löcher zu vermeiden), 2 M re, li M bis noch 1 M auf der N ist, 1 M re.

7. R (Hinreihe): 1 M re stricken, 2 M re zusammen, re M bis zum Maschenmarkierer, nach Strickschrift 2 über die mittleren 19 M, re M bis noch 3 M auf der N sind, 1 M locker abheben, 1 M re, die abgehobene M über die re M heben, 1 M re.

8. R (Rückreihe): 1 M re stricken, li M bis zum Maschenmarkierer, nach Strickschrift 2 über die mittleren 21 M, li M bis noch 1 M auf der N ist, 1 M re.

Jetzt wird die Arb in ein linkes und ein rechtes Vorderteil getrennt.

TEILEN IN LINKES UND RECHTES VORDERTEIL

9. R (Hinreihe): 1 M re stricken, 2 M re zusammen, re M bis zum Maschenmarkierer, nach Strickschrift 3 über die nächsten 10 M, die letzten M auf eine HilfsN (= linkes Vorderteil) geben und das rechte Vorderteil stricken.

RECHTES VORDERTEIL

10. R (Rückreihe): Arb wenden und nach Strickschrift 3 über die nächsten 10 M stricken, einen Maschenmarkierer auf die N hängen, li M bis noch 1 M auf der N ist, 1 M re.

11. R (Hinreihe): 1 M re stricken, 2 M re zusammen, re M bis zum Maschenmarkierer, nach Strickschrift 3 über die letzten 10 M.

Die 10. und 11. R so oft wiederholen, bis 10 M auf der N sind.

↘ KURZES MODELL

Weiterstricken, bis insgesamt 15 – 17 – 19 Rapporte von Strickschrift 3 in der Höhe gestrickt sind (alle Rapporte seit Beginn mitzählen). Weiterstricken bei **** FORTSETZUNG RECHTES VORDERTEIL.

↘ LANGES MODELL

Weiterstricken, bis insgesamt 19 – 22 – 25 Rapporte von Strickschrift 3 in der Höhe gestrickt sind (alle Rapporte seit Beginn mitzählen). Weiterstricken bei **** FORTSETZUNG RECHTES VORDERTEIL.

****** FORTSETZUNG RECHTES VORDERTEIL**

Alle M abketten, Faden abschneiden und vernähen. Wenn Du lieber alle M mit denen vom Rückenteil zusammen strickst, werden sie auf einer HilfsN stillgelegt.

LINKES VORDERTEIL

Hinreihe: 1 M abnehmen, nach Strickschrift 4 über die nächsten 10 M stricken, einen Maschenmarkierer auf die N hängen, re M bis noch 3 M auf der N sind, 1 M locker abheben, 1 M re, die abgehobene M über die re M heben, 1 M re.

Rückreihe: 1 M re stricken, li M bis zum Maschenmarkierer, nach Strickschrift 4 über die letzten 10 M.

So lange wie beschrieben hin und zurück stricken, bis 10 M auf der N sind.

↘ KURZES MODELL

Weiterstricken nach Strickschrift 4, bis insgesamt 15 – 17 – 19 Rapporte in der Höhe gestrickt sind. Weiterstricken bei ***** FORTSETZUNG LINKES VORDERTEIL.

↘ LANGES MODELL

Weiterstricken, bis insgesamt 19 – 22 – 25 Rapporte von Strickschrift 4 in der Höhe gestrickt sind. Weiterstricken bei ***** FORTSETZUNG LINKES VORDERTEIL.

TIPP!

Für einen Glitzereffekt kann man ein Effektgarn mit Glitzer zusammen mit dem Strickgarn verstricken.

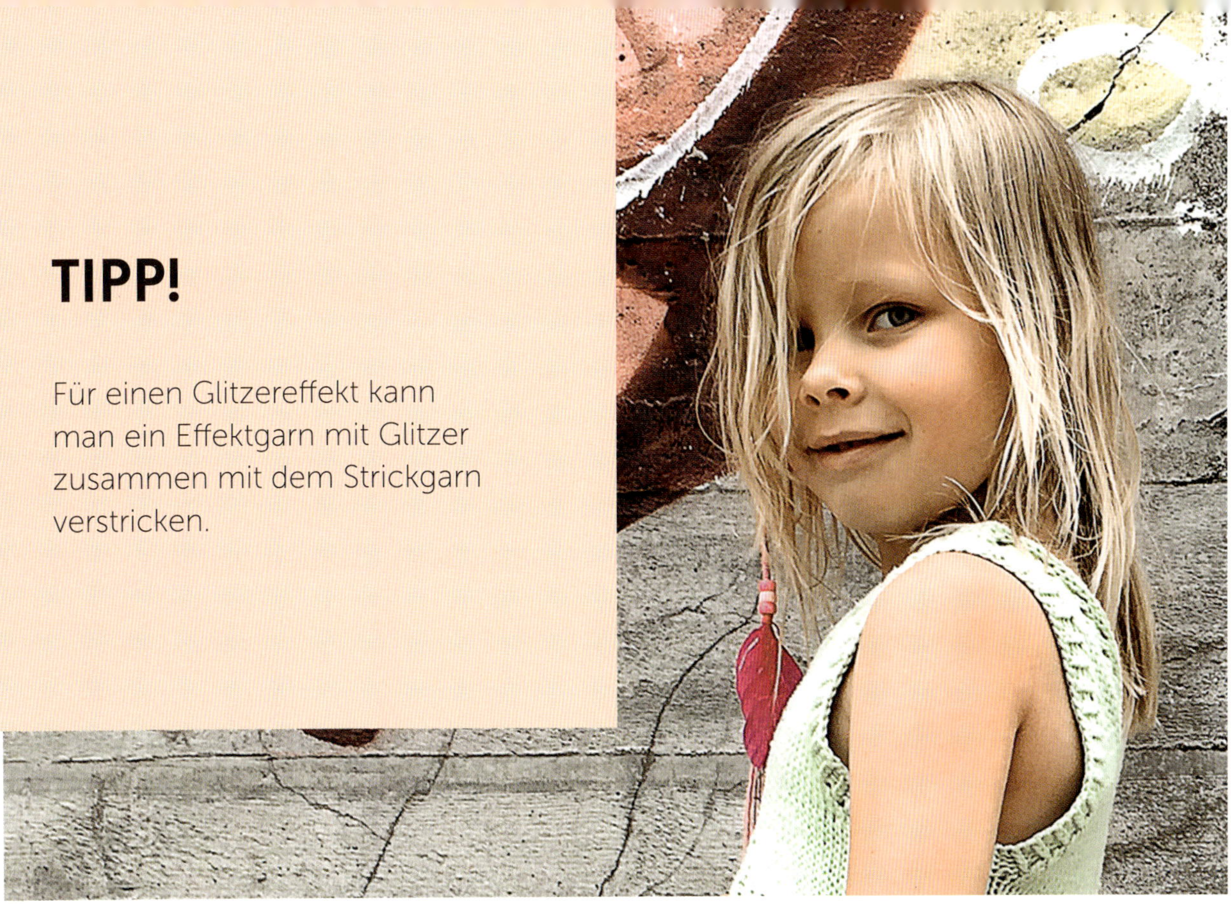

***** **FORTSETZUNG LINKES VORDERTEIL**

Alle M abketten, Faden abschneiden und vernähen. Wenn Du lieber alle M mit denen vom Rückenteil zusammen strickst, werden sie auf einer HilfsN stillgelegt statt abgekettet.

RÜCKENTEIL

1. R (Rückreihe): 1 M re stricken, 14 – 16 – 18 M li, einen Maschenmarkierer auf die N hängen, nach Strickschrift 1 Reihe 2 über die mittleren 17 M, einen Maschenmarkierer auf die N hängen, li M bis noch 1 M auf der N ist, 1 M re. Das Rückenteil wird jetzt wie das Vorderteil weitergestrickt. In der 3. R (Hinreihe) beginnen und nach der Anleitung Vorderteil stricken.

Beachten: beim Rückenteil werden 2 Rapporte von Strickschrift 3 (rechtes Rückenteil) und Strickschrift 4 (linkes Rückenteil) weniger gestrickt als beim Vorderteil. Wenn alle Teile gestrickt sind, werden die Schultern zusammengenäht oder zusammengestrickt.

ÄRMELKANTE

Mit der N 3 mm ca. 54 – 64 – 74 M entlang des Armausschnittes aufnehmen. Bündchen *1 M re verschränkt, 1 M li* 6 Rd rund stricken. In der 7. d abketten, während gleichzeitig das Bündchen gestrickt wird. Die andere Ärmelkante genauso stricken.

FERTIGSTELLEN

Alle Fäden vernähen und das gestrickte Oberteil mit der Nähmaschine an den Rock annähen. Je nach Rock lässt sich hier das Aussehen verändern.

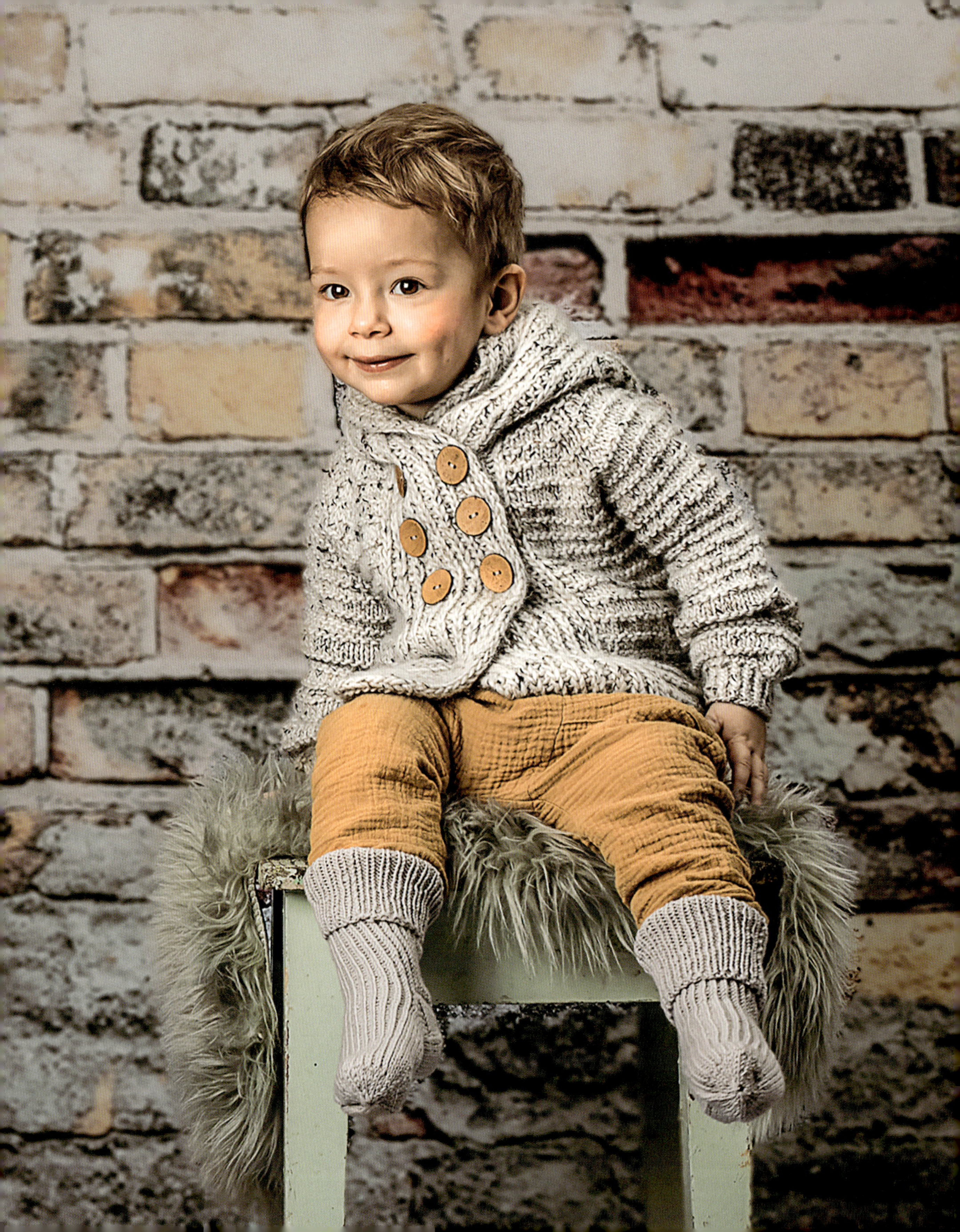

DOPPELREIHIG GEKNÖPFTE **KAPUZENJACKE**

Eine kräftige Jacke für die etwas größeren Kinder. Mit dickem Garn und dicken Nadeln ist dies eine einfach und schnell gestrickte Jacke, die gut wärmt.

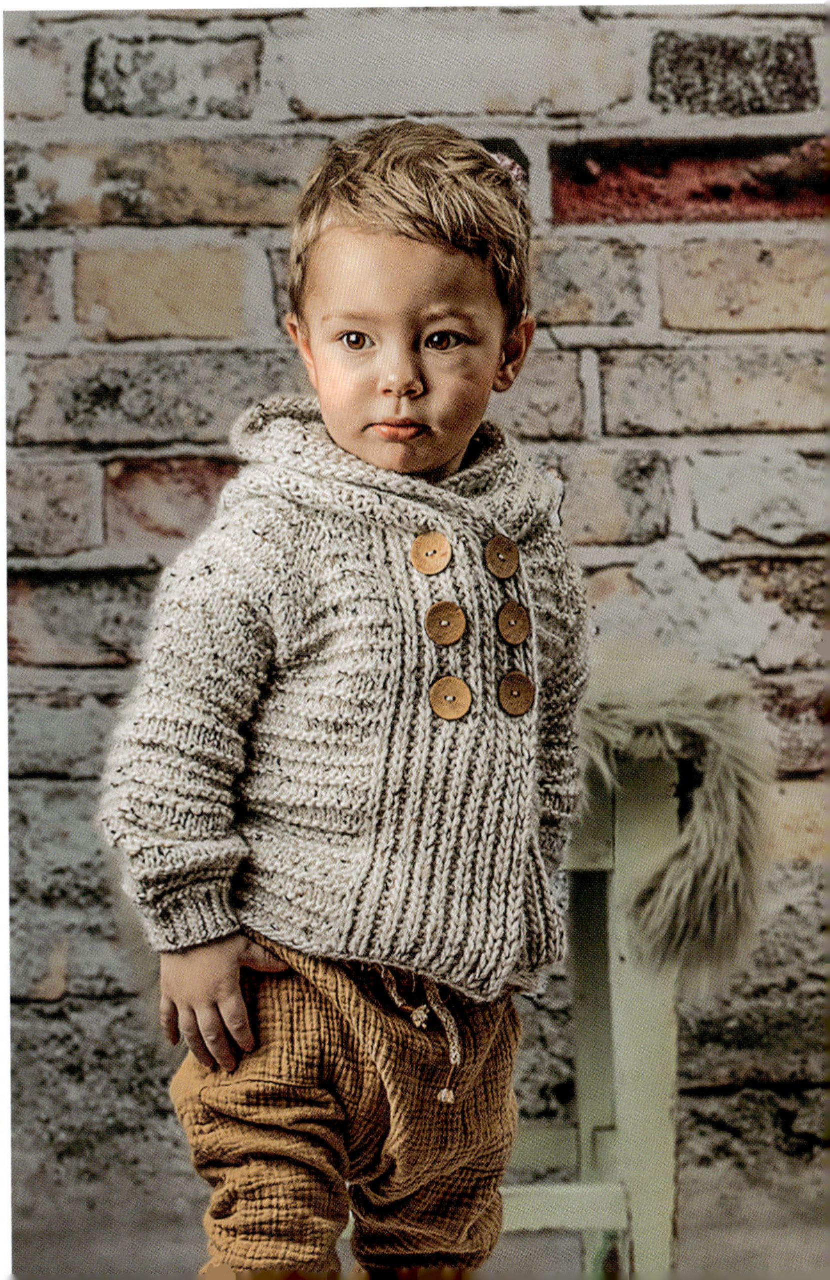

GRÖSSEN
9 – 12/18 Mon – 2/3 – 4/5 Jahre

TAILLENUMFANG
Oberweite: ca. 28 – 31 – 35 – 38 cm
Länge: ca. 30 – 33 – 37 – 42 cm

MASCHENPROBE
17 M = 10 cm (glatt rechts mit N 5 mm)

NADELSTÄRKE
Nspiel 3,5 und 5 mm
60 cm RundN 5 mm

GARNMENGE
ca. 250/300 – 350 – 400 – 500 g

EMPFOHLENES GARN
Du Store Alpakka, Alpakka Tweed
(50 % Alpakka Tweed, 30 % Merinowolle, 20 % Donegal, Lauflänge 80 m/50g)

HIER VERWENDET
Du Store Alpakka, Alpakka Tweed,
113 Natur

ZUSÄTZLICH
6 Knöpfe

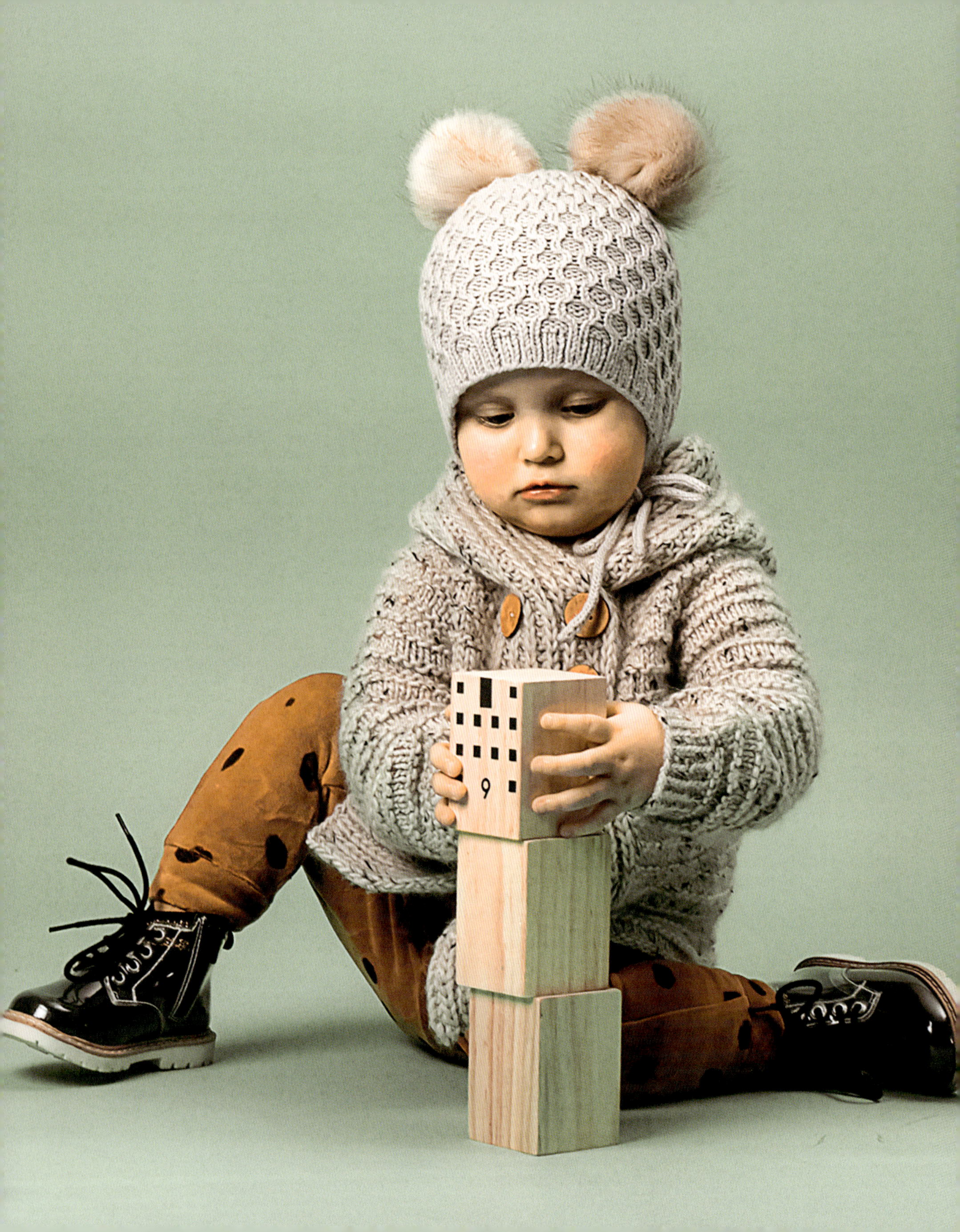
9

STRICKSCHRIFT

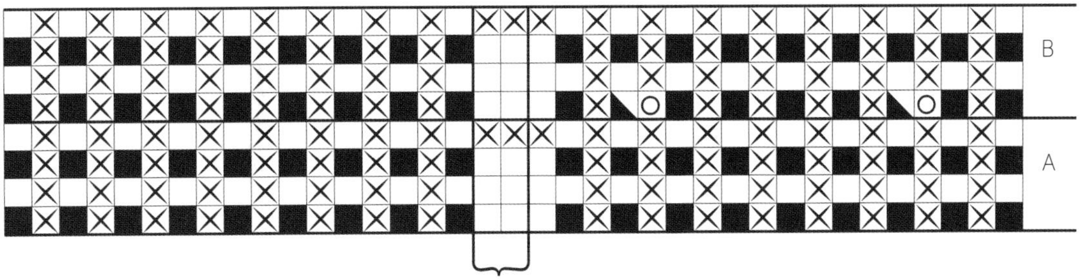

wiederholen

STRICKSCHRIFT C

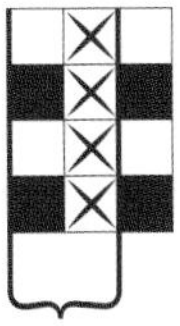

wiederholen

ZEICHENERKLÄRUNG

☐ re auf der rechten Seite, li auf der linken Seite

☒ li auf der rechten Seite, re auf der linken

■ die re N in die M der Vorreihe stechen, 1 M re stricken und von der N fallen lassen

◣○ 1 Umschlag stricken (= Knopfloch), 2 M re zusammengenäht

Die Jacke wird hin und zurück von unten nach oben mit Raglanabnahmen in der Passe gestrickt.

RAGLANABNAHMEN

In jeder Hinreihe wird 1 M auf jeder Seite des Maschenmarkierers abgenommen, insgesamt 8 M je R.

Folgendermaßen abnehmen: 3 M vor dem Maschenmarkierer beginnen, 2 M re verschränkt zusammenstricken, 2 M re (der Maschenmarkierer liegt zwischen diesen M), 2 M re zusammenstricken.

START

113 – 123 – 135 – 145 M mit der RundN 5 mm anschlagen.

Die erste R (Rückreihe) folgendermaßen stricken: alle M re stricken.

Beachten: die äußere M auf jeder Seite ist in der Strickschrift weggelassen.

RUMPF

Hinreihe: 1 M abheben, wie zum re stricken, nach Strickschrift A stricken, bis noch 1 M auf der N ist, 1 M re.

Rückreihe: 1 M abheben, wie zum li stricken (mit dem Faden vor der Arb), nach Strickschrift A stricken, bis noch 1 M auf der N ist, 1 M li.

Strickschrift A in der Höhe wiederholen, bis die Arb ca. 18 – 22 – 24 – 28 cm hoch ist.

4 R hin und zurück nach Strickschrift B – B – A – A stricken.

Auf der letzten R (Rückreihe) 4 M an jeder Seite für das Armloch folgendermaßen abnehmen: 1 M abheben, wie zum li stricken (mit dem Faden vor der Arb), nach Strickschrift B – B – A – A Reihe 4 über die ersten 31 – 33 – 36 – 39 M stricken, 4 M abketten, weitere 43 – 49 – 55 – 59 M über das Rückenteil stricken, 4 M abketten, weiter nach Strickschrift stricken, bis noch 1 M auf der N ist, 1 M li.

Maschenanzahl gesamt: 105 – 115 – 127 – 137 M.

Die Arbeit zur Seite legen und die Ärmel stricken.

ÄRMEL

34 – 38 – 40 – 44 M mit dem Nspiel 3,5 mm anschlagen. 8 R Bündchen *1 M li verschränkt, 1 M re verschränkt* stricken, von * - * die R wiederholen. 1 R re M stricken. Zum Nspiel 5 mm wechseln und in Runden folgendermaßen weiterstricken:

1. Rd: alle M li stricken.

2.–4. Rd: alle M re stricken.

Die 1.–4. Rd. wiederholen, bis der Ärmel ca. 20 – 23 – 26 – 30 cm lang ist. 1 Rd li M stricken, während ***gleichzeitig*** 2 M zu Beginn der Rd abgekettet werden und 2 M am Ende der Rd für das Armloch.

Maschenanzahl gesamt: 30 – 34 – 36 – 40 M.

Den Ärmel zur Seite legen und einen zweiten genauso stricken.

PASSE

Jetzt werden Ärmel und Rumpf auf einer RundN zusammengesetzt.

1. R (Hinreihe): mit dem rechten Vorderteil beginnen. 1 M abheben, wie zum re stricken, nach Strickschrift A – A – B – A stricken bis zu den abgeketteten M an der Seite, einen Maschenmarkierer auf die N hängen, den ersten Ärmel stricken, einen Maschenmarkierer auf die N hängen, über die Passe stricken, einen Maschenmarkierer auf die N hängen, den zweiten Ärmel stricken, einen Maschenmarkierer auf die N hängen, nach Strickschrift weiterstricken, bis noch 1 M auf der N ist, 1 M re.

Maschenanzahl gesamt: 165 – 183 – 199 – 217 M.

2. R (Rückreihe): 1 M abheben, wie zum li stricken (mit dem Faden vor der Arb), nach Strickschrift A – A – B – A weiterstricken, bis noch 1 M auf der N ist, 1 M li.

3. R (Hinreihe): 1 M abheben, wie zum re stricken, nach Strickschrift A – A – B – A weiterstricken bis zum Maschenmarkierer, über Ärmel, Rückenteil und den anderen Ärmel stricken, nach Strickschrift weiterstricken, bis noch 1 M auf der N ist, 1 M re.

4. R (Rückreihe): wie die 2. R stricken.

GRÖSSE: 9 – 12/18 MON – 2/3 JAHRE

Strickschrift A 1 – 1 – 2 Mal in der Höhe stricken, während ***gleichzeitig*** auf jeder Seite der Maschenmarkierer abgenommen wird (nachlesen bei Raglanabnahmen). Die äußere M auf jeder Seite wird gestrickt wie oben beschrieben.

ALLE GRÖSSEN

Strickschrift B 1 Mal in der Höhe stricken, während ***gleichzeitig*** auf jeder Seite der Maschenmarkierer abgenommen wird. Strickschrift A 2 Mal in der Höhe stricken, während ***gleichzeitig*** auf jeder Seite der Maschenmarkierer abgenommen wird. Strickschrift B 1 Mal in der Höhe stricken, während ***gleichzeitig*** auf jeder Seite der Maschenmarkierer abgenommen wird.

GRÖSSE: 4/5 JAHRE

Strickschrift A 2 Mal in der Höhe stricken, während ***gleichzeitig*** auf jeder Seite der Maschenmarkierer abgenommen wird. Strickschrift B 1 Mal in der Höhe stricken, während ***gleichzeitig*** auf jeder Seite der Maschenmarkierer abgenommen wird.

Maschenanzahl gesamt: 85 – 103 – 103 – 105 M.

KAPUZE

Die erste M der N markieren. Die Kapuze wird von hier nach oben gemessen.

1. R (Hinreihe): 1 M abheben, wie zum re stricken, nach Strickschrift C über die nächsten 17 M stricken, einen Maschenmarkierer auf die N hängen, re M bis noch 18 M auf der N sind, einen Maschenmarkierer auf die N hängen, nach Strickschrift C über die nächsten 17 M stricken, 1 M re.

2. R (Rückreihe): 1 M abheben, wie zum li stricken (mit dem Faden vor der Arb), nach Strickschrift C bis zum ersten Maschenmarkierer stricken, li M bis zum nächsten Maschenmarkierer, nach Strickschrift C stricken, bis noch 1 M auf der N ist, 1 M li.

3. R (Hinreihe): 1 M abheben, wie zum re stricken, nach Strickschrift C bis zum ersten Maschenmarkierer stricken, * 1 – 1 – 1 – 2 M re, 2 M re zusammen*, wiederholen bis zum nächsten Maschenmarkierer, nach Strickschrift C stricken, bis noch 1 M auf der N ist, 1 M re.

Maschenanzahl gesamt: 69 – 81 – 81 – 88 M.

4. R (Rückreihe): 1 M abheben, wie zum li stricken (mit dem Faden vor der Arb), nach Strickschrift C bis zum ersten Maschenmarkierer stricken, re M bis zum nächsten Maschenmarkierer, nach Strickschrift C stricken, bis noch 1 M auf der N ist, 1 M li.

5. R (Hinreihe): 1 M abheben, wie zum re stricken, nach Strickschrift C bis zum ersten Maschenmarkierer stricken, re M bis zum nächsten Maschenmarkierer, nach Strickschrift C stricken, bis noch 1 M auf der N ist, 1 M re.

6. R (Rückreihe): wie die 2. R stricken.

7. R (Hinreihe): wie die 5. R stricken.

8. R (Rückreihe): wie die 4. R stricken.

Die 5.–8. R wiederholen, bis die Arb ca. 22 – 24 – 26 – 28 cm hoch ist, gemessen an der Markierung in der 1. M. Die M auf 2 N verteilen und folgendermaßen zusammenstricken: in der Rückreihe beginnen. 1 M von jeder N zusammenstricken, während ***gleichzeitig*** abgekettet wird. Die Kapuze kann auch mit Maschenstich zusammengenäht werden (siehe Seite 160).

FERTIGSTELLEN

6 passende große Knöpfe entlang der linken Knopfleiste annähen. Unter den Ärmeln zusammennähen und alle Fäden vernähen.

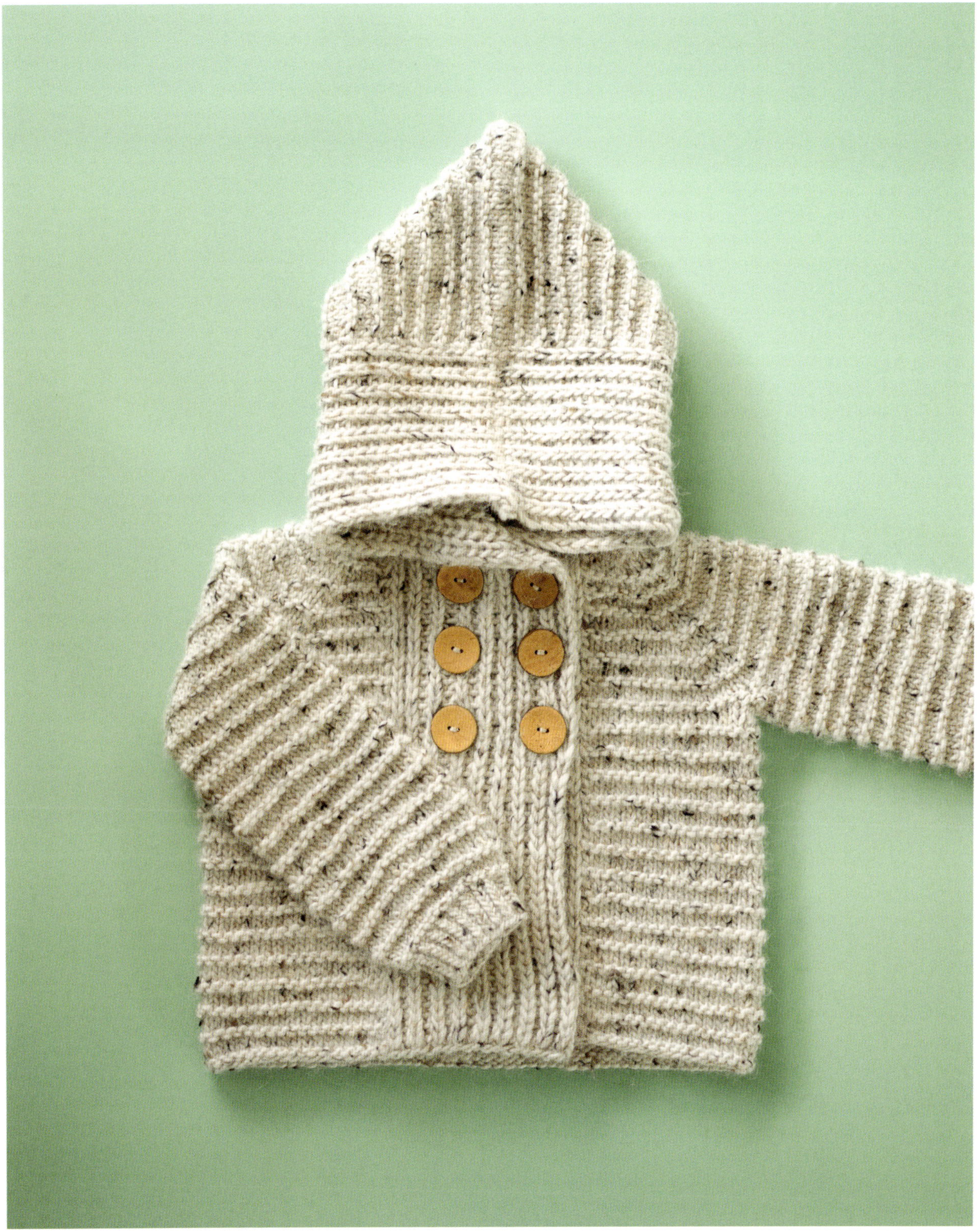

1. Extreme Stricksucht, oft oder immer. 2. **ANGST DAVOR, DAS STRICKZEUG NICHT DABEI ZU HABEN.** 3. Niedrige Hemmschwelle bei Störungen in der Planungsphase. 4. *Juckende Finger vor dem Beginn eines neuen Projektes.* 5. PROBLEME, SICH ZEITLICH NUR AUF NUR EIN PROJEKT KONZENTRIEREN ZU KÖNNEN. 6. **Muskelkater und Gliederschmerzen nach allzu vielen Strickrunden.** 7. *Schwierigkeiten zu verstehen, dass andere nicht das gleiche Interesse am Stricken haben.*

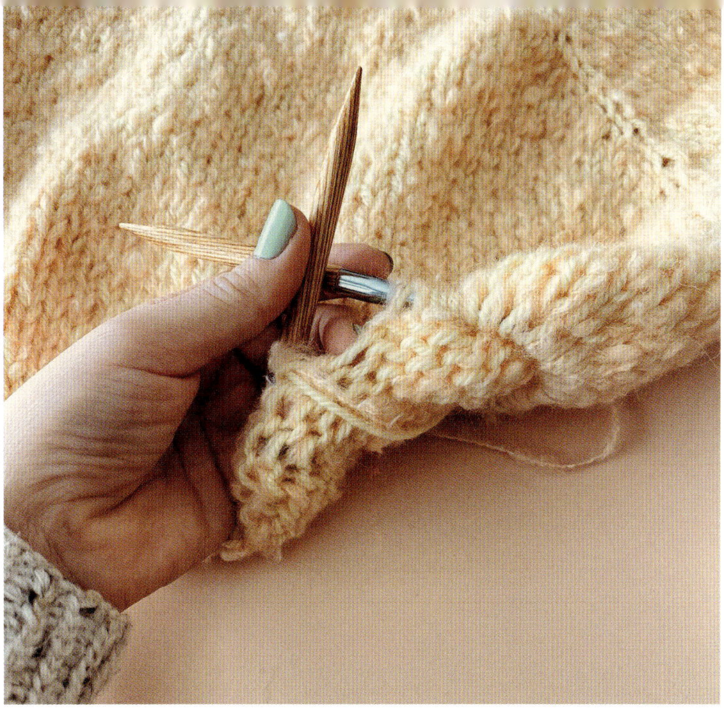

SYMPTOME BEI **CHRONISCHEM STRICKFIEBER**

Falls Du Symptome hast, die in dieser Liste stehen, musst Du sie ernst nehmen. Hier findest Du sieben Warnsignale, die Du nicht ignorieren solltest. Wenn Du dich bei mehr als fünf Symptomen wiedererkennst, hast Du (wie ich und viele andere von uns) etwas, das als CHRONISCHES STRICKFIEBER diagnostiziert wird. Nicht verzweifeln! Meistens ist es bei chronischem Strickfieber gar nicht nötig, zum Arzt zu gehen. Es wird empfohlen, 1 – 3 Mal am Tag zu stricken, solange die Symptome bestehen.

Gute Besserung!

STRICK**SCHULE**

Hier kommt eine kurze Strickschule zu den Techniken im Buch. Wenn Du hier auf eine Frage keine Antwort findest, rate ich Dir, zum Beispiel bei Google zu suchen. Es gibt massenhaft Hilfe im Internet wie zum Beispiel Schritt-für-Schritt-Anleitungen und YouTube-Filme.

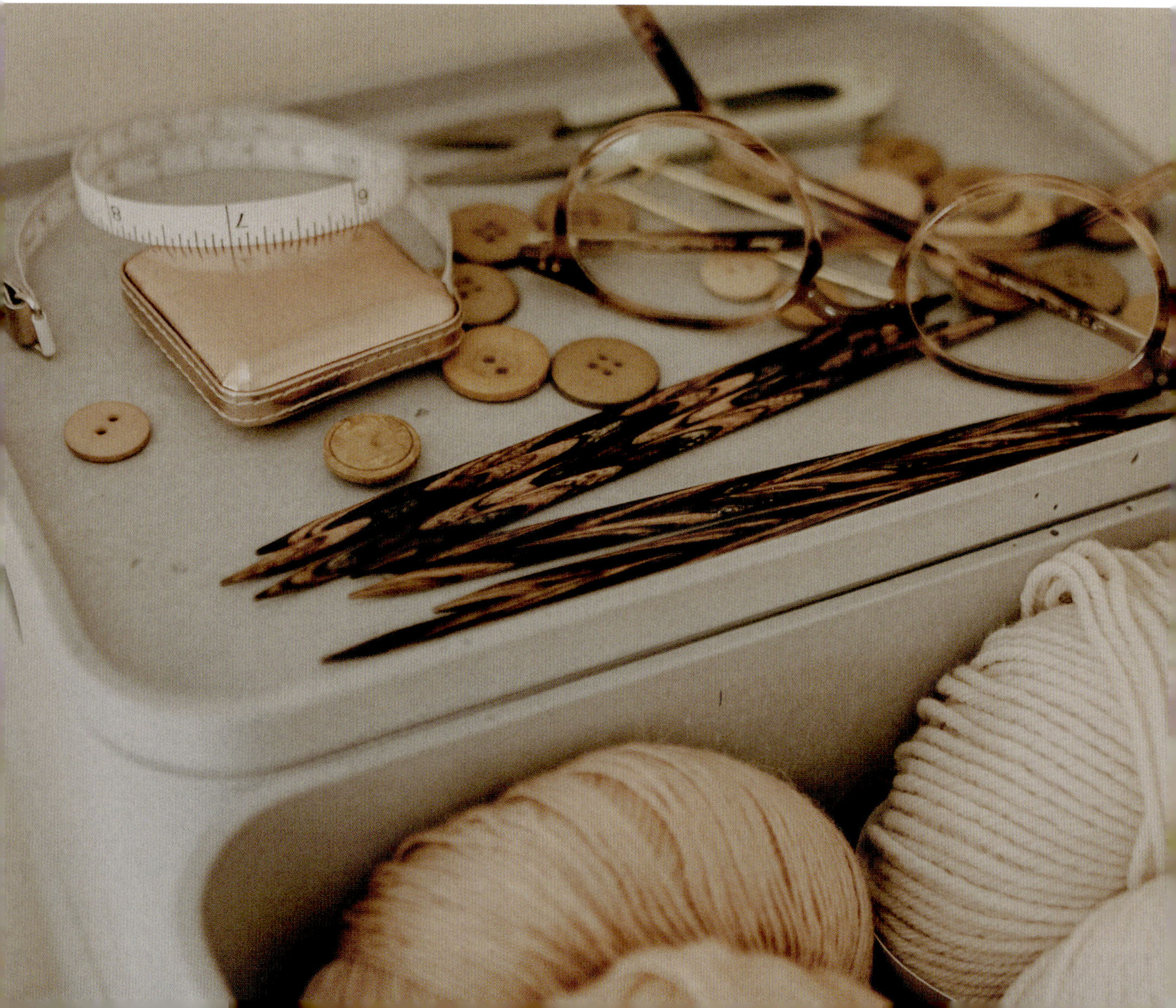

VERSCHRÄNKTE RECHTE UND LINKE MASCHEN

Eine Masche rechts verschränkt stricken

Die Masche wie gewohnt stricken, aber mit der rechten Nadel von rechts nach links in das hintere statt wie üblich in das vordere Maschenglied einstechen und die Masche rechts abstricken.

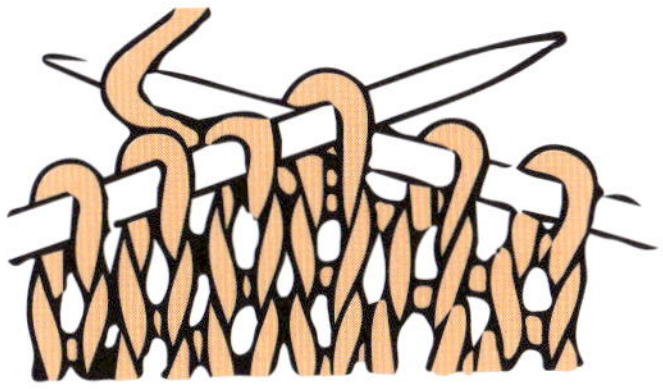

Eine Masche links verschränkt stricken

Die Masche wie gewohnt stricken, aber von hinten in die Masche einstechen und die Masche dann links abstricken. Der Faden liegt vor der Arb.

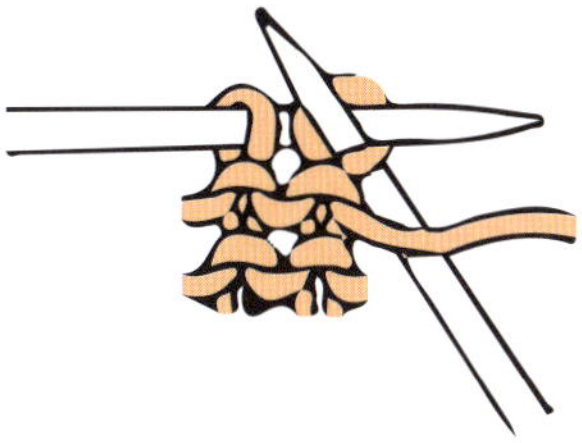

MASCHEN ZUSAMMENSTRICKEN

Die übliche Methode zum Abnehmen/Reduzieren von Maschen ist, 2 Maschen rechts oder links zusammenzustricken, entweder an einer oder beiden Seiten der Arbeit oder in der Mitte. Wenn durch das Abnehmen ein spezieller Effekt erzielt werden soll, folgst Du den Anleitungen . Sie zeigen, wie die Maschen nach rechts oder nach links verschränkt werden, je nachdem wie sie zusammengestrickt werden.

2 Maschen rechts zusammenstricken

Eine auf diese Weise abgenommene Masche wird von links nach rechts verschränkt. Die sichtbare Masche neigt sich deshalb nach rechts.

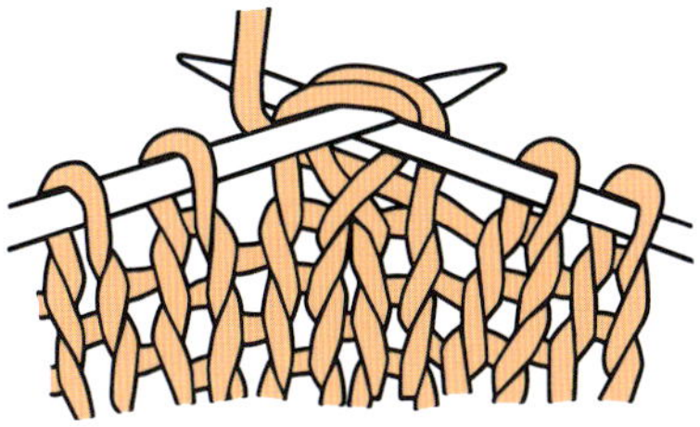

2 Maschen links zusammenstricken

Eine auf diese Weise abgenommene Masche neigt sich nach links.

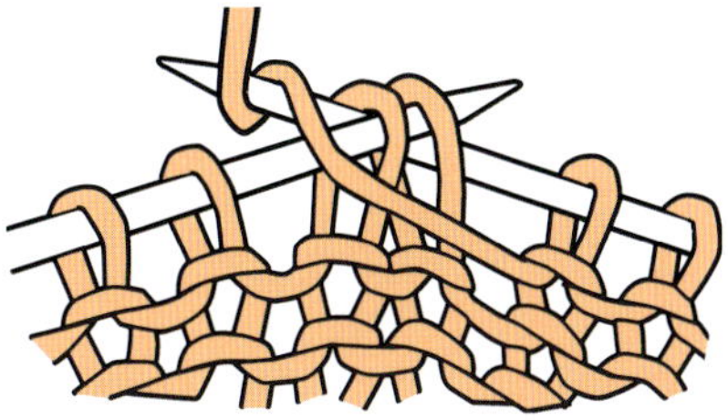

2 Maschen rechts verschränkt zusammenstricken

2 Maschen werden rechts zusammengestrickt, aber durch die hinteren Maschenglieder. Die Maschen werden von rechts nach links verschränkt. Die sichtbare Masche neigt sich deshalb nach links und bildet ein Kreuz.

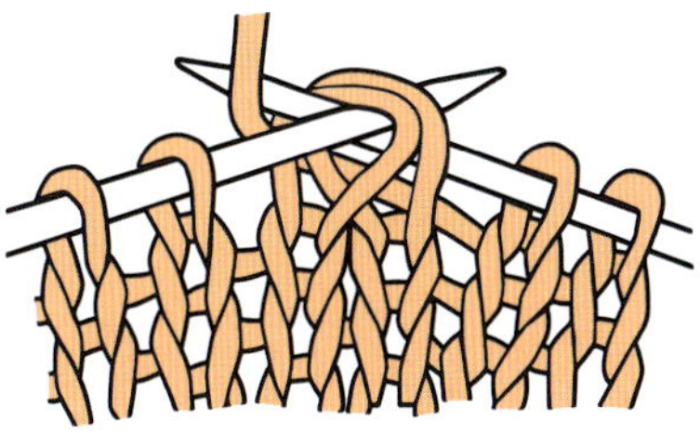

MASCHEN ZUNEHMEN

In der Regel nehmen wir an einer so wenig wie möglich sichtbaren Stelle innerhalb der Arbeit zu, wenn wir nicht einen besonderen Effekt erzielen wollen.

Zunehmen aus dem Querfaden

1. Den Querfaden zwischen zwei Maschen auf die linke Nadel heben. Wenn diese neue Masche rechts gestrickt wird, gibt es unter der neuen Masche ein Loch und die Zunahme ist sichtbar. Die neue Masche neigt sich nach rechts.

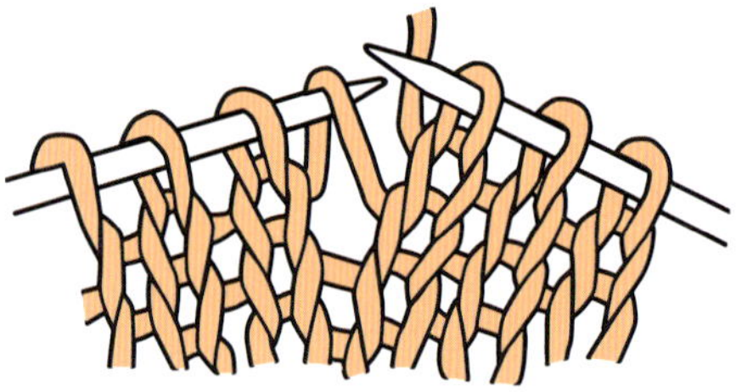

2. Wenn die Masche rechts verschränkt gestrickt wird, ist die Zunahme nicht so deutlich sichtbar und es gibt kein Loch. Die verschränkte Masche neigt sich nach links.

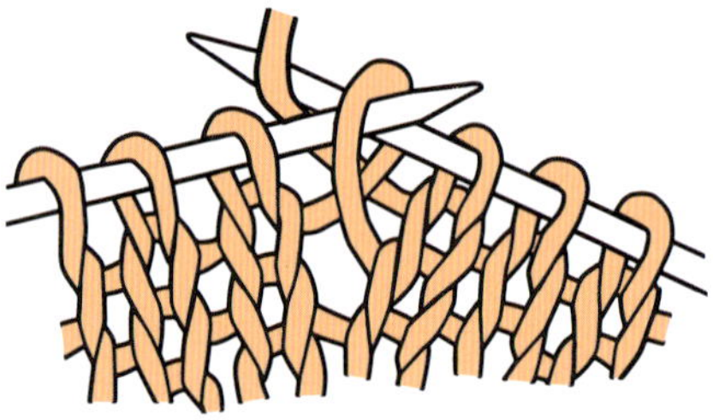

Zunehmen aus einer Masche der Vorreihe

Die Masche unter der aktuellen Masche der linken Nadel auf die Nadel heben und sie rechts oder links stricken. Dabei soll die Masche nicht verdreht sein. Die neue Masche wird nach rechts verschränkt. Dies ist die Zunahme, die man in der Arbeit am wenigsten sieht.

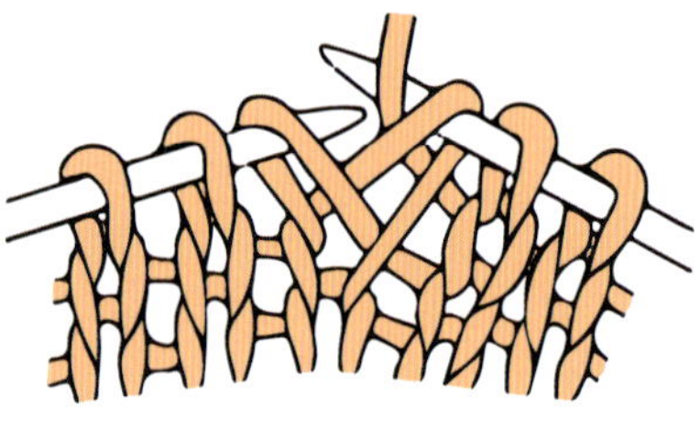

Neue Maschen am Rand der Arbeit

Den Faden locker in der benötigten Anzahl von Schlaufen um die rechte Nadel legen. Sie werden wie gewohnt gestrickt.

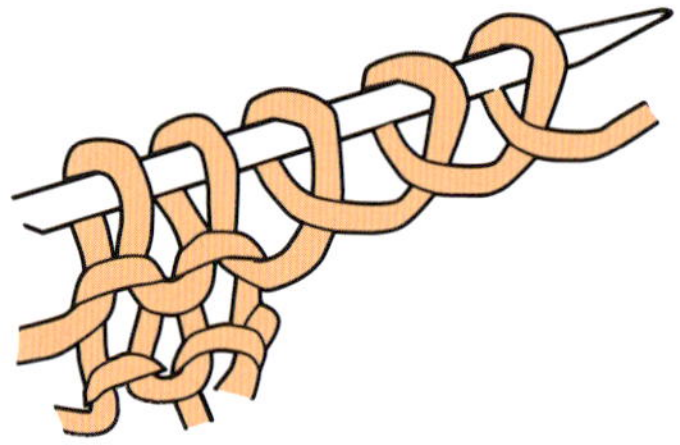

ZUSAMMENNÄHEN MIT MASCHENSTICH

Statt die Maschen abzuketten und dann zusammenzunähen, kann man zwei Stücke mit Maschenstich zusammennähen. Die Naht ist nicht sichtbar und genauso elastisch wie das Kleidungsstück selbst. Zum Nähen verwendet man eine dicke und stumpfe Nähnadel, damit keine Fäden durchstochen werden. Zuerst werden die Maschen auf zwei Nadeln verteilt, eine für das Vorderteil und eine für das Rückenteil. Es müssen immer gleichviel Maschen auf jeder Seite sein. Die Nadelspitzen zeigen nach rechts. Die Nähnadel wird von oben in eine Masche am Vorderteil und von unten in die nächstgelegene Masche am Rückenteil eingestochen, danach nach oben in die Masche daneben. Jetzt nach unten in die gleiche Masche, in der begonnen wurde und dann nach oben in die Masche daneben. Auf diese Weise weiterarbeiten und abwechselnd am Vorder- und Rückenteil abwechselnd von oben nach unten in eine Masche und von unten nach oben in die nächste Masche stechen. Den Faden nicht zu fest anziehen. Lieber erst ein paar Stiche nähen und dann festziehen.

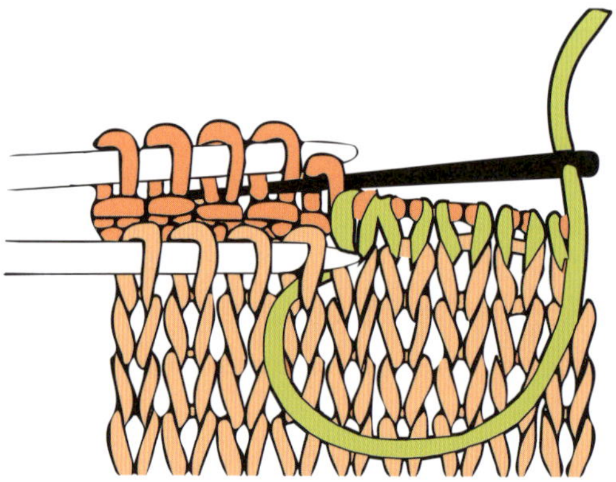

POMPONS

Pompons können in ganz verschiedenen Größen hergestellt werden, je nachdem, wofür sie verwendet werden. Kleine Pompons kann man an das Ende von Bindebändern nähen und große Pompons oben an eine Mütze. Für einen mittelgroßen Pompon schneidet man zwei Pappscheiben mit einem Radius von ca. 4 cm aus (z. B. mit Hilfe eines kleinen Glases). In der Mitte einen Kreis mit einem Radius von ca. 1 cm aufzeichnen und ausschneiden. Die zwei Scheiben aufeinanderlegen und mit Garn umwickeln, bis das Loch in der Mitte gefüllt ist. Jetzt die Fäden oben zwischen den Scheiben durchschneiden. Dann die Scheiben etwas auseinanderziehen, einen neuen Faden in der Mitte straff um die Fäden wickeln und fest zusammenknoten. Die Pappscheiben entfernen. Den Pompon in den Händen rollen, damit er rund wird und mit einer Schere stutzen. Man kann ihn auch über Dampf halten. Den Pompon mit dem Faden annähen, mit dem die Mitte zusammengeknotet wurde.

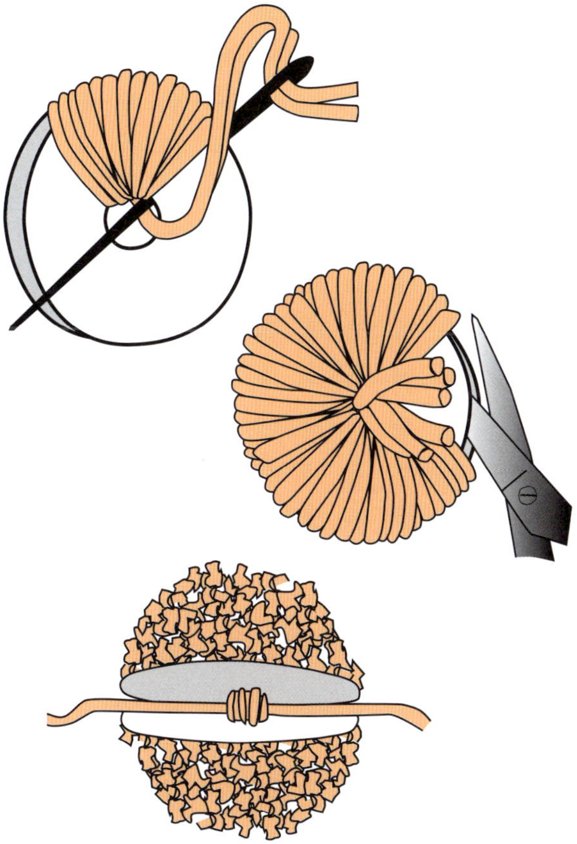

MAGIC LOOP

Magic loop ist eine spezielle Technik, mit der man fast alles auf einer Rundstricknadel stricken kann statt auf einem Nadelspiel. Die Methode eignet sich z. B. gut für Strümpfe, Handschuhe und Ärmel. Du brauchst dafür eine verhältnismäßig lange Rundstricknadel – am besten 60 oder 80 cm. Das Seil der Rundstricknadel sollte sehr flexibel sein. Die Maschen wie gewohnt anschlagen. Alle Maschen in die Mitte des Seils schieben. Dann die Maschen in zwei Gruppen mit ungefähr gleich viel Maschen teilen. Das Seil als Schlaufe in der Mitte zwischen den zwei Maschengruppen herausziehen, sodass die Maschen auf die zwei Nadelspitzen verteilt sind. Die beiden Nadeln parallel nebeneinanderhalten. Die Maschen sollen nach innen zeigen. Aufpassen, dass die Maschen nicht verdreht sind.

Das Ende der Rundstricknadel, auf der die erste Masche liegt, in der linken Hand halten. In der rechten Hand hältst Du das Ende, auf der die letzte Masche liegt bzw. der Faden, mit dem gestrickt wird, hängt. Den Faden wie üblich über die Finger der linken Hand führen. Bevor Du mit dem Stricken der ersten Masche der linken Nadelhälfte beginnst, ziehst Du die rechte Nadel durch die Maschen heraus, während Du sie auf das Seil schiebst. Die rechte Hälfte ist nun zum Stricken bereit. Die ersten Maschen der linken Nadel stricken, dann die restlichen Maschen.

Wenn alle Maschen auf der linken Hälfte gestrickt sind, sollen sie auf der rechten Seite der Nadel liegen und die linke Seite ist leer. Jetzt ist eine halbe Runde gestrickt. Die Maschen unten auf dem Seil auf die leere linke Nadelhälfte schieben, damit wieder Maschen auf beiden Nadelhälften sind: Dann die Maschen vom rechten Nadelteil auf das Seil schieben, damit rechts frei ist. Jetzt alle Maschen der linken Nadel stricken. Die erste Runde ist fertig und ergibt einen Kreis. Für die nächsten Runden die Maschen immer auf die gleiche Weise verschieben, pro Runde eine Hälfte. Um lockere Maschen im Rundenübergang zu vermeiden, das Seil immer an verschiedenen Stellen herausziehen.

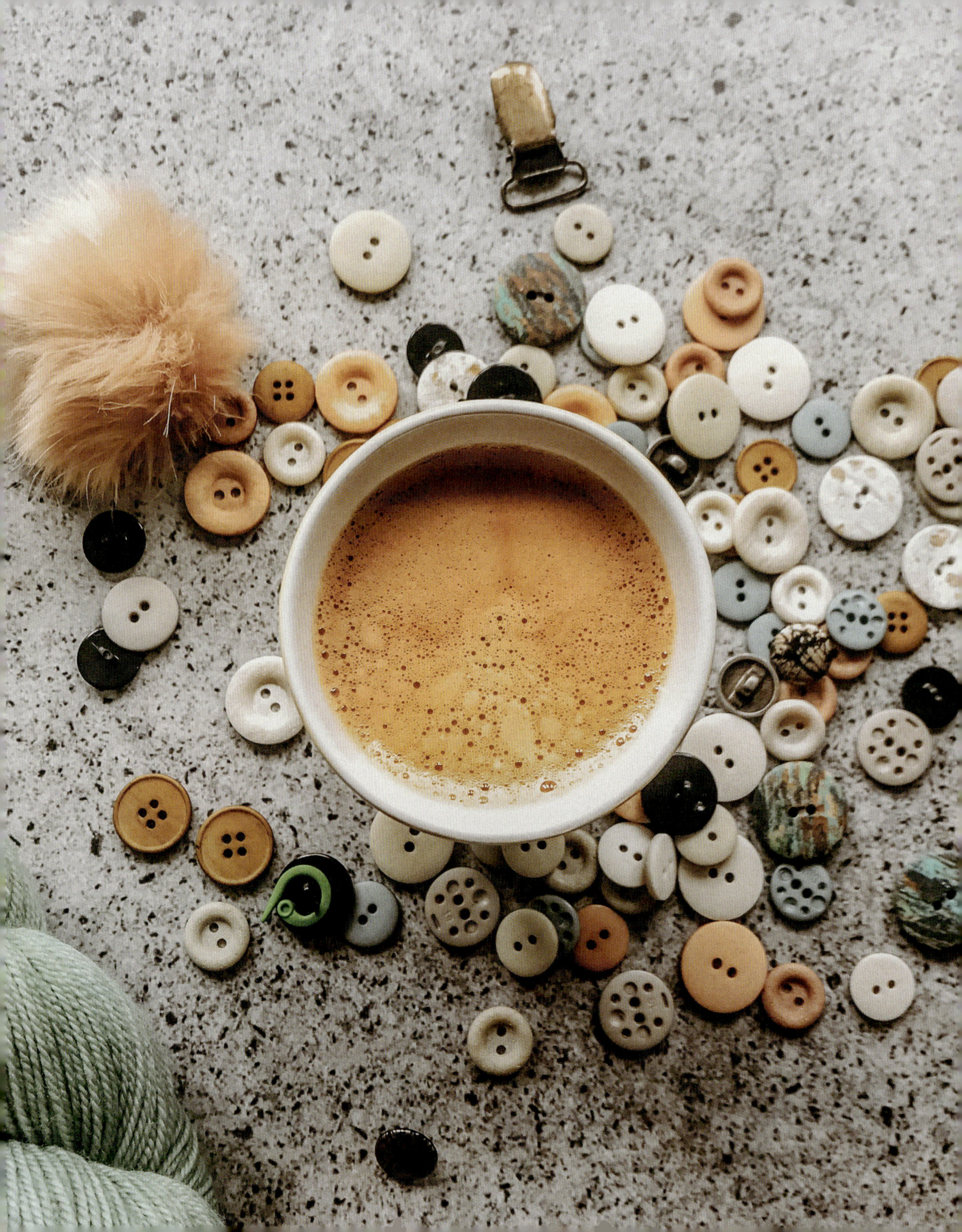

TAUSEND & 1 **DANK!**

Ein eigenes Strickbuch herauszugeben war schon ein kleines Abenteuer. Aber dieses Buch wäre nicht so geworden, wie es jetzt ist, ohne all die helfenden Hände, freundlichen Ermunterungen und einen äußerst geduldigen Ehemann.

Zuallererst muss ich meinem lieben Ehemann Benjamin danken, dass es überhaupt möglich war, dieses Buch zu schreiben. Wir wussten ja beim Ausrechnen von Strickanleitungen, Garnlieferungen, dem Kontakt zu Teststrickern/innen und der Bewältigung des Alltags nicht, dass wir unseren Traumort finden, ein neues Haus kaufen, unser altes verkaufen und mit vier Kindern umziehen würden. Danke, dass Du diesen Irrsinn ausgehalten hast und es mir ermöglicht hast, ihn in Form eines Strickbuches zu realisieren. Dafür, dass Du ohne Murren Kleidung gewaschen und zusammengelegt hast, mit den Kindern Höhen und Tiefen erlebt hast und mich ins Hotel geschickt hast, damit ich Ruhe zum Arbeiten habe. Du bist etwas ganz Besonderes. Jetzt drücke ich alle Daumen für einen normalen Alltag mit Zeit für kleine und große Augenblicke zusammen mit den fünf wichtigsten Personen meines Lebens, Benjamin, Birk, Fride, Arwen und Olava.

DANKE an die engere Familie, Freunde/innen und Kollegen/innen für Unterstützung, Vertrauen und guten Rat während der Arbeit. Und für alle helfenden Hände und willigen Herzen, die die Ärmel aufgekrempelt und für das Buch gestrickt haben. Das sind nicht wenige. Es wurden Garnpakete kreuz und quer durch halb Norwegen geschickt.

DANKE an Anne Elin Haugen, Anne Gerd Baumann, Anne Kristin Knudsen, Anne Skofterud, Astrid Lise Baumann, Benedicte Tombre, Cecilie Gangsø, Christiane Ellefsen, Esther Gangsø, Eva Stadven, Grethe Almås, Helene Pedersen, Ida Skofterud Lindberg, Ina Karlsen Moum, Janne Baumann, Kari Westerheim, Kristin Vikanes, Lena Hagen, Liv Iren Kristiansen, Melissa Iren Halsan, Nina F. Baltzersen, Ragnhild Baumann, Rakel Marie Rønning, Ranveig Andrea Almås, Reidun Frebrich, Ruth Evensen, Sidsel Veierland, Solfrid F. Kronstad, Solfrid Westerheim, Synnøve Holt, Tine Kristiansen, Torill Telle und Weronica Fjelldal für all die guten Rückmeldungen, Tipps und Verbesserungsvorschläge zu den Strickanleitungen in diesem Buch. Ihr habt mir viele neue Dinge beigebracht.

DANKE an all meine Teststricker/innen, Strickbotschafter/innen und alle Follower/innen, die ich auf Instagram habe. Ihr gebt mir Inspiration und Motivation für noch mehr Strickverrücktheit.

DANKE an Design & Brand Manager Margaretha Finseth von House of Yarn, die mir die schönsten Garnqualitäten für die Modelle in diesem Buch geschickt hat.

DANKE an Marta Frantzen von Petito.no für niedliche Babyschuhe, Strümpfe und Zubehör für die Fotos in diesem Buch.

DANKE an Lene Dalaker von Lykkelighandel.no für tolle Stricknadeln in allen gewünschten Größen.

DANKE an meinen Papa, Viggo Strand Kristiansen, und an Marius Grøndahl für guten Input und das Ausleihen von Kameras und Objektiven, und an den Magnus Kristiansen und Vidar Solbrekke bei The Pitch, die mir Raum zur Ausführung dieses Projektes neben meiner eigentlichen Arbeit im Büro gegeben haben.

DANKE an diejenigen, die mir ihre süßen Kleinen als Models für die Kleidung in diesem Buch überlassen haben.

DANKE an die Models Theron, Amelie, Felix, Naomi, Levi, Kira, Silas, Timo, Ane, Iben, Elea, Birk, Fride, Arwen und Olava.

DANKE an Randi Elise Egeland und Åshild Ådalen für Farbinspiration, an Astrid Lindgren bei *stoffbutikken.no* und an Turid R. Ådalen für die Ausleihe von Requisiten für die Fotos.

DANKE an Gyldendal für das Vertrauen in mich bei der Herstellung dieses Buches, an die Redakteurin Elin Vestues für eine genaue Nachverfolgung, gute Beratung und Begleitung während des Prozesses und an die Fachberaterin May Britt Bjella Zamori für das gründliche Korrekturlesen und die technische Überprüfung der Anleitungen in diesem Buch.

DANKE und Lob an Google und das Internet. Ich denke, vieles, das ich kann, verdanke ich Google. Von der Stilltechnik über Design und Logik bis hin zur Stricktechnik. Du kannst alles lernen, solange du es (wirklich) WILLST!

REGISTER

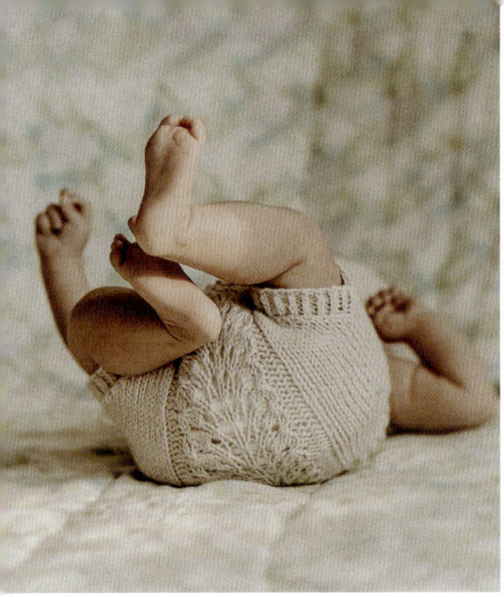
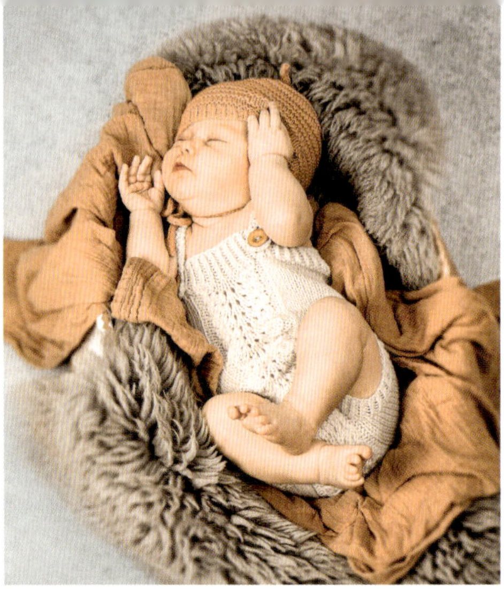
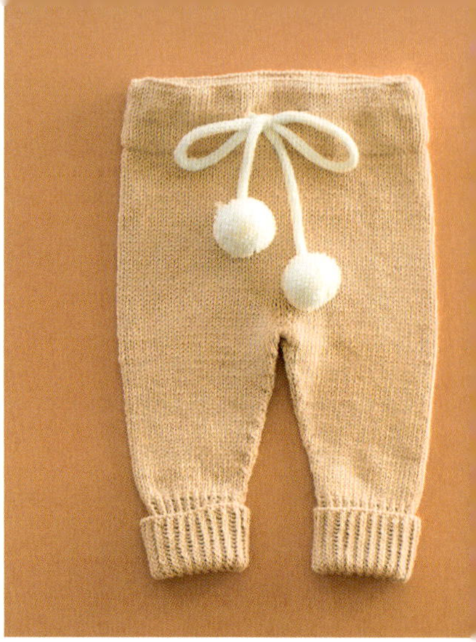
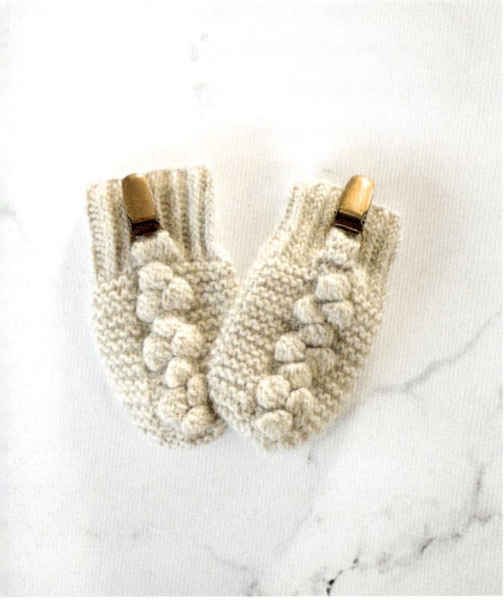
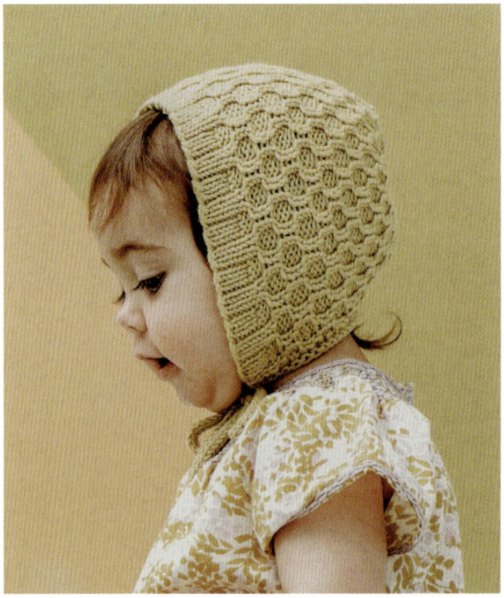
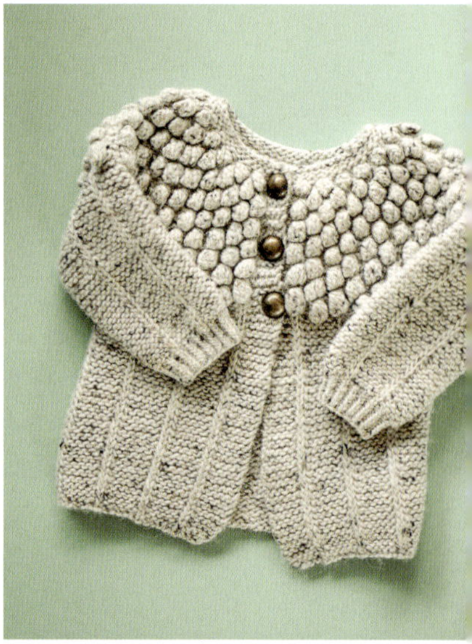
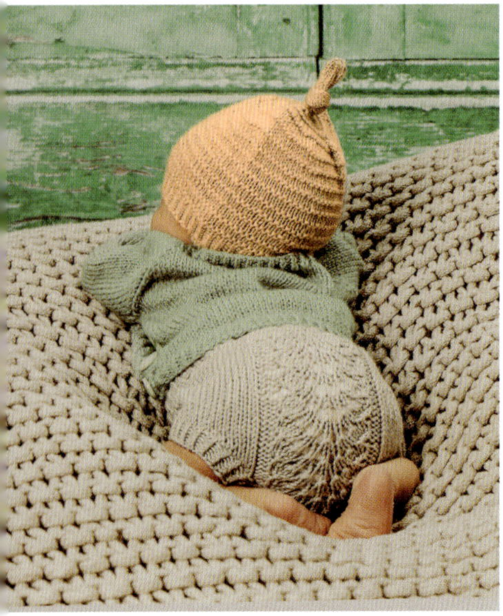
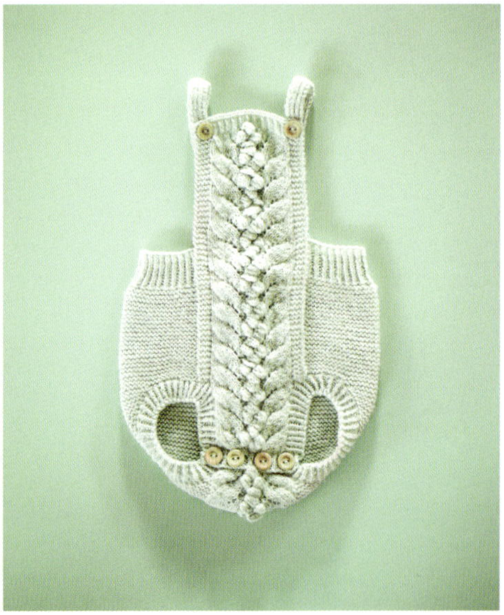
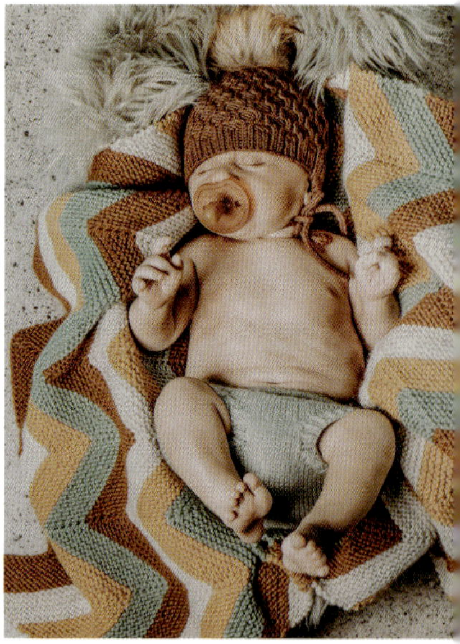

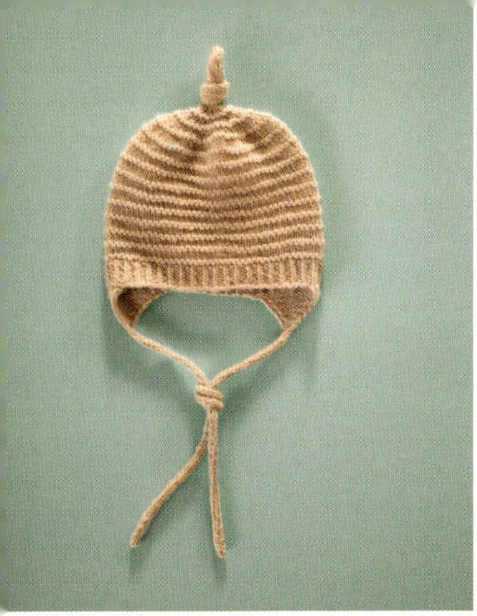
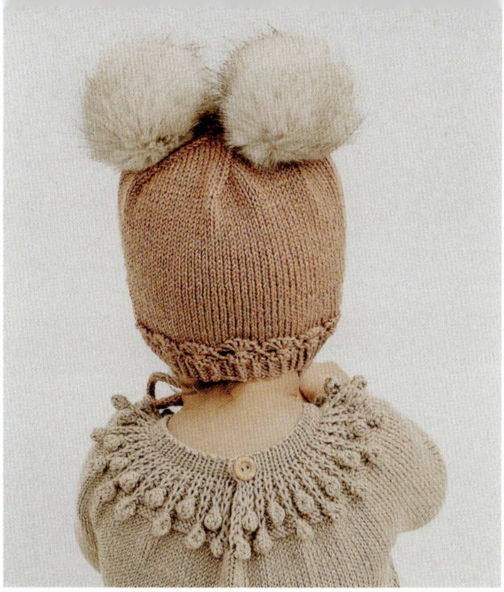
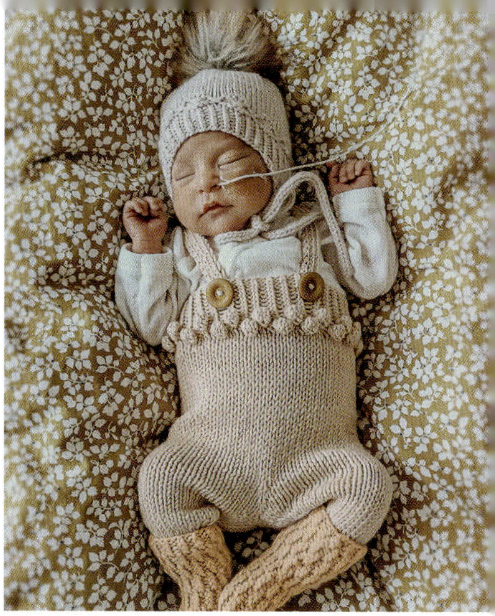
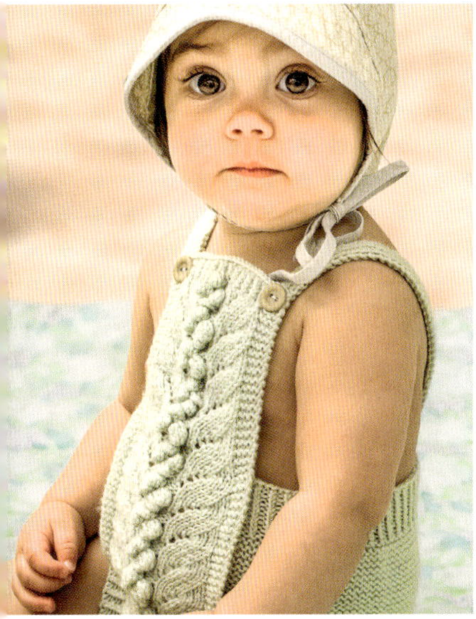
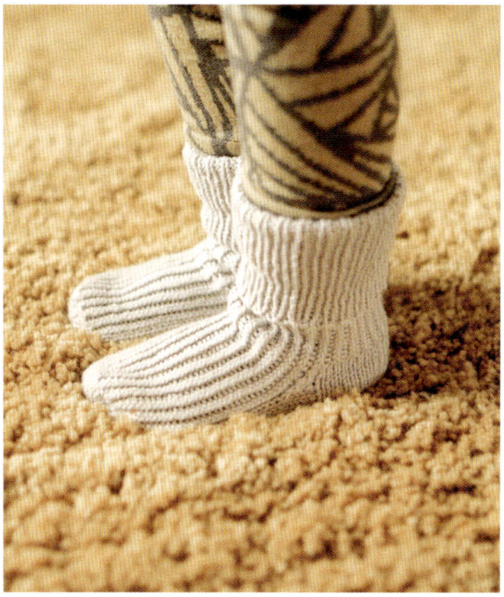
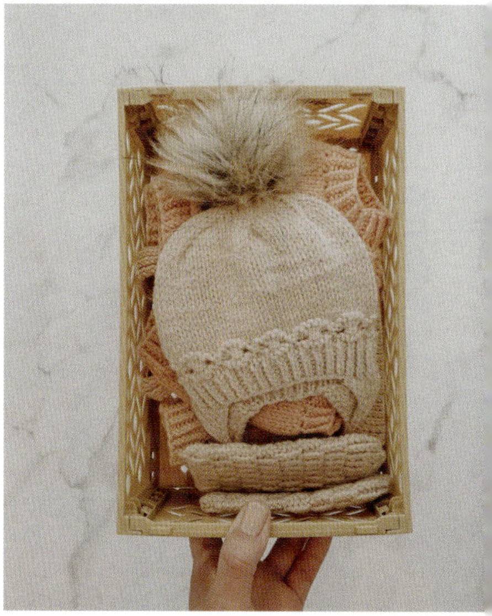
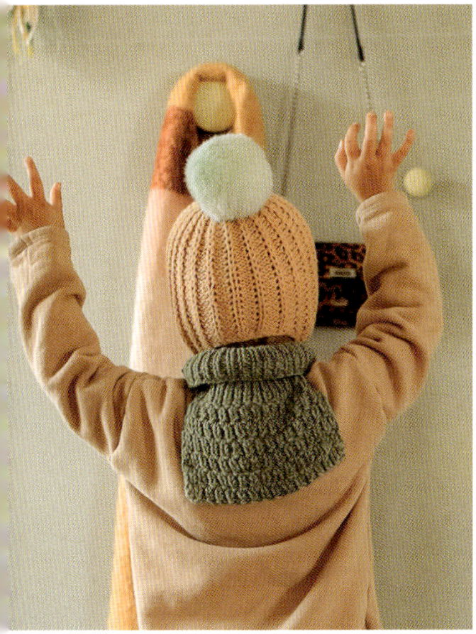
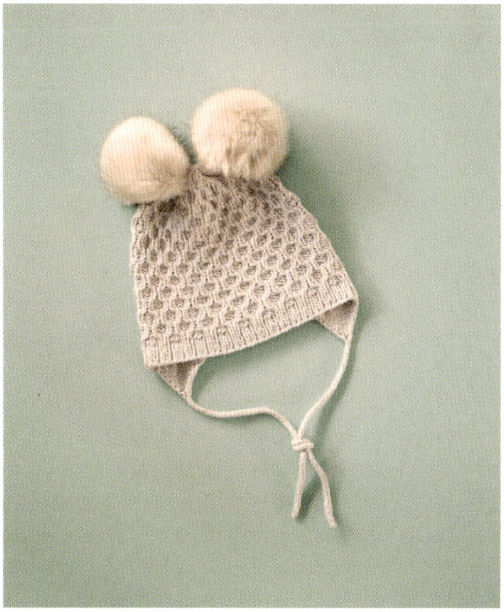
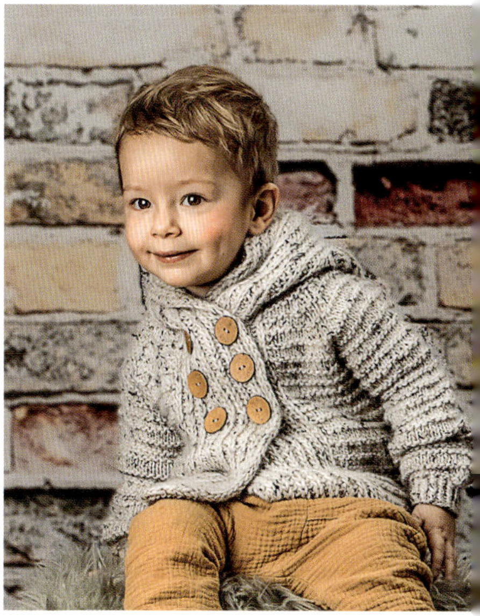

Impressum

Originalausgabe unter dem Titel *Tiddelibomstrikk – myke plagg de aller minste fra @tiddelibom.no* von Karine Strand Andresen erschienen bei:

Umschlag und Design: Karine Strand Andresen
Fotografie: Karine Strand Andresen

Für die deutsche Ausgabe:
Projektmanagement: Xenia Kuczera, Lena Denu
Lektorat: Anna Maier
Übersetzung: Dr. Sabine Blocher
Satz: satz & repro Grieb, München
Umschlaggestaltung: Mathias Frisch
Herstellung: Julia Hegele
Printed in Poland by CGS Printing

★★★★★ Sind Sie mit diesem Titel zufrieden? Dann würden wir uns über Ihre Weiterempfehlung freuen. Erzählen Sie es im Freundeskreis, berichten Sie Ihrem Buchhändler oder bewerten Sie beim Onlinekauf. Und wenn Sie Kritik, Korrekturen, Aktualisierungen haben, freuen wir uns über Ihre Nachricht an:
Christian Verlag
Postfach 40 02 09
80702 München
oder per E-Mail an lektorat@verlagshaus.de.

Unser komplettes Programm finden Sie unter

www.christophorus-verlag.de

In diesem Buch wird aus Gründen der besseren Lesbarkeit das generische Maskulinum verwendet. Weibliche und anderweitige Geschlechteridentitäten werden dabei ausdrücklich mitgemeint, soweit es für die Aussage erforderlich ist.

Die Deutsche Nationalbibliothek verzeichnet diese Publikation in der Deutschen Nationalbibliografie; detaillierte bibliografische Daten sind im Internet über http://dnb.d-nb.de abrufbar.

Infanteriestraße 11a
80797 München

ISBN 978-3-8410-6776-0

Kreativ-Service

Sie haben Fragen zu unseren Büchern und Materialien? Wir beraten Sie gern rund um alle Kreativthemen. Rufen Sie uns einfach an. Wir interessieren uns auch für Ihre eigenen Ideen und Anregungen. Sie erreichen uns per E-Mail kreativ-service@c-verlag.de oder unter der Telefonnummer 0049-89-1306 99 577.